本书是山西省教育厅高等学校哲学社会科学研究一般项目“乡村振兴战略背景下小农户与新型农业经营主体利益联结法律制度研究”（2020W129）、山西省软科学一般项目“乡村振兴战略背景下山西省闲置宅基地盘活利用法律问题研究”（2019041021-3）的研究成果，并受太原师范学院青年学术骨干人才计划项目资助。

农地经营收益分配法律制度研究

NONGDI JINGYING SHOUYI FENPEI
FALÜ ZHIDU YANJIU

刘恒科 / 著

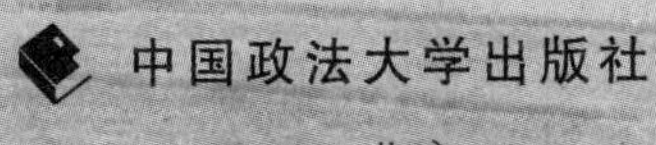

2021 · 北京

图书在版编目（CIP）数据

农地经营收益分配法律制度研究/刘恒科著.—北京：中国政法大学出版社，2021.5
ISBN 978-7-5620-9972-7

Ⅰ.①农… Ⅱ.①刘… Ⅲ.①农业用地－土地管理法－研究－中国 Ⅳ.①D922.324

中国版本图书馆 CIP 数据核字(2021)第 094617 号

出版者	中国政法大学出版社
地　址	北京市海淀区西土城路 25 号
邮寄地址	北京 100088 信箱 8034 分箱　邮编 100088
网　址	http://www.cuplpress.com (网络实名：中国政法大学出版社)
电　话	010-58908586(编辑部) 58908334(邮购部)
编辑邮箱	zhengfadch@126.com
承　印	固安华明印业有限公司
开　本	880mm×1230mm　1/32
印　张	9.25
字　数	240 千字
版　次	2021 年 5 月第 1 版
印　次	2021 年 5 月第 1 次印刷
定　价	49.00 元

序

发展现代农业，提高农民收入水平，实现农民生活富裕，是实施乡村振兴战略的基本要求。就农户而言，农地经营收益，不仅包括其经营农地所获得的农产品、其他实物性收获及其转化的货币收益，也包括农户以土地权益投资，并以此为依据参与他人土地经营收益分配而获得的财产性收益。农地经营收益是农民收入的重要来源，是农民收入构成中带有基础性和保障性的最为重要的收入类型，对改善农民生活状况，提升农民生活水平具有极为重要的作用。

农民从土地经营中实际获得的利益多少，一方面取决于土地经营总收益的多少；另一方面，也取决于土地经营收益如何分配。前者决定了所有相关利益分配主体有无或有多少利益可供分配；后者决定了各相关利益分配主体实际获得的收益所占总收益的比例。实现农民收入水平的提高，一方面要大力发展农业生产，提高农业经营效率，创造更多的可分配收益；另一方面，也必须合理安排农地经营收益的分配制度，使各类参与分配的利益相关者各得其所、公平分享。

农地经营收益分配涉及众多的利益相关主体，分配制度设计的关键问题是如何处理好不同利益主体之间的关系。在我国农村社会，农地经营有两种基本模式：一是基于家庭承包的土地经营；二是农村集体经营。其中，前者又包括农户自行承包经营和农地流转经营。即便在农户自行承包经营这种最简单的经营模式下，参与经营收益分配的主体也包括农户、农村集体经济组织和农民集体等；在农地流转经营模式下，参与农地经营收益分配的主体则更为复杂多元，通常包括：农民集体、农村集体经济组织、承包农户、农地经营者、农业劳动者、其他投资者等。在集体经营模式下，经营收益的分配除了首先由集体与不同投资者进行各项农业经营项目的收益分配外，集体参与分配获得的收益还需要在农民集体经济组织和成员个体之间进行分配。各种农地经营收益分配参与者的最终实际收益都来源于农地的经营，而不同利益主体之间是此消彼涨的关系，对任何主体利益的无视或歧视，均可能影响投资、经营、劳动的积极性，并进而影响可供分配的土地经营总收益；同时，对不同主体之间长期、稳定的合作关系也会带来严重的影响。由此看来，土地收益分配制度如何安排的问题，不仅关系到农村土地资源的利用效率，更关系到农业产业的发展和国家粮食的安全，无疑是一个值得研究且充满挑战的研究课题。

本书从我国农村土地经营现状出发，对农村土地经营收益分配的理论基础、价值目标、基本原则等问题进行了深入的论证和探讨；进而根据我国农村土地经营方式的不同分别对土地家庭经营、流转经营、集体经营、农民专业合作社经营及农地企业化经营中的农地收益分配问题进行了专门的探讨，深入考察了现行土地收益分配制度的现状，指出了其中存在的问题，并针对问题提出了完善相关制度的对策。构建了研究农村土地经营收益分配制度的基本框架，为后续的进一步研究提供了系统的理论准备和知识铺垫。

作者在书中对不同经营方式下的土地收益分配制度建构，提出了自己观点并进行了充分的论证，有些观点不仅具有理论的合理性，也具有实践的可行性。如，在分配制度的基本理念方面，作者认为，农地经营收益分配虽然属于初次分配的范畴，但鉴于农业行业领域特殊性和农业经营者利益保护的需要，应当建立体现市场决定性作用和更好发挥政府作用的双重混合机制；农地经营收益分配制度需要以分配正义理念为指导，综合考虑各方收益分配主体的权利诉求及其相互关系，平衡公平、平等、效率与安全等多重价值目标之间的冲突，从分配起点、分配过程和分配结果三个层面确立分配正义的价值理念。在具体制度的安排方面，作者也进行了大胆的预设和细心的求证。如在家庭承包经营收益的分配方面，作者认为，承包关系的长久不变使得农户分享土地利益不均等，一味地坚持集体不得向农户收取承包费的规定，很可能会进一步加剧集体统一经营层次的弱化和分户经营的低效率。为此，需要更新立法理念和制度设计，确认农民集体基于农户分享集体土地利益平等性而行使的农地利益调节权，以及基于农户共享集体公共服务利益而行使的必要收益权；在农地流转经营收益分配方面，应以市场主导和农民自愿为原则，以赋予农户权能更加完整和更有保障的土地承包经营权为重点，完善土地成本初次承担的法律机制；政府应当运用公共财政手段，建立并完善农地流转和风险防范补贴制度，对种粮大户和家庭农场进行适当补偿，以实现土地成本的社会分摊；在农地集体经营收益分配方面，主张在将集体土地权利折股量化到成员或由农户以承包地经营权入股的基础上，实行土地权益股份化，并建立以股权分配为基础的土地经营收益分配制度；在农民专业合作社的盈余分配制度方面，应当坚持合作社的本质规定性，遵循惠顾返还为主的基本原则和逻辑主线，按股分红只能在不违背主线逻辑的前提下，作为兼容性和辅助性的分配规则；等等。作者的这些观点，对我国相关制度的建设和农地经营收益分配的实践，都具有重要的启发意义和参考价值。

本书是作者在博士论文的基础上完成的，作为一位年轻的学者，本书在某些方面也难免存在不足，如，在基于土地经营模式对土地收益分配制度类型化提炼方面，土地经营权以外的土地产权（如集体经营性建设用地）投资参与经营收益分配的规则方面等，尚需进一步探索。但总体而言，本书仍不乏是一部既具理论深度又有现实针对性的高质量的法学专著。

欣闻本书即将出版，我倍感欣慰，应作者之邀，写下以上文字，聊充作序，谨与恒科同学共勉。

许明月

2021 年 5 月于重庆

目 录

导 论

Introduction

一、本书的研究背景、意义和目的

（一）本书的研究背景

伴随着我国城乡结构从二元分割向互动融合的渐进式变迁，农户离农离地和土地承包经营权流转现象日益加剧，农业生产经营主体正在发生结构性的改变，由以自耕农为主的家庭承包经营向以家庭承包经营为基础的多种经营方式并存发展转型。为此，党和国家出台了一系列重要政策文件，明确了深化农村土地制度改革的基本方向是：坚持农村土地集体所有权，稳定农户承包权，放活土地经营权。通过土地经营权流转，推动适度规模经营，培养新型农业经营主体，在家庭承包经营的基础上，推进家庭经营、集体经营、合作经营和企业经营的共同发展。

改革政策所指向的是多重目标：从微观角度来看，明确土地产权关系，维护农民集体、承包农户和经营主体的权益，三者的利益平衡是推进“三权分置”，进而实现更高层次政策目标的基础；从中观层面来看，“三权分置”是农业经营制度的一次重大转型，通过促进农地资源流转实现农地资源的有效节约利用，构建新型农业经营体系，发展现代农业，为农业增效提供坚实保障；从宏观层面来看，“三权分置”改革对于保障国家粮食安全，推动农民进城以实现“人的城镇化”战略，构建城乡中国背景下的农地利益分配秩序，具有重要作用。上述政策目标体系最终能否达成，关键是要处理好农民与土地的关系。这就提示我们要从上述三大政策目标协同实现的角度，以协调农地经营相关利益主体的权利平衡为中心，认真对待农地经营收益分配的法律制度问题。

农地经营收益的公平合理分配，关系到公平和效率的权衡，关系到农民集体、承包农户和农地经营者权益均衡的有效实现。农地直接经营者一般作为农地收益的控制者和分配者，其利益诉求在于经营权利的稳定性、经营预期的可持续性和经营行为的投资收益保障；承包农户的利益诉求在于承包权利的稳定性、集体成员身份利益不受损害、参与农地经营收益分配的公平性；农民集体的收益分配权是农民集体作为集体土地所有权的主体行使的物权性质的权利，是农民集体为农户提供公共产品、公共服务的权利保障，同时也是集体内部行使必要的再分配手段以保障其贫弱农户基本生存的权利。然而，实践中的普遍现象是，由于效用函数和利益取向的差异，农民集体、承包经营权人和土地经营权人的权益难以被均衡保护。在强调保护农民利益及个体农户决定的基础上，通过农地经营权流转，建立和发展多种规模经营主体的同时，必须要加强农户及规模经营主体的利益联结和合作共赢，同时应兼顾农民集体利益的实现。

在不同的农地经营模式选择下，集体土地、资本和劳动力的组合方式不同，农地经营收益的分配主体和分配关系不同，农地经营者内部治理结构不同，这些因素对收益分配的制度目标和具体制度安排均会产生影响。理想的农地经营模式应当兼顾实现粮食安全、农业增效和农民利益三重目标，农地经营收益分配制度应当在此约束下实现收益在各分配主体之间的均衡分配。我国各地农村土地产权制度和经营制度的改革，也是在寻求一条适合当地经济社会发展状况的、能够兼顾上述目标的农地经营转型发展的路径。从各地改革实践的情况来看，具有代表性的经营模式主要包括种粮大户、家庭农场、合作社、土地股份合作、龙头企业+农户、社会化服务模式等。各种模式各有其实现某方面目标的比较优势，但又面临着兼顾上述目标的特定的约束性难题。[1]因此，针对农地经营收益分配制度存在的问题及其解决，需要在不同的经营组织形式下进行类型化的研究。

（二）本书的研究意义

农地经营收益分配是在一定的农地产权制度和经营制度下，农地生产要素投入者就农业生产环节以及农业全产业链的经营收益进行分配的经济活动。农地经营收益的公平合理分配，关系到农村土地权利制度改革的顺利推行和农业现代化产业目标的实现，关系到农民增收、农业增效、粮食安全等多重制度目标的统筹兼顾，具有重要的理论和现实意义。

1. 理论意义

第一，既有理论研究大多集中于与国民收入分配相关的法律制度，以及与公司利润分配相关的法律制度，缺乏对农经领域中的非典型企业形态，或者不同农地经营组织形式下经营收益分配的制度研究，本书将有助于推进收入分配公平理论研究的深化。合理的收入分配制度是社会公正的重要体现。分配天然地和公平正义联系在一起，公平是社会分配的永恒话题，是法律制度的价值追求和应有之义。[2]分配标准的公平合理、分配过程的程序保障、分配结果的差异性均衡，是考察社会公平分配制度的基本维度。农地经营收益分配需要有效地均衡农民集体、承包农户和实际经营者的利益。然而，农地经营的利益相关者在收益分配中存在激烈的利益冲突，这会对农地持续经营、农民利

---

〔1〕 参见罗必良、胡新艳：“农业经营方式转型：已有试验及努力方向”，载《农村经济》2016年第1期。

〔2〕 参见张东：“分配正义与收益公正分配”，载《法学论坛》2012年第1期，第37页。

益保护、农村社会稳定和国家粮食安全带来不容忽视的影响，迫切需要从理论层面认真研究农地经营收益分配的正义维度。我国农地经营收益分配制度的公正问题，既涉及传统学术界探讨的分配正义问题，更是深刻嵌入我国特定的社会经济结构、农地产权制度安排和既有的制度环境之中，从而体现为一种明显的“地方性知识”特征。农地经营收益分配制度的科学构建，不仅需要厘清农地收益分配参与主体的应得利益及其正当性基础，也要关注不同经营模式和组织形式下农地经营收益分配的公平问题，这些都需要科学合理的分配原则、分配标准和分配程序的制度设计。

第二，探讨农地经营收益分配的法律制度，有助于验证与深化农地产权制度改革的理论研究。目前，我国农业生产经营组织形式和生产方式正在发生结构性的变化，由此导致农地产权制度和农业经营制度的改革变迁。就农地权利体系重构而言，国家相关改革政策的文件已经明确将“三权分置”作为未来农村土地产权制度改革的方向，提出集体土地所有权、农户承包经营权、土地经营权三种权利分置并行、同等保护的改革思路。在理论界，农业经济学界、社会学界和法学界对于“三权分置”存在不同的看法和争议，焦点在于土地承包经营权是否可以分为承包权和经营权，以及承包权和经营权的法权关系，实际上就是如何协调农民集体、承包农户与经营主体的权利义务关系。产权的表象是人与物之间的关系，其实质是“由物的存在及关于它们的使用所引起的人们之间相互认可的行为关系”。〔1〕农地经营收益分配问题实质是附加于农地资源之上的权利配置问题，权利结构的背后是利益的分配。在不同的权利结构安排中，不

〔1〕［美］哈罗德·德姆塞茨：“关于产权的理论”，载［美］罗纳德·H. 科斯等：《财产权利与制度变迁——产权学派与新制度学派译文集》，刘守英等译，格致出版社、上海三联书店、上海人民出版社2014年版，第73页。

同的利益控制、利益转移和利益表达方式各异，并最终影响农地经营收益分配权利主体的程序权利和实体收益。从此角度来看，通过考察不同权利结构安排下的农地经营收益分配的各个权利主体的实体和程序权利的实现程度，可以基于事实后果倒推式的而非纯粹的法学理论的角度，对学术界主张的诸多权利结构理论观点进行反向验证，从而深化农地产权制度改革的理论研究。

2. 现实意义

第一，农地经营收益分配制度涉及国家粮食安全和农业经营方式转型、农村经济发展和社会稳定、农民增收和农业增效、缩小地区城乡之间的收入差距等重大现实问题，对于农地经营收益分配制度运行现状及制度完善的探索，具有重要的现实意义。土地流转和适度规模经营是发展现代农业的必由之路，是解决我国现阶段农村发展、农业增效和农民增收三大问题的可行路径。在发挥市场配置资源作用和坚持农民的主体地位，推动农地流转和适度规模经营的过程中，如何协调集体、农民和经营者的利益，如何科学合理地设计农地经营收益分配制度，是需要解决的重大课题。这里包括两个主要方面的问题：一是，异质性经营模式下农地收益分配制度所共同遵循的基本原则和制度目标问题；二是，不同农地经营模式下，农地经营主体内部的收益分配问题，其涉及农民集体、承包农户和经营主体的利益平衡，也涉及集体成员之间的利益平衡问题。

第二，探讨农地经营收益分配的法律制度，笔者将从收益分配的目标和绩效角度深化新型农业经营体系建构的理论研究和实践探索。我国农地经营方式的转变既是城镇化进程中自然演进的过程，也是政府政策推动的结果，往往由基层实践创新上升为国家政策的制度知识生产过程。由于国家政权从农村基层的撤出，农民集体所有权和农民自主性得到强化，农地经营方式呈现多样性和灵活性的特征，农地经营制度变迁体现出一种“适应性效率”。面对耕地细碎化、农地经营规模普遍偏小、农民增收和农业增效困难的整体困境，国家政策一直致力于推动农业规模化经营的形成，并提出培育新型农业经营主体、建立新型农业经营体系的目标和总体要求。在不同的农地经营模式下，各个收益分配参与主体的利益实现程度和实现方式存在较大的差别。从农地收益分配角度，可以考察不同的农地经营方式和组织形式的制度绩效，探索能够实现农民组织化并且与新型农业经营主体形成稳定利益联结机制的新型农业经营制度，明确政府补贴政策的支持对象和有效的激励方式。本书的研究可以为立法机关修订相关法律提供参考，并且为地方决策部门制定本地区农地制度改革意见，为推进农地流转实践探索提供借鉴。

（三）本书的研究目标

一方面，通过政策解读和理论阐释厘清我国农地经营收益分配制度的问题导向、价值理念和基本原则。第一，分析法律和政策文本，剖析现行农地经营收益分配制度安排的多重制度目标及其内在冲突，明确本书研究的问题导向。从现行农地政策和法律规定来看，对农民集体、承包农户和经营主体的权利保护处于同等重要的位置。但是，多元化的制度目标必然导致法律原则和规则设计上的抵牾和顾此失彼，这就要求确立农地经营收益分配制度的主导价值理念、逻辑主线和基本原则。第二，农地经营收益分配制度应当符合正义的要求，正义价值目标具有多元性和层次性，在公平、效率、平等和安全等价值维度之间存在内在冲突，本书将从分配起点、分配过程和分配结果三个层面分析农地经营收益分配制度的正义价值理念。第三，从按生产要素分配、利益平衡和国家适度干预三方面，分析农地经营收益分配制度的基本原则。

另一方面，探索不同农地经营组织形式下收益分配制度的完善对策。农地经营收益分配总是与特定的经营组织形式联系在一起的，农地经营收益分配制度需要以农地经营组织形式的类型化区分为基础，遵循农地经营收益分配的问题导向意识，对家庭经营、集体经营、合作经营和企业经营这四种经营组织形式下的收益分配制度分别进行考察和研究：第一，以厘清集体成员和成员集体的权利关系为基础，分析集体土地所有权和土地承包经营权“两权分离”下家庭经营收益的分配制度；第二，梳理农地集体经营的组织形式及其演进，从集体经营的主体构造及其股权配置两个方面，完善以社区土地股份合作社为代表的集体经营收益分配制度。第三，农民合作社盈余分配制度的理想和现实与制度规范和实践运行之间存在巨大差异，需要在理论上证成合作社盈余分配制度应当坚持合作社制度的本质规定性，并对具体分配制度进行统一筹划和合理完善。第四，以企业和农户之间形成的紧密型利益联结机制为中心，探索企业经营收益分配制度的规则设计。

二、农地经营收益分配制度研究现状述评

（一）研究现状综述

1. 农地经营收益分配制度的基本问题研究

我国的农地经营收益分配制度既体现分配制度的一般法律原理，又因我国特殊的国情、农情及政治经济制度安排而更多地体现为一种“地方知识”。为此，本书主要围绕国内学者既有的研究成果对研究现状及未来发展趋势展开评析。

从研究成果所属的学科角度而言，主要涉及农业经济学、社会学和法学这三方面。农业经济学界主要借助制度经济学的基本理论，运用统计分析或者案例分析的方法，从农业产业化

以及农业经营组织内部的收益分配角度展开研究，成果主要集中于农民专业合作社以及“公司+农户”这两种农地经营形式下的收益分配。[1]这些既有文献契合本书的研究主题，从事实层面揭示了农地经营收益分配的问题所在。社会学研究者以农地经营行为的社会嵌入性为切入点，从关系产权[2]的视角，分析农地流转合约是一种“社会性合约”，而非单纯的市场机制一元作用的结果，地租的形成体现为一个社会建构的过程，而非标准化商品交易的市场机制。[3]法学界更多地关注农民集体土地征收以及集体经营性建设用地入市过程中的土地增值收益分配问题，相比之下，农地经营收益分配问题的相关直接研究成果则相对较少。从既有研究来看：国内大多数学者围绕“三权分置”权利结构的理论阐释和法律表达展开论述。[4]也有学者认识到权利分置改革需要防止土地经营权架空农户承包权，甚至虚化集体所有权，[5]并对如何进行风险防范展开了较为系统的

---

〔1〕 参见孙亚范：《农民专业合作社的利益机制及其运行绩效研究——基于成员行为的分析》，中国社会科学出版社2015年版；王伟等：《中国农民专业合作社研究》，山东人民出版社2015年版；浦徐进：《我国“公司+农户”型农产品供应链理论模型和运作研究》，中国社会科学出版社2014年版；万俊毅等：《“公司+农户”模式：社会资本、关系治理与联盟绩效》，中国农业出版社2014年版。

〔2〕 参见周雪光：“‘关系产权’：产权制度的一个社会学解释”，载《社会学研究》2005年第2期，第1~31页。

〔3〕 参见田先红、陈玲：“地租怎样确定？——土地流转价格形成机制的社会学分析”，载《中国农村观察》2013年第6期，第2~12页。

〔4〕 有关三权分置权利结构的学术观点争议，参见张旭鹏、卢新海、韩璟：“农地‘三权分置’改革的制度背景、政策解读、理论争鸣与体系构建：一个文献评述”，载《中国土地科学》2017年第8期。

〔5〕 参见张力、郑志峰：“推进农村土地承包权与经营权再分离的法制构造研究”，载《农业经济问题》2015年第1期；宋志红：“农村土地‘三权分置’改革：风险防范与法治保障”，载《经济研究参考》2015年第24期；李长健、杨莲芳：“三权分置、农地流转及其风险防范”，载《西北农林科技大学学报（社会科学版）》2016年第4期。

探讨。[1]这些讨论还涉及农地经营收益分配法律制度问题，也为本书的深入研究提供了非常有意义的铺垫和启示。

与农地经营收益分配直接相关的研究成果主要集中于农业经济学界。农业经济学学者将承包地流转视为租赁关系，研究农地收益的形成和影响因素，认为农地资源是一种生产要素，农地收益的表现形式是地租，核心问题在于农地流转价格或者地租的合理确定。[2]黄艳敏提出承包地转出农户是按照转包协议获取每年每亩土地的固定收益额，与自家分散耕种的平均收益水平相当。因此，农户并未从规模化经营中获取增值收益。[3]邓大才研究发现，村庄制度和习惯法对农地流转价格的影响较大，村庄介入农地流转的程度与农地流转价格呈负相关关系，村庄熟人社会对农地流转价格有抑制作用。赋予农民更大的土地权利并通过公开市场交易，可以提升农户的农地流转收益。[4]但是，也有学者提出，农民的土地承包经营权本质上是一种生存保障性的权利，并非单纯的用益物权或财产权，[5]实践中，政府主导下的工商资本下乡，实行土地流转资本化，农户仅凭承包权或者成员权收取相当于自家分散耕种的平均收益水平的固定租金或者股金，这种做法与我国农业在很大程度上仍属于自我保

---

〔1〕 参见朱强：《农地流转风险与防范研究》，北京师范大学出版社2013年版。

〔2〕 参见杨继瑞、汪锐、马永坤："农村承包地产权收益的经济学解析"，载《中国农村经济》2014年第12期；翟研宁："农村土地承包经营权流转价格问题研究"，载《农业经济问题》2013年第11期；邓大才："农地流转的交易成本与价格研究——农地流转价格的决定因素分析"，载《财经问题研究》2007年第9期。

〔3〕 黄艳敏、赵娟霞："农地规模化经营收益估值及其分配模式研究"，载《价格理论与实践》2014年第3期。

〔4〕 参见邓大才："制度安排、交易成本与农地流转价格"，载《中州学刊》2009年第3期。

〔5〕 参见刘俊："土地承包经营权性质探讨"，载《现代法学》2007年第2期；韩松："农地社保功能与农村社保制度的配套建设"，载《法学》2010年第6期。

障型经济的总体现状不符。[1]

农地经营收益分配需要兼顾农民集体、承包农户和经营主体的权益。就收益分配主体之间的利益衡量来看，多数学者认为应从对农户利益保护的角度展开深入研究，[2]也有学者从保护经营权人的农业经营收益的角度，主张合理控制农地流转价格，建立合理、良性的农地经营权让渡对价机制和评估机制。[3]叶兴庆、党国英等从农业发展角度提出，土地流转费过高已成为农业“不可承受之重”，是影响“三权分置”改革推行的因素之一；[4]蔡瑞林等提出鉴于农地流转的土地成本对粮食安全的负面作用，应当探索建立耕地低成本流转机制，而不是竞争性的承包经营权交易市场。[5]郜永昌提出协调承包农户和农地经营者的关系，合理的农地收益分配体制应该包括两个方面：一是能够最大限度地激励农地的直接经营者经营农地，使农地收益实现最大化；二是农地收益各个主体所取得的收益比例大体适当，符合利益主体分配收益的目的。[6]周跃辉提出“按权能分配”的

---

〔1〕 参见韩松：“新农村建设中土地流转的现实问题及其对策”，载《中国法学》2012 年第 1 期。

〔2〕 参见李长健、张伟：“农民土地权益的利益结构与利益机制研究——基于农村社区的发展”，载《华中农业大学学报（社会科学版）》2016 年第 1 期；江晓华、欧元雕：“论农民经济分配权的法理内涵与法律实践”，载《农业经济问题》2011 年第 5 期。

〔3〕 参见潘俊：“农村土地‘三权分置’：权利内容与风险防范”，载《中州学刊》2014 年第 11 期。

〔4〕 参见党国英：“农业成本关乎中国中长期的发展”，载《农村工作通讯》2016 年第 6 期。

〔5〕 参见蔡瑞林、陈万明、朱雪春：“成本收益：耕地流转非粮化的内因与破解关键”，载《农村经济》2015 年第 7 期。

〔6〕 参见郜永昌：“农地收益分配体制变革的法学分析”，载《山西大学学报（哲学社会科学版）》2006 年第 1 期。

农村土地增值收益分配格局，并以此构建分配长效机制，[1]但仍是按要素分配的理论翻版。从现行政策分析来看，主要通过农地制度改革应当遵循的四条底线规定，以及以农户自主决定为中心的农地流转制度，实现三者的权利平等保护和利益均衡。

2. 不同经营组织形式下的农地经营收益分配制度研究

就不同经营组织形式下的农地经营收益分配制度而言，国内对于农民合作社盈余分配制度的研究成果颇多。根据《农民专业合作社法》[2]的规定，盈余主要按照成员与农民专业合作社的交易量（额）比例返还，实行“所有者与惠顾者同一”的原则。[3]但学界研究普遍发现，现实中的农民合作经济组织已经发生异化现象，与合作社的本质规定性相去甚远，集中表现为农民专业合作社盈余分配失衡。[4]对此，学术界形成了坚持合作社本质规定性和实用主义两种截然对立的观点。秦愚、任大鹏、邓衡山、孔祥智等认为，应当坚持资本报酬有限和按惠顾返还的合作社盈余分配原则，对于当前合作社发展不规范的情况应加强引导和规制；[5]

---

〔1〕 参见周跃辉：“按权能分配农村集体土地增值收益论”，中共中央党校2014年博士学位论文。

〔2〕《农民专业合作社法》即《中华人民共和国农民专业合作社法》，为论述方便，本书涉及的中国法律直接使用简称，省去“中华人民共和国”字样，全书统一，后不赘述。

〔3〕 参见邓衡山、王文烂：“合作社的本质规定与现实检视——中国到底有没有真正的农民合作社？”，载《中国农村经济》2014年第3期。

〔4〕 参见潘劲：“中国农民专业合作社：数据背后的解读”，载《中国农村观察》2011年第6期；黄胜忠：“利益相关者集体选择视角的农民合作社形成逻辑、边界与本质分析”，载《中国农村观察》2014年第2期；熊万胜：“合作社：作为制度化进程的意外后果”，载《社会学研究》2009年第5期。

〔5〕 参见任大鹏、于欣慧：“论合作社惠顾返还原则的价值——对‘一次让利’替代二次返利的质疑”，载《农业经济问题》2013年第2期；邓衡山、王文烂：“合作社的本质规定与现实检视——中国到底有没有真正的农民合作社？”，载《中国农村经济》2014年第3期；秦愚：“中国实用主义合作社理论是创新还是臆想”，载《农业经济问题》2017年第7期；孔祥智：“合作社不规范问题必须抓紧解决”，

而刘老石、李琳琳、苑鹏等持实用主义盈余分配观的学者认为，应当顺应合作社内部普遍存在的产权结构股份化的制度演进趋势，实行按股分红和按劳分配相结合的按生产要素贡献分配制度，只要使农民受益即可，而不必拘泥于既有的原则性规定。〔1〕

另外，家庭承包经营制度下集体和农户的利益关系也是学界讨论的主要命题。部分学者从集体土地所有制的有效实现和功能发挥的角度出发，认为农民集体应当享有基于农地所有权人身份的收益分配权。〔2〕陈小君教授认为，所有权的核心权能是收益权能，集体土地所有权收益权能的实现必然要求承包土地的农民支付承包费，有必要通过收取地租完成集体经济的资金积累，再将其主要用于发展性项目，促进农村集体经济的发展，并最终完成集体经济有效实现的目标；〔3〕耿卓从方便小农生产，由集体提供公共产品和公共服务，促使集体经济有效实现的角度出发，提出建立体现所有权人意志并服务于集体成员的农民集体地租法律制度；〔4〕韩松认为，集体向本集体成员发

(接上页）载《中国合作经济》2014 年第 5 期。

〔1〕 参见刘老石："合作社实践与本土评价标准"，载《开放时代》2010 年第 6 期，第 53~67 页；李琳琳："我国本土合作社的现实图景——对合作社'制度变异说'的反思与讨论"，载《农业经济问题》2017 年第 7 期；苑鹏："中国特色的农民合作社制度的变异现象研究"，载《中国农村观察》2013 年第 3 期。

〔2〕 参见贺雪峰：《地权的逻辑——中国农村土地制度向何处去》，中国政法大学出版社 2010 年版，第 83~87 页；陈小君等："后农业税时代农地权利体系与运行机理研究论纲——以对我国十省农地问题立法调查为基础"，载《法律科学（西北政法大学学报）》2010 年第 1 期；陆剑："'二轮'承包背景下土地承包经营权制度的异化及其回归"，载《法学》2014 年第 3 期；桂华："从经营制度向财产制度异化——集体农地制度改革的回顾、反思与展望"，载《政治经济学评论》2016 年第 5 期；杨青贵："集体土地收益权实现的现实困境与制度促进"，载《重庆大学学报（社会科学版）》2016 年第 5 期。

〔3〕 参见陈小君、商艳冬："集体经济有效实现的地租制度研究"，载《西北大学学报（哲学社会科学版）》2013 年第 5 期。

〔4〕 耿卓："农民土地财产权保护的观念转变及其立法回应——以农村集体经济有效实现为视角"，载《法学研究》2014 年第 5 期。

包土地，使集体成员劳动者与土地生产资料相结合，是集体对成员的公平保障功能的体现，因此不必收取承包费，而是将地租利益直接用于集体成员，但是在承包经营权流转的情况下，集体可以向农地直接经营主体收取最低标准的承包费，以彰显集体土地所有权的收益权能。[1]但大多数学者从现行法律规定和政策导向出发，对集体参与家庭承包经营收益的分配持质疑或反对态度。[2]

企业经营和农户的利益关系也是学界关注的又一突出问题。黄宗智、陈义媛等研究认为，在市场自发的生成和政府推动的工商资本下乡过程中，资本下乡企业和农户事实上形成了“隐蔽的雇佣关系”，社会化小农与大资本之间的不平等交易成为中国发展现代农业的显著特征。[3]而且，工商资本下乡对村庄治理的影响值得注意，这给公司经营方式下农地经营收益的分配带来了负面影响。比如，焦长权、周飞舟认为，工商资本下乡使村庄治理趋向公司化，而非法律规定的村民自治。[4]对于如何建立资本与农户之间的利益联结机制，刘凤芹对“公司+农户”契约的不完备性及其关系治理进行了深入讨论。[5]陈学法等提出工商资本进入农业宜采用要素契约而非学者普遍持论的

〔1〕 参见韩松：“坚持农村土地集体所有权”，载《法学家》2014年第2期。

〔2〕 参见赵俊臣：“村集体不应分享农地流转收益”，载《国土资源导刊》2011年第5期。

〔3〕 参见陈义媛：“资本下乡：农业中的隐蔽雇佣关系与资本积累”，载《开放时代》2016年第5期；黄宗智：“小农户与大商业资本的不平等交易：中国现代农业的特色”，载《开放时代》2012年第3期。

〔4〕 参见焦长权、周飞舟：“‘资本下乡’与村庄的再造”，载《中国社会科学》2016年第1期。

〔5〕 参见刘凤芹：“不完全合约与履约障碍——以订单农业为例”，载《经济研究》2003年第4期；刘凤芹：“‘公司+农户’模式的性质及治理关系探究”，载《社会科学战线》2009年第5期。

商品契约方式。[1]陈晓华认为重点是引导龙头企业通过订单收购、二次返利、股份合作等多种形式，形成“风险共担、利益共享、合作共赢”的紧密联结关系。[2]从既有的研究文献来看，经济学、社会学的研究成果较多，法学方面的研究成果较少。

(二) 既有研究存在的不足

1. 农地经营收益分配制度的基本理论研究不足

综合既有研究成果，总体而言，农地经营收益分配问题大多属于农业经济学或者管理学的研究领域，而法学对此智识贡献较少，这也与我国农地制度长期存在“实践先行，政策指导，制度跟进”[3]的知识生成方式有关。我国农地制度改革本身就是实践探索的产物，目前有关农地经营方式改革和农地经营收益分配的经济学研究成果大多停驻于实践层面的问题，较多关注有关农地收益分配的实践探索和最新做法，并基于事实判断和理论推导提出政策建议，为中央农地政策选择提供了事实依据。但是，如何对不同经营模式下的农地收益分配制度进行理论深化，从纷繁复杂的事实判断中提炼一般性的价值和原则，往往存在基本理论储备不足的问题。

我国农地产权制度变革同时面临着改革前期公平保障问题尚未解决的问题，改革现阶段效率优先亟待加强的双重现实约束，农地权利制度改革必须坚持四条底线不能突破，使得分配正义的多维面向性在此时体现得更加明显和棘手，利益分配的公平正义和利益衡量的问题显得更加错综复杂。既有研究成果

---

〔1〕 参见陈学法、王传彬：“论企业与农户间利益联结机制的变迁”，载《理论探讨》2010 年第 1 期，第 83~86 页。

〔2〕 参见陈晓华：“大力培育新型农业经营主体——在中国农业经济学会年会上的致辞”，载《农业经济问题》2014 年第 1 期，第 4~7 页。

〔3〕 参见陈小君：“我国农村土地法律制度变革的思路与框架——十八届三中全会《决定》相关内容解读”，载《法学研究》2014 年第 4 期，第 5 页。

较多地站在单一收益分配主体权利保护的立场论证并得出截然不同甚至相互对立的分配正义观；或者从利益协调平衡的角度分析，但相关论证也难以自圆其说，缺乏可行性。对此问题的看待和解决，可能需要超越公平和效率的既有范式，从制度变迁和改革的整体成本共担和收益共享的宏观视角来加以分析。因此，需要在对我国农地经营收益分配的政策法律进行全面梳理的基础上，揭示现行制度所追求的多元化制度目标导致的法律原则和规则设计上的冲突抵牾和顾此失彼，提炼并确立农地经营收益分配制度的主导价值理念、逻辑主线和基本原则。

2. 农地经营收益分配的具体制度研究不足

第一，就目前法学界探讨较多的农民专业合作社分配制度而言，既有研究对于合作社的本质规定性、合作社盈余分配的机制、合作社成员异质性对分配失衡的影响，以及分配平衡和矫正的对策等方面均有比较充分的论述，但对于如何兼顾合作社的经营效率和收益平衡，在盈余分配上是采取合作社意思自治抑或是坚持法定标准，存在回归合作社本质和采取变通做法两种截然不同的解决方案。这也反映了坚持合作社本质规定性的盈余分配观和实用主义盈余分配观之间的巨大理论争议。这意味着我国农民专业合作社盈余分配法律制度需要在理想和现实、规范和发展之间做出权衡和选择，确立何种立法原则及怎样完善相关法律制度，仍有进一步研究的必要。因此，制度设计的关键在于确立合作社盈余分配的基本原则和逻辑主线，并在此基础上寻求冲突化解与异见统合的方案，实现理论逻辑和实践经验的统一。

第二，在家庭承包经营的情况下，承包农户享有完整的收益权，农民集体不能向农户收取承包费，这在政策法律层面已有定论，似乎没有再进行理论探讨的必要，但学界对此仍有不同理解。相对于大多数学者对现阶段集体收取地租的可行性的质疑或反对，部分学者在对我国农地制度改革路径进行反思的基础上，提出应当强化集体土地所有权的权能，农民集体应当基于土地所有权人身份而享有收益权。既有研究的这种阐释对我国集体土地所有权的性质存在误读，而且，持论者对于集体参与家庭承包经营收益分配的制度设计及其可行性论证不足。因此，对于农民集体是否应当参与家庭承包经营收益分配的理论探讨，可能需要从农民集体和农户个体的对立统一关系的视角，从集体成员享有农民集体提供的共享利益和分享利益两个层面展开。

第三，既有研究很少涉及集体经营下的收益分配。主要原因可能在于，在家庭承包经营制度普遍实施之后，农地集体经营仅停留于立法规定，在理论研究层面则归于沉寂。既有研究成果偏重于对集体经济有效实现的理论建构，而较少关注农地集体经营，包括一直坚持集体经营的传统型村庄和“分田到户”之后重新选择集体经营的后发型村庄的制度实践，从而在集体经营的问题导向和制度完善层面均存在进一步研究的必要。因此，需要以集体经营的法律界定为基础，兼顾现实存在和未来发展趋势的集体经营形式，从集体经营主体的法律塑造和合理的权利配置两个方面，建立和完善集体经营收益分配制度。

第四，针对农地企业经营收益分配问题，大部分学者对工商资本下乡的领域和风险进行了揭示，并指出现行政策不宜过度鼓励工商资本下乡，应当严格执行市场准入机制，加强农地用途监管，但是对于如何建构科学合理的企业经营模式下的农地经营收益分配制度，则更多限于政策的解读，需要进一步从分配权利和分配程序的设计方面深化研究。

三、本书的研究方法与进路

(一) 本书的研究方法

第一，规范分析研究方法。规范分析是法学研究的主要方法，规范分析法侧重于价值判断和价值分析，旨在回答“应当为何”。[1]本书的研究意义在于通过对现行农地改革政策及农地经营收益分配现状的分析，阐释改革政策所指向的多元化制度目标必然导致法律原则和规则设计上的冲突抵牾和顾此失彼，这要求确立农地经营收益分配制度的主导价值理念和基本原则。本书从分配正义的基本价值理念出发，对其中蕴含的平等、公平、效率、安全等价值进行分析，从分配起点、分配过程和分配结果三个层面分析农地经营收益分配制度的正义价值理念，并且从农地经营组织形式对于收益分配的影响出发，从农地经营组织的主体意思自治和国家强制性的双重视角，提炼出将按生产要素分配原则、利益平衡原则以及国家适度干预原则作为农地经营收益分配制度的基本原则。

第二，法律实证研究方法。法律实证研究是通过对研究对象大量的观察、实验和调查，发现法律制度或具体规则与社会生活诸多因素的相互影响和制约，主要是以经验现象的面目出现的，它涉及的是法律运作的实然状态。本书在研究不同经营模式下农地收益分配的法律制度时，不仅需要从现有的法律和政策文件中分析相关法律规定中的分配原则，还需要结合不同地区的不同经营模式的实践来论证收益分配制度的问题导向及其成因，以农地经营收益分配参与主体的权利实现作为出发点和落脚点，综合运用解释论和立法论的方法，寻求不同经营组

〔1〕 参见何海波：《法学论文写作》，北京大学出版社2014年版，第17页。

织形式下我国农地经营收益分配法律制度的对策。

第三，比较研究方法。本书对于比较研究方法的运用集中在以下几方面：一是，通过对不同农地经营组织形式下农地经营收益分配的分配主体、分配决策和分配程序等制度要素进行比较，厘清经营组织形式的类型划分；二是，通过对同一经营组织形式模式下的富有特色的地区试验，进行比较研究，可以提炼出该种经营模式及其收益分配中存在的共性特征、问题及影响公平分配的因素，最终提出具有普遍意义的制度建议或者可行的立法方案。此外，本书介绍了国外合作社收益分配制度，并进行了比较分析，以证成坚持合作社本质规定性规定的正当性。

（二）本书的研究进路

本书研究内容呈现“总—分”结构。首先，在分析我国现行农地经营收益分配制度内涵的基础上，对其价值目标和基本原则进行理论阐释；其次，分别对不同农地经营组织形式下的收益分配制度展开研究。本书在整体上分为农地经营收益分配法律制度基本理论研究部分和不同经营组织形式下农地经营收益分配具体法律制度研究两个部分，前者包括正文的第一章和第二章，后者则包括正文的第三章至第六章。农地经营收益分配制度研究应当回应农地产权制度和经营制度发展变革的现实需要，因此，本书始终贯穿以问题为中心的研究思路。第一章从农地经营收益分配制度的历史演进出发，引申出本书的研究主题及其问题导向；第二章论证了农地经营收益分配制度的制度内涵、价值目标和基本原则，并提出农地经营收益分配制度的展开维度和体系结构；第三章至第六章则以我国农地权利制度和经营制度的改革转型为背景，坚持问题导向原则，以经营权或者分配权主体为界分，分别对家庭经营、集体经营、合作社经营和企业经营下的农地经营收益分配制度进行了深入研究。

四、本书研究的基本限定与可能创新之处

（一）本书研究的限定

本书选题为农地经营收益分配法律制度研究，探讨农地经营收益分配制度的基本理论及不同经营组织形式下农地经营收益分配的具体制度构造，既不包括农村集体土地征收补偿款的分配问题，也不包括集体土地非农化利用中的增值收益分配问题，也不涉及集体经营性建设用地入市中的收益分配问题。

“农地”一词在我国法律当中并无直接对应的概念。本书研究对象中所涉及的“农地”以承包地为主要研究对象。[1]农地经营是农业生产经营主体对农地展开的经营活动。传统的农地经营以家庭分户经营和种养殖兼业为主，而在承包地流转和农户分化的背景下，农地经营主体结构发生变化。由我国的基本国情所决定，在未来相当长的时期内，我国农业经营主体表现为传统小农户与新兴农业经营主体并存；我国农业经营方式表现为传统农业、口粮农业（生存农业）与市场化、专业化和商品化程度较高的现代农业并存。[2]随着人口食品需求的转型和农业结构的调整，我国的农地经营表现为行政主导下的传统谷物生产（“旧农业”）和市场化的高值蔬菜、水果、肉—禽—

---

〔1〕 本书所指“农地”主要指的是家庭承包经营之农地。之所以不使用“承包地”的概念，是因为还存在集体所有的未分包到户的农地，这也属于本书的研究范围，而其不能被承包地所涵盖，另外，农村土地概念也比较模糊，未表明该土地的农业生产经营用途。农地的范围包括耕地、林地、草地，以及其他依法用于农业的土地。

〔2〕 张晓山：“有关农村集体产权制度改革的几个理论与政策问题”，载徐小青等主编：《2013-2014 中国城郊经济年鉴》，宁夏人民出版社 2015 年版，第 414~416 页。

鱼和蛋奶等高附加值或资本化农业生产（“新农业”）的二元化特征。[1]农业内部产业的细分、食品体系的多元化决定了农业内部的不同产业类型具有不同的经营组织形式。传统谷物生产或者粮食生产的主体仍然是家庭承包农户或者种粮大户、家庭农场，而新农业的经营主体是以专业化生产农户或者家庭农场为基础，以农民专业合作社或者“公司+农户”“公司+合作社+农户”为主导性的多元化复合型组织形式。

农地经营收益主要是指农业生产环节的直接产出收益，而且需要考虑农产品流通、销售环节对收益增值的影响。按照农地经营组织形式和生产迂回化程度的不同，分为承包农户自主经营的传统种、养殖业收益，以及不同农地经营组织形式下，土地、资本、技术、劳动等多元生产要素投入形成的生产收益。不同的农业经营组织形式具有不同的经济和法律含义，对于收益分配制度产生不同的影响。在农户承包经营的情况下，重点在于农户和集体在收益分配中的关系问题，农户家庭的内部分配不是本书关注的对象；而在集体经营、合作经营以及企业经营等经营组织形式下，问题的重点在于不同农业经营组织内部的生产要素投入主体之间的分配关系。

农地经营收益分配是在一定的农地权利制度和经营制度下进行的，农地经营组织形式对于收益分配具有决定作用。本书所指的农地经营收益分配是在农业生产经营组织[2]内部进行的，农地生产要素投入者之间就经营收益进行分配的经济活动，属于初次分配环节。

---

〔1〕［美］黄宗智：《中国的隐性农业革命》，法律出版社 2010 年版，第 135~147 页。

〔2〕《农业法》第 2 条第 2 款规定：“本法所称农业生产经营组织，是指农村集体经济组织、农民专业合作经济组织、农业企业和其他从事农业生产经营的组织。”

农地经营收益分配制度是将农地经营收益依据一定的分配标准和分配程序在分配参与主体中进行分配的规则集合。农地经营收益分配制度以特定的农地产权制度和经营制度为前提，包括分配主体、分配决策、分配标准和分配程序等制度要素，是实体性制度和程序性制度的统一。其中，分配主体是指分配法律关系的主体，包括分配主体和分配受体，分配主体在整个分配制度中具有主导地位，而分配受体则处于从属地位；分配决策制度涉及农地经营组织的内部治理结构和决策安排；分配标准是关于分配依据的原则性界定，是分配制度的核心内容；分配程序是分配决策执行与监督的全过程。

（二）本书研究的可能创新之处

第一，本书对我国农地经营收益分配制度的价值目标、基本原则以及体系结构进行了提炼和论述，形成了全面、系统的关于农地经营收益分配法律制度的基本理论框架。本书通过对我国农地制度改革政策进行梳理，认为现行农地政策和法律追求的价值目标具有多重性，极易导致法律原则和规则设计上的冲突抵牾和顾此失彼，因此需要明确制度的价值目标和基本原则。农地经营收益分配虽然是农地经营组织的内部经济活动，属于初次分配的范畴，但鉴于农业的行业领域特殊性及对农业经营者利益保护的需要，农地经营收益分配制度应当兼顾效率和公平。本书以分配正义的基本理论为指导，从分配起点、分配过程和分配结果三个层面分析农地经营收益分配制度的正义价值理念，并且从效率和公平协调的视角，将按生产要素分配原则、利益平衡原则、国家适度干预原则作为农地经营收益分配制度的基本原则。

第二，本书从集体成员享有农民集体提供的共享利益和分享利益两个层面，而非集体土地所有权的收益权能角度，分析在家庭承包经营制度下，农民集体参与家庭承包经营收益分配的正当性及其法制路径。家庭承包经营现行法律规定农户家庭享有完整的收益权，但该制度所欲实现的维护农户土地利益和提升农地经营效率的价值目标，由于农户分享集体土地利益不均等问题，在农地经营实践中并不理想。为此，需要更新立法理念和制度设计，确认农民集体基于农户分享集体土地利益平等性而行使的农地利益调节权，以及基于农户共享集体公共服务利益而行使的必要收益权。

第三，本书从制度变迁成本及其分配正义的视角，对农户家庭和种粮大户、家庭农场之间的收益分配关系进行阐述。种粮大户和家庭农场这两种家庭经营形式对于构筑维护国家粮食安全的组织基础具有重要意义。种粮大户和家庭农场在农业生产环节对于承包农户具有替代作用，由其全部承担农地流转成本会产生“地租侵蚀利润”的风险，影响我国农业现代化和粮食安全目标的实现。土地成本可以理解为我国农地制度改革中发生的制度变迁成本，应当建立一种合理化和法制化的分担机制。在农地流转中，种粮大户和家庭农场需要先行承担土地成本，发挥市场机制遴选合格农地经营者的作用；政府应当运用公共财政手段，建立并完善有关农地流转和风险防范的补贴制度，对种粮大户和家庭农场进行适当补偿，以实现土地成本的社会分摊。

第四，本书对农地集体经营及其收益分配的现实样态进行了梳理，提出农地集体经营可以经由集体土地权利折股量化到成员形成，也可以由农户以承包地经营权入股形成，集体经营在农地制度改革中都趋向于采取社区土地股份合作社的组织形式的观点。囿于集体经营及其收益分配缺乏明确的法律依据，地方改革试验呈现自发多元性和调控失序状态。集体经营收益分配存在的问题具有共通性，表现为集体自治组织和集体经济组织“政经不分”，以及社区土地股份合作社等集体经营组织的股权设置不规范，这对集体成员公平分享集体经营收益会造成不利影响。为此，在《民法典》相关规定的基础上，通过确认“政经分离”的改造路径，以社区土地股份合作社的形式改造集体经济组织，完成集体经营主体的法律塑造。同时，通过合理的股权配置，对集体股、成员股、外来资本股的收益分配权利进行合理定位。

第五，本书对坚持合作社本质规定性的合作社盈余分配观和实用主义的盈余分配观这两种理论观点进行了比较分析，提出我国农民专业合作社的盈余分配制度应当坚持合作社的本质规定性，遵循以惠顾返还为主的基本原则和逻辑主线，按股分红只能在不违背主线逻辑的前提下作为兼容性的分配规则。合作社收益分配制度的完善需要在盈余分配主体资格制度、分配决策制度、盈余分配具体规则、盈余分配权利救济规则等层面进行统一筹划和合理安排。

第六，本书针对企业和农户利益联结的特征，提出需要从可持续性和公平性两个维度，讨论农地企业经营收益分配的制度构造问题。“公司+农户”的收益分配制度应当从正式的合约治理和非正式的关系治理两个维度展开设计。在正式的合约制度层面，农业订单合同治理需要通过完善相应的合同示范文本制度的方式加以实现。在非正式的关系治理制度层面，需要通过完善龙头企业评级评价制度和信用信息公开制度，借助信任、互惠和信息交流等关系规范的方式加以实现。

第一章 农地经营收益分配法律制度的理论解析

农地经营收益分配是在一定的农地产权制度和经营制度下，在特定的农业生产经营组织[1]内部，农地生产要素投入者之间就经营收益进行分配的经济活动。农地经营收益分配制度需要协调农地所有者和农地利用者，以及其他农地经营收益分配参与主体的利益配给和权利实现关系。首先要确立农地经营收益分配的理论基础，然后在理清分配参与权利主体及其利益诉求的基础上，明确农地经营收益分配制度的价值目标和基本原则。农地经营收益分配总是与特定的经营组织形式相联系，农地经营收益分配制度需要以农地生产经营组织形式的类型化区分为基础，从不同经营组织形式下农地经营收益分配的问题导向出发进行研究。

第一节 农地经营收益分配制度的理论基础

农地经营收益分配是在一定的农地产权制度和经营制度下，农地经营组织内部各要素投入主体参与收益分配的经济活动。生产资料所有制对分配关系具有决定作用，无论农地经营生产要素如何组织和配置，农地经营收益分配制度都需要反映和协调农地所有者和农地利用者，以及其他农地经营收益分配参与

〔1〕 关于农业生产经营组织的界定，参见《农业法》第2条第2款之规定。

主体的利益配给和实现关系。土地产权理论、地租理论、初次分配理论是研究农地经营收益分配法律问题和构建科学合理的农地经营收益分配制度的理论基础。

一、土地产权理论

土地产权是确定土地所有和使用权利归属、形成农地经营权利交易市场、界定参与农地经营收益分配权利主体的权利基础。土地产权理论可以作为研究农地经营收益分配制度的理论基础。

（一）产权理论

产权是财产权或者财产权利的简称。阿尔钦认为："产权是一种通过社会强制而实现的对某种经济物品的多种用途进行选择的权利。"〔1〕巴泽尔认为："个人对资产的产权由消费这些资产，从这些资产中取得收入和让渡这些资产的权利构成。"〔2〕产权的表象是人与物之间的关系，但其界定了"人们如何受益以及如何受损，因而谁必须向谁提供补偿以修正双方行为的权利"，其实质是"由物的存在及关于它们的使用所引起的人们之间相互认可的行为关系"。〔3〕因此，产权是界定人们对彼此财产权利的相互认可关系，是界定人们行为规范的社会制度。根据制度经济学理论，产权是财产权利界定和交易市场形成的基础，产权的权利配置应符合效率原则，即应将产权配置到最珍视该

---

〔1〕参见［英］约翰·伊特韦尔、默里·米尔盖特、彼得·纽曼编：《新帕尔格雷夫经济学大辞典（第三卷·K-P）》，经济科学出版社1996年版，第1101页。

〔2〕［美］Y. 巴泽尔：《产权的经济分析》，费方域、段毅才译，格致出版社、上海三联书店、上海人民出版社1997年版，第2页。

〔3〕［美］哈罗德·德姆塞茨："关于产权的理论"，载［美］罗纳德·H. 科斯等：《财产权利与制度变迁——产权学派与新制度学派译文集》，刘守英等译，格致出版社、上海三联书店、上海人民出版社2014年版，第73页。

权利或者更有效率的人手中。

产权作为制度经济学上的财产权利概念，指的是财产上的一束权利的总称，包括所有权，也包括应物的利用和交易的不同需要，形成的各个单项的独立权利。大陆法系中所指的财产权利是以单一和绝对所有权为核心的，并根据所有权的占有、使用、收益和处分权能的分离和聚合而形成不同的他物权，此时他物权构成所有权的权利负担，权利负担一经解除，所有权即恢复到权利圆满的原始状态。英美法系中的财产所有权客体不是有体物，而是利益或者利益束，相关法律制度所强调的是一系列法律利益的概念，而大陆法系以所有权为基础的财产权利体系是建立在有形物基础上的，强调对物的支配、控制和处分，并对应地形成无形财产权利。

就土地产权及其收益分配而言，无论是在何种财产权利法律制度下，对土地的使用和处分均构成收益权利的基础。英美法上的产权分割理论和财产权利束制度以土地资源最大限度地利用为宗旨，形成多层次、立体化的土地财产权利以及与之相对应的收益权利，大陆法系以土地所有权的权能分解组合并让渡给他物权人的方式实现所有者的经济利益，同时他物权人通过支配土地的使用价值或者交换价值实现对土地资源的高效配置和社会化利用。因此，现代土地所有权展现出充分的社会化特征，土地产权及其利益在土地所有权人以及多元化的土地用益物权人、土地担保物权人和土地租赁权人之间实现了充分共享。其中，处分权是土地所有权的核心权能，处分权行使的范围和强度决定了土地产权权利分割的细化程度以及不同土地产权主体收益权的实现程度。

（二）集体土地所有制与集体土地权利体系〔1〕

产权是以法权形式界定的以所有制关系为基础的财产权利制度，所有制是产权制度讨论的基本前提。所有制反映生产资料的初始分配关系，对于特定国家的基本经济性质和制度，以及人们在经济活动中的地位、分配和交换关系具有根本决定意义。我国的土地属于国家所有或者集体所有。农村土地的集体所有制保障了集体所有权主体之间具有相互独立性，有效避免了农村土地的过度集中，同时保证了集体成员对于集体土地的生存保障权利，在集体所有的基础上通过分户承包经营实现了集体土地资源初始分配的平等性，农户利用自身家庭劳动力进行农业生产实现了分户经营平等和效率的统一。我国《宪法》确立了农村集体经济组织实行集体统一指导，农户承包经营的统分结合的双层经营体制，在《物权法》（已失效，下同）上规定了集体土地所有权和土地承包经营权，在最新修订并通过的《农村土地承包法》上，确立了集体土地所有权和土地承包经营权“两权分离”以及在承包地经营权流转的基础上，形成集体土地所有权、土地承包权和土地经营权“三权分置”并立的农地权利体系。《民法典》物权编对土地承包经营权制度按照严格身份性的路径加以塑造，新增土地经营权制度，对“三权分置”加以确认。

我国的农地权利制度体系是参照绝对所有权和权能分离理论，以集体土地所有权为基础构造而成的。在现行法上，集体土地所有权和土地承包经营权之间形成所有权和用益物权的法律关系。这种立法安排借助所有权的绝对性和弹力性，以及用

〔1〕 该部分已由作者先行发表，此处略有改动。参见刘恒科：“农地‘三权分置’的理论阐释与法律表达”，载《南京农业大学学报（社会科学版）》2018 年第 4 期，第 94 页。

益物权构成对所有权的权利行使限制的物权法原理，综合反映了宪法规范意义上的集体土地所有制，民法物权法定和权利确认意义上的集体土地“三级所有”，以及在农村土地家庭承包经营制度下，承包农户优先于农民集体对农村土地的占有和使用关系。但是，这种法制度和法技术并不能全面和深刻地反映我国农地制度的法理念和法思想，不能完全以此来确定农民集体和承包农户的法权关系。我国的农地权利制度具有独特性，集体土地属于本集体成员集体所有，成员集体是由集体内部的每一个成员构成的一个群体或者人的集合体。我国的集体土地所有权是以集体土地保障本集体成员利益的权利表现形式。成员集体存在的目的是集体成员利益的实现。[1]成员权是维系集体和成员关系的制度纽带，农户以自益权或者共益权的形式分享集体土地利益。传统民法用益物权中的所有权人和用益物权人是两个意志和利益相互独立的不同主体，用益物权由所有权人依其对物的自由支配意志而设立，而农户的土地承包经营权是其作为集体成员，公平享有集体土地利益的自益权的重要权利形式。

“三权分置”是在承包地经营权流转的前提下，形成集体土地所有权、土地承包权和土地经营权并立的农地权利体系。所谓“分置”应理解为从土地承包经营权中派生出土地经营权，土地承包权则是派生出土地经营权之后的土地承包经营权的代称。依农户的土地流转意愿和流转形式的不同，实际经营主体取得的土地经营权的权利稳定性和权利效力有所区别。其中，短期转包、出租和临时委托代耕等不稳定的土地利用形式应保留债权之表达形式；而在长期租赁、入股、抵押和信托流转的

〔1〕 韩松：“论农民集体土地所有权的集体成员受益权能”，载《当代法学》2014年第1期，第50~57页。

场合，都可以分置出长期稳定的土地经营权，可以通过登记使这些长期稳定的土地经营权实现债权的物权化。“三权分置”为新型农业经营主体的土地利用权的公平保护、融资担保提供了法律依据，促使土地经营权的流转，使多种生产要素进入农地经营以及实现集体土地的高效社会化利用。

（三）农地经营收益分配参与主体的收益分配权

目前，我国的农地产权制度呈现“两权分离”和“三权分置”动态并存的格局，农地经营收益分配涉及国家与农民集体、农民集体和承包农户、经营主体，集体土地所有权人和土地经营权人之间的权利实现和利益分配问题。

1. 农民集体的收益分配权

集体所有权是农民集体参与农地经营收益分配的权利基础。集体资产的集体所有排斥了集体以外的其他主体，如国家或者私人对集体财产的所有权。基于所有权同等保护的原则，集体所有权取得与国家所有权、私人所有权同等的法律地位。[1]集体所有权存在的目的在于以包括集体土地在内的集体所有的资源和资产为集体内部的每一个成员提供平等的生活保障，使得集体成员在公平地共同占有生产资料的基础上实现民主自治和共同富裕。集体所有权以及农民集体参与农地经营收益分配的权利，其最终目的都是以不可分割的集体财产或者经营所得维护成员的基本福利和公共利益，这一价值目标不因农地经营组织形式的不同而有所区别。

农民集体就集体所有的生产资料，包括集体所有的农地资源、农业生产设施设备、集体资金等，进行直接经营或者以出租、入股等形式交由其他社会主体经营时，集体资产产生相应

〔1〕 参见韩松：“农村集体经济法律制度的价值目标和功能定位”，载《西北农林科技大学学报（社会科学版）》2014年第3期，第3页。

的价值增值。在集体直接经营场合，农民集体可以从经营所得中按比例提取一部分收益作为集体的公共积累，以实现农民集体的收益权；在以集体资产出租或者入股的场合，农民集体凭借其生产要素所有权及要素贡献参与实际经营主体的收益分配，并在扣除集体公共积累之后向集体成员分配。在承包经营场合，集体通过分配承包地给农户，实现了集体所有土地与农户分散劳动的直接结合，农户得以分享集体土地利益，但集体统一经营层次丧失了物质基础，这值得商榷。无论在何种经营形式下，集体公共积累均构成集体收益权的权利客体。集体所有权及其收益是集体为成员提供公共产品和集体福利的权利基础和物质来源，集体组织的这一功能在现阶段及今后更长的时期内，难以被国家提供的基本公共服务所完全取代，也无法寄希望于由任何农业合作经济组织来承担。农民集体收益分配权的行使关涉集体成员的共同利益，这就决定了在农地经营收益创造和分配过程中，应将集体财产的保值增值和农民集体参与收益分配的优先地位有机结合起来，进行必要和妥适的制度安排。

2. 承包农户的收益分配权

土地承包经营权是承包农户参与农地经营收益分配的权利基础。承包地对于家庭农户而言，兼具生活资料和生产资料，保障性和财产性的性质，土地承包经营权具有生存权、财产权和发展权的宪法基本权利属性。农户的土地承包经营权的权能包括占有、使用和收益，处分权也随着承包关系长久不变和抵押、流转等权能的充实日臻完善。农户可以通过自主经营取得农地经营收益，也可以将农地流转交由其他经营主体经营取得流转收益。

承包农户的收益分配权在不同的农业生产经营组织形式下的实现形式不同。在家庭分散经营的场合，农户取得完整的农地经营收益权，这已被现行的政策及法律规定所确认，这似乎不存在质疑。但可能面临的争议问题是，随着土地承包关系长久不变政策的落实，农地资源的初始分配公平难免会因农户家庭成员变动而被打破，造成集体成员之间农地资源占有的不均衡，引发成员权和用益物权的紧张关系，而土地资源占有不公平势必影响家庭分散经营条件下的收益分配公平。在农户流转承包地经营权的场合，农地流转租金或者入股股金取代农户对农地的直接占有，成为农户以收益权实现农地保障的方式。农地流转收益作为替代自耕保障的物质基础，对于农民的基本生存权具有重要的维系功能，同时也是确保新型农业经营主体取得农地经营权的基本前提。因此，家庭农户的农地经营收益分配权实现的安全价值和公平价值应得到充分彰显，而且应当在分配序位中处于优先地位，这需要在制度规范上进行特别的设计。

3. 土地经营权人的收益分配权

截至 2016 年 6 月底，全国承包地流转面积超过承包地总量的 1/3，全国已有合计 270 多万个家庭农场、农民合作社、农业企业，经营耕地面积 50 亩以上的规模经营农户超过 350 万户，农地经营主体结构发生显著变化。〔1〕土地经营权是在现行法确立的集体土地所有权和土地承包经营权“两权分离”的基础上产生的新的权利，土地经营权人应当特指的是农户和集体之外的以新型农业经营主体为主的农地实际经营者。〔2〕土地经

〔1〕 参见国务院新闻办公室举行关于完善农村土地“三权分置”办法发布会，中华人民共和国国务院新闻办公室网站，2016 年 11 月 3 日，载 http://www.scio.gov.cn/xwfbh/xwbfbh/wqfbh/33978/35411/index.htm，2018 年 2 月 4 日访问。

〔2〕 政策文件提出“赋予经营主体更有保障的土地经营权”，以此作为本轮农地制度改革的重要动因。另参见孙宪忠：“推进农地三权分置经营模式的立法研究”，载《中国社会科学》2016 年第 7 期，第 153 页。

营权人通过流入农户承包地取得土地经营权，享有使用流转土地自主经营并获得相应收益的权利，而且土地经营权人通常掌握并向传统农业注入资本、技术和企业家才能等现代化生产要素，通过提高农地经营规模或者改善要素配置获得经营增值收益。

土地经营权人在现代农业经营体系中发挥要素整合和市场连接的重要作用，其介入农地经营活动的目标在于以资本、技术、管理等生产要素获得投入回报。在不同的农地经营组织形式下，土地经营权人的要素投入形式、要素贡献和收益分配诉求有所区别。家庭农场和种粮大户大多采取短期租赁和转包形式流入农地，经营收益与农户的流转收益脱钩，经营者在支付农地租金之后享有完整的收益权；在农地股份合作经营场合，农户的土地要素参与分配采取“保底收益+二次返利”的形式，农户可以参与农地经营各个环节的收益分配；在企业经营场合，农户家庭生产卷入资本化的农业生产链条，企业通常将农户经营改造成其原材料生产环节，通过控制农业生产的上下游环节蚕食农户生产环节收益。

二、地租理论

农民集体、承包农户和经营主体之间的关系，本质上就是土地所有权人和土地使用权人之间的关系。农民集体是集体土地的所有权人，而承包农户是农民集体土地所有权人的组成部分，经营主体是包括新型农业经营主体在内的农地实际经营者。地租理论可以作为研究农地经营收益分配问题的理论基础。

（一）地租理论及其发展脉络

在西方古典经济学说中，土地一直被认为是与劳动、资本并重的三大价值创造要素。[1]亚当·斯密认为:"地租是使用土地的代价,是租地人按照土地实际情况所支给的最高价格。"[2]大卫·李嘉图认为地租的产生以土地的有限性以及土地肥沃程度和位置上的差别性为基本前提。[3]约翰·斯图亚特·穆勒认为地租是为使用土地而向土地所有者所进行的支付,地租来源于对土地的自然垄断和占有。[4]保罗·萨缪尔森认为,地租是为使用土地支付的代价,地租量主要由供求关系决定。由此可见,地租理论建立在土地产权私有制的社会制度背景之下,用以解释所有者和使用者之间存在的经济利益关系,且对于因土地肥沃程度、地理位置而形成的级差地租已有充分的认识,但认为土地资源是自然对人类的赋予,对于土地所有权导致的绝对地租则认识不足,未能关注地租背后所反映的生产关系和所有制问题。

马克思在《资本论》中研究了地租问题,对于资本主义条件下土地资源配置的一般规律进行了系统分析。马克思的地租理论建立在劳动价值理论、剩余价值理论和平均利润理论基础上,认为地租的本质是土地所有者介入剩余价值分配的形式,是土地所有者凭借对土地的所有权获取的一部分剩余价值。"地

〔1〕 土地、资本和劳动在不同的社会阶段中,分别以地租、利润和工资的形式分配给不同的阶级,构成经济学,或者整个政治经济学研究的主要问题。在亚当·斯密、大卫·李嘉图、亨利·乔治、约翰·斯图亚特·穆勒等古典经济学者的经典著作中都能发现对这一命题的讨论。

〔2〕 [英] 亚当·斯密:《国民财富的性质和原因的研究》,郭大力、王亚南译,商务印书馆1972年版,第136~137页。

〔3〕 参见 [英] 大卫·李嘉图:《政治经济学及赋税原理》,周洁译,华夏出版社2005年版,第55页。

〔4〕 [英] 约翰·斯图亚特·穆勒:《政治经济学原理》(上),金镝、金熠译,华夏出版社2013年版,第382页。

租的占有是土地所有权借以实现的经济形式。"[1]土地价格是地租的资本化，"资本化的地租即土地价格"。[2]马克思的地租理论以农业生产为主要分析对象，包括绝对地租、级差地租和垄断地租理论。马克思认为，土地所有权的垄断是产生绝对地租的制度基础，"土地所有权的前提是，一些人垄断一定量的土地，把它作为排斥其他一切人的、只服从自己个人意志的领域"。[3]"土地所有权本身已经产生地租。"[4]农业生产部门的资本有机构成低于非农业部门是绝对地租产生的经济根源。土地有限性和土地经营权的垄断是产生级差地租的前提，土地自然条件和土地投资的差异是级差地租产生的一般条件。垄断地租是由于特定用途或者自然条件的土地资源稀缺，供给难以满足市场需求从而形成的垄断价格。

马克思地租理论分析了地租是资本主义私有制下，土地所有者参与劳动者创造的剩余价值分配的形式，地租是由农业雇佣劳动者创造的，经由农业资本家的分配而由土地所有者占有的剩余价值的一部分。在土地私有制的背景下，有能力的社会成员占据较多的土地资源，从而控制了其他社会成员的生存条件，失去土地的社会成员只能依附于强者，从而形成剥削和依附的关系。为此，马克思提出全面建立生产资料公有制，以保障社会成员公平分享生产资料的收益，并和社会化的大生产相结合，按劳分配并以此作为解决资本主义固有矛盾以及资本剥削劳动问题的根本手段。

（二）马克思的地租理论对农地经营收益分配制度的指导意义

马克思的地租理论从生产资料所有制对价值形成和分配关

---

〔1〕［德］马克思：《资本论》（第3卷），人民出版社1975年版，第744页。

〔2〕［德］马克思：《资本论》（第3卷），人民出版社1975年版，第904页。

〔3〕［德］马克思：《资本论》（第3卷），人民出版社1975年版，第714页。

〔4〕［德］马克思：《资本论》（第3卷），人民出版社1975年版，第861页。

系的决定性作用出发，同时也阐释了市场经济条件下地租形成的一般规律，对我国农地制度改革及承包地经营权流转中的土地收益分配具有指导意义。我国作为人民民主专政的社会主义国家，实行生产资料公有制，土地归国家或者农民集体所有既保证了土地资源初始分配的可得性和公平性，为集体成员以本集体经济组织为单位平均共享地利提供了权利保障，也为后续土地资源的市场化交易以及高效配置确立了产权基础。同时，考虑到我国人地关系相对紧张的现实状态和农民大国的基本国情，土地的自然保障功能需要借助土地所有权的法权关系安排加以实现。“人们在一定的社会关系中如何得到土地的保障，反映了人们不同的社会地位及其不同的社会关系性质。”〔1〕在集体土地所有制下，集体无偿分配土地给本集体成员，从而将土地对成员的自然生存保障上升为一种制度性的社会保障。因此，集体土地所有权作为颇具中国特色的法律制度，是马克思生产资料公有制主张与我国特殊国情、农情相结合的产物。根据现行法律规定，我国农村土地属于农民集体所有，集体土地所有权具有不可交易性，必须创设出具有独立地位的能够满足市场交易需要的物权，土地承包经营权成为“实现不可流转的土地所有权与市场经济对接的制度工具〔2〕”，随着承包地经营权的流转，又形成了“三权分置”的农地权利格局。土地所有权和土地使用权相分离，为地租理论的适用提供了制度条件。

我国集体土地所有权是农业合作化时期由农户带地入社所形成的，集体土地所有权具有保障农户基本生存的功能，集体

---

〔1〕 参见韩松：“农地社保功能与农村社保制度的配套建设”，载《法学》2010 年第 6 期，第 63~74 页。

〔2〕 参见高富平：“土地使用权的物权法定位——《物权法》规定之评析”，载《北方法学》2010 年第 4 期，第 5~15 页。

和农户具有利益主体和归属的同一性。集体和农户之间的权利关系虽然按照所有权和用益物权的法权关系进行制度构造，但是从集体土地所有权的主体归属和权利实现的角度来看，集体将农地分配给本集体经济组织成员耕作，使集体所有的土地与农户的家庭劳动相结合，就实现了集体土地所有权对承包农户的保障功能。集体和农户虽然体现为所有权人和使用权人的法律关系，但农户是作为所有权人的一分子对集体土地享有权利的，集体土地所有权和土地承包经营权的分离，是由集体根据土地承包方案无偿分配承包地而形成的，不能等同于通过市场交易建立的土地用益物权关系。农民集体和承包农户之间的权利塑造内含了对土地保障功能和土地资源利用的多重考虑，二者之间的经济关系也不能以地租的方式来看待和处理，农民集体也不能当然凭借集体土地所有权权利主体的法律地位向农户收取承包费。在 21 世纪初，农村税费改革过程中的承包费免除即是明证。

地租理论适用于承包地经营权的流转场合，用于解释承包农户与新型农业经营主体之间的经济关系。现行法律政策确认了农户在承包地经营权流转中的主体地位和自主决定，流转价格由双方协商，流转收益归农户所有。“土地租金或者承包地经营权流转价格可以理解为承包地流转所对应的权利的合理对价。”〔1〕农户流转土地承包经营权给土地经营者之后，土地经营权人取得土地的占有、使用和收益权，农户取得流转收益。农户保有土地承包权，包括承包地位维持权、征收补偿获取权、有偿退出权等权利。因此，承包地经营权的流转只是土地经营权的暂时让渡，不会使农户丧失承包权。土地租金是农地流转合同约

〔1〕 刘恒科：“农地适度规模经营的土地成本研究：一个文献综述”，载《社会科学动态》2018 年第 6 期，第 48 页。

定期限内土地经营权的市场价值，一般以农户自行耕作的种植结构和取得的年均产值为核算的标准。土地租金仅反映农地作为生产要素的财产价值，并不包括承包地的社会价值。有学者认为承包地流转价格未能全面反映农地资源的社会价值等非市场价值〔1〕，或者提出在农地流转过程中，农户仅凭成员权收取相当于其土地承包经营权收入变现的固定租金，这与我国农业在很大程度上仍属于自给自足的自我保障型经济的总体现状相违背。〔2〕这些观点显然将土地承包经营权的流转等同于权利的整体转让，与农地流转的制度实践不符，而且承包地经营权的流转只是导致农户在承包期内暂时丧失土地经营权，不会影响农户的土地承包资格和作为集体成员的其他权益。

根据马克思的地租理论，集体土地产生的收益包括：一是资源性收益或者绝对地租，即集体土地基于其自然资源属性未经劳动加工而蕴含的自然收益，集体应当保留；二是劳动性收益，既包括集体成员共同劳动积累形成的土地收益，也包括承包农户在承包地上投入劳动使承包地质量等级提高而形成的收益；三是资本性收益，即集体土地资源经由出租、入股等形式变为资产，并与他人生产要素结合而获得的租金、股利等收入。其中，合作化以及人民公社时期社员共同劳动形成的不可分割的集体土地利益，构成集体土地资源性收益的组成部分，应当归农民集体所有；农村承包地产权收益来源于对部分地租及部分经营利润的分享。农地以地租和级差地租的形式有偿流转，是市场配置农地资源和农业产业化规模化经营的需要，应当依

〔1〕 参见蒋永甫、徐蕾："农户农地流转意愿：一种农地价值的视角"，载《学习论坛》2015年第6期，第30~34页。

〔2〕 参见韩松："新农村建设中土地流转的现实问题及其对策"，载《中国法学》2012年第1期，第22~23页。

据级差地租理论调节农地流转中的利益关系，利用市场机制推进土地流转和适度规模经营。[1]

三、分配理论

农地经营收益来源于对农地经营生产要素的投入，农地经营收益分配的分配对象是各种生产要素利用过程中产生的增益。随着承包地经营权的流转加速，农地经营主体结构的多元化和复合性增强，农业经营体系呈现出由传统小农经营向规模化经营和现代化多功能农业演变的趋势，农地经营富集土地、劳动、资本、技术、管理等生产要素。农地经营收益分配是在一定的农地产权制度和经营制度下，农地经营组织内部的生产要素投入主体参与收益分配的经济活动，属于农地经营组织内部初次分配的范畴，主要体现为按生产要素贡献分配的市场活动规则，也体现了国家对农地经营收益分配活动的适度干预。

（一）初次分配中的市场主体自主决定

分配是“利益在不同主体之间按照一定的原则和方式进行的分割和配给”，[2]表现为社会财富在不同主体之间的转移及由此形成的占有和支配关系。从社会财富的分配流程或者分配阶段来看，分配是由初次分配、再分配和第三次分配有机组成的经济活动体系。就社会财富的初次分配而言，它主要指涉的是各种生产要素的权利人参与企业利润分配的活动，主要体现为企业组织的内部行为，实际上可以理解为企业内部各利益相关者之间的合约行为，这是由企业的性质所决定的。科斯在《企

〔1〕 参见杨沛英：“马克思级差地租理论与当前中国的农地流转”，载《陕西师范大学学报（哲学社会科学版）》2007年第4期，第15~22页。

〔2〕 许明月：“论社会分配综合法律调整体系的构建——基于综合法律调节视角的思考”，载《现代法学》2012年第6期，第104页。

业的性质》中提出，企业是替代市场的制度，企业制度的正当性基础在于以企业组织成本替代公开市场中重复交易行为的交易成本；[1]因此，企业“在本质上是一系列合同的共同签署人”，[2]是生产要素权利人之间以相对稳定的要素合约确定相互间权利义务关系，以企业组织契约替代市场交易契约，以节约重复缔约成本和减少不确定性的制度装置。科斯的企业性质理论提示我们从企业生产要素投入者合约行为的视角，理解企业组织内部的分配行为。

市场经济是一个分散决策和分工合作的资源配置系统。生产要素分别由不同社会主体所有，意味着必须通过平等交易和公平有偿的合约形式取得使用权，生产要素价格等同于要素使用者向所有者支付的报酬。初次分配就是在企业组织体（一个权威企业家）的决策和主导之下，以企业经营所得收益为生产要素提供者支付资源使用费的经济活动。生产要素的取得成本决定了交易价格和支付报酬的高低，也决定了参与分配的贡献比例和话语权重。“价值分配应以价值创造为基础。”[3]初次分配必然要考虑各种生产要素在价值形成中的功能和作用，即在价值创造中的贡献比例和大小。因此，初次分配的价值基础在于生产要素贡献，生产要素的所有权本身不创造收益，只是将分配所得收益指向特定的权利主体。

初次分配是否公平，取决于各参与分配主体之间分配增益的

---

〔1〕［美］罗纳德·H. 科斯：《企业、市场与法律》，盛洪、陈郁译校，格致出版社、上海三联书店、上海人民出版社 2014 年版，第 33 页。

〔2〕［美］亨利·汉斯曼：《企业所有权论》，于静译，中国政法大学出版社 2001 年版，第 24 页。

〔3〕参见蔡继明：《从按劳分配到按生产要素贡献分配》，人民出版社 2008 年版，第 13 页。

标准是否公平以及最终的分配结果是否均衡。[1]初次分配是经济组织内部各生产要素投入者之间意思自治的活动，初次分配标准的形成通常是参与分配主体之间自主协商的产物。自主协商型分配具有形式正当性，经过平等、自由的协商过程，最后形成的分配方案必然以参与者对可分配收益的贡献大小作为依据。按生产要素贡献作为分配标准，有利于维持财富创造活动的持续性，有利于分配参与者之间形成稳定的投入和收益预期，能够使生产要素利用效率最大化，在财富增长的基础上达致公平分配，否则只可能产生低效率的集体贫困。因此，在初次分配阶段，按照生产要素贡献分配必然具有合理性，能够实现公平和效率的统一。无论是生产要素提供者之间的自主协商型分配，抑或是外部分配主体主导的分配规则，都需要遵循按生产要素贡献分配的基本规则。

农地经营收益分配作为农地经营要素投入者之间的要素合约行为，应当体现主体自主决定和市场机制作用。基于要素投入者之间民事法律地位的平等性和对于农地经营组织体事务管理的民主性，农地经营收益分配制度需要遵循民法中的权利主体平等、意思自治等主体资格确认和民事交易原则。法律制度作用的重点在于提供实体性的分配标准或基本原则和程序性的分配协商制度，而不直接规定分配的结果[2]，从而保障在平等话语权基础上公平公正分配标准的形成。此外，应从我国农业市场化改革的问题导向出发，塑造完善的市场主体法律资格制度和生产要素权利交易制度。

---

〔1〕 参见许明月："论社会分配综合法律调整体系的构建——基于综合法律调节视角的思考"，载《现代法学》2012 年第 6 期，第 108 页。

〔2〕 参见徐清飞："我国初次分配法律制度改革的顶层设计"，载《法商研究》2012 年第 5 期，第 59 页。

（二）初次分配中的政府作用

法律制度对于分配关系调整的前提在于厘清初次分配与再分配中政府和市场的关系。传统经济学和法学理论均认为，政府介入分配领域的作用环节在于再分配环节，即政府为了社会公平和公共福利的需要，通过税收等手段取得再分配收益，并且对已经获得的再分配收益进行重新分配，以实现对初次分配的再调节。初次分配应当主要体现市场主体自主决定和按生产要素贡献分配的原则，国家对分配关系的干预也应当以初次分配的按贡献分配原则为基础，以尊重市场主体的民主平等协商决定为基本前提。但是，这并不意味着初次分配中完全排斥政府的作用。应当说明的是，政府作用和市场机制对于分配活动的调整并非体现为时序上的“初次分配—再分配”的次序安排，而是基于对待分配利益性质的评估和权衡。政府干预并非仅体现为弥补初次分配不足之再分配，政府和市场机制对于初次分配领域共同发挥作用。

在初次分配中更好地发挥政府作用，其正当性在于政府对于社会弱势群体或者经济弱势产业的救助和扶持职能。一般而言，初次分配是在特定经济组织内部生产要素投入者之间就资源投入取得的增益进行分配的活动，待分配收益的取得甚至最大化是讨论分配规则的前提，而资源投入者之间的平等协商与交易自由是生产要素集聚和经济组织形成的基础。因此，初次分配似乎并没有政府发挥作用的余地。在自由主义者看来，持有正义、自由选择和交换正义是分配理论的基础，国家的职能在于保护私人交换和自由选择的权利不受侵害。然而，这种理论仅仅触及分配正义的部分而非全部，无法协调分配正义的多种理念，也与保障基本人权和基本平等自由的各国社会经济制度实践不符。根据罗尔斯的正义论观点，“社会基本益品”应当平等地分配。阿玛蒂亚·森进一步提出，发展的目的在于扩展人们享有的“能够过自己愿意过的那种生活”的真实自由，提出基本“可行能力”的平等分配路径。这些观点为政府介入分配甚至初次分配领域提供了理论支撑。对于某些形式公平但是实质不公平的交易合约的适度矫正，以及对于弱势群体或者弱势产业的帮助和扶持，均构成政府介入初次分配的理据。在初次分配需要处理的效率和公平的关系层面，我国初次分配政策经历了从“在促进效率提高的前提下体现社会公平”到“效率优先、兼顾公平”再到“兼顾效率和公平”的变迁历程。

农地经营收益分配是农地经营的生产要素提供者就经营收益进行分配的活动，既体现为按照生产要素贡献支付报酬的常规性分配活动，又根据农地经营和农业部门的特殊性质而有所区别。一方面，农地经营活动需要诸多生产要素的支持和投入，包括劳动力、资本、技术、土地、企业家才能等，才能产生最大化的经营收益，收益分配具有按要素贡献分配的交易合约属性；另一方面，农地经营具有特殊性，农业生产经营受到农作物自然生长规律和农地条件的制约，投入回报周期长，且受自然风险、市场风险、经营管理风险等多重因素的影响，具有产业弱质性。农地经营的这些基本特点决定了家庭经营在农业产业化经营体系中所处地位的基础性、农事活动的分工有限性、〔1〕资本投入的边际效应递减性、〔2〕农业生产经营条件的政府支持性。

农地经营条件在正常市场经济条件下难以完全、充分地获

〔1〕 参见罗必良：“农业供给侧改革的关键、难点与方向”，载《农村经济》2017年第1期，第7页。

〔2〕［美］爱德华·威斯特：《论资本用于土地》，李宗正译，商务印书馆2015年版，译者序。

得，需要政府加强投入予以保障，政府通过农地经营投入的政策导向对农地经营组织形式进行选择，进而对农地经营收益分配产生重要的影响。随着21世纪初农业税费改革的进行，政府退出了农地经营收益分配关系，实现了从汲取者向补贴者的转型。政府粮食安全、农业增效和农民增收等宏观制度目标的达成，离不开政府作用的有效发挥，除政府主导的再分配向农业产业和农民的倾斜之外，政府对于农地经营收益分配这一初次分配领域的调整作用也是不容忽视的。

首先，政府农业补贴的投向和力度对于农地经营者的经营组织形式选择和经营行为产生影响，进而会间接影响农地经营者的收益分配行为。比如，带动农民增收的绩效评估通常作为政府扶持规范性农民专业合作社，以及龙头企业认定和享受税收优惠发展的重要量化指标。其次，政策倡导或者法律规定的农地经营组织形式对收益分配的直接影响。比如，在发展壮大集体经济实现农民共同富裕的政策导向下，集体经营所内含的集体福利、公共服务、成员权利等因素会对收益分配产生影响；又如，农民专业合作社需要遵守关于资本和劳动参与收益分配的比例和序位的法律规定，以提升合作社的规范化运营程度。最后，农地经营收益分配涉及农业投资者、劳动者、农民集体和农民个体多方主体的利益，相应的法律制度安排不仅是对微观分配关系的调整，更是对不同涉农团体利益的分配。集团利益是经济法作为国家适度干预经济活动的法律制度的重要调整对象，集团利益之间的平衡协调是经济法的重要功能。[1]国家对经济活动进行干预的实质是对市场调节资源配置过程和结果的再调节，通过政治强力重新分配资源，以平衡各利益集团的

〔1〕参见岳彩申、袁林："经济法利益分配功能之解释"，载《社会科学研究》2002年第3期。

利益差别。[1]因此，对农地收益分配关系的法律调整，内涵了国家适度干预和市场主体自主决定之间的关系，有必要从集团利益分配的特殊视角考虑相关制度安排。

综合上述分析，政府作用和市场机制对于分配活动的调整并非体现为时序上的“初次分配—再分配”的次序安排，而是基于对待分配利益性质的评估和权衡。农地经营收益分配作为农地经营组织内部的初次分配行为，是一种合乎经济规律的农地经营要素投入者之间的合约行为，体现市场主体的权利和利益，需要在平等民主的基本框架下权衡各利益相关者的利益；同时农地经营收益分配制度规则的设计并不仅限于分配关系主体意志的法律表达，通常亦受到国家基本政治、经济和社会制度等制度环境的影响和制约。在农业经营领域，国家通过企业组织形式法定或者间接利益引导的方式，影响微观市场活动主体进入市场和经营活动中的企业组织形式选择，进而间接影响初次分配的过程和结果。农地经营收益分配制度应当兼顾效率和公平，体现市场决定性作用和更好地发挥政府作用的双重混合机制。

第二节　农地经营收益分配制度的价值目标

任何法律制度安排的背后总是有“对各种相互重叠或者冲突的利益进行评价的某种准则”。[2]农地经营收益分配关涉利益主体的多元性、利益结构的复杂性和利益衡量的层次性，意味着其制度安排背后的价值判断也呈现出多元化的相互冲突的特

〔1〕 参见周耀东：“利益集团理论”，载《安徽大学学报》2004 年第 4 期，第 106~111 页。

〔2〕［美］罗斯科·庞德：《通过法律的社会控制》，沈宗灵译，商务印书馆 1984 年版，第 50 页。

征。为此，要确立农地经营收益分配的制度安排，首先应当探寻立法的应然价值目标。

一、农地经营收益分配制度的多元价值

正义是法的基本价值，但对于法律正义的理解，古今中外法学界历来存在多种正义观，它总是与理性、自由、平等、安全、共同福利等价值紧密相连。〔1〕法律价值是由多元要素构成的，以多元形态存在的体系。〔2〕从学界的既有研究来看，法的价值通常包括秩序、自由、平等、效率、公平、安全等方面。农地经营收益分配制度的价值目标同样具有法的价值的多元性。

（一）公平价值

追求公平是人类的本性，法律规则是人类公平诉求的一种表达。〔3〕公平既是对权利义务和社会财富分配状况的客观描述，也表现为一定的公平观或者公平感，是以客观为基础的主客观相统一的概念。〔4〕公平体现了差异性和同一性的辩证统一，〔5〕一方面，公平不等同于均等，公平概念的存在以差异为前提，差异有利于效率提升和社会进步，但同时差异又受到同一性的制约，要保持在适度范围内；另一方面，公平的同一性包含差异的同一性，不能理解为人为地拉平。公平的差异性和同一性及

---

〔1〕［美］E. 博登海默：《法理学：法律哲学与法律方法》，邓正来译，中国政法大学出版社 2004 年版，第 252~302 页。

〔2〕参见张文显：《法哲学范畴研究》，中国政法大学出版社 2001 年版，第 189 页。

〔3〕［英］彼得·斯坦、约翰·香德：《西方社会的法律价值》，王献平译，中国法制出版社 2004 年版，第 13 页。

〔4〕强以华：《经济伦理学》，湖北人民出版社 2001 年版，第 157~158 页。

〔5〕易小明："分配正义的两个基本原则"，载《中国社会科学》2015 年第 3 期，第 8 页。

其辩证运动决定了公平包括形式公平和实质公平两个方面。[1]形式公平或者机会公平强调在抽象人格平等的基础上，赋予每一个人同等的参与市场和竞争的机会，是一种形式公平，机会公平的实际结果必然是推翻起初的公平规则。[2]实质公平在反思法律形式公平及其现代性困境的基础上，更加关注具体人格，强调权利倾斜性的配置以实现弱者保护和实质正义。[3]

公平价值应被置于社会财富分配的全过程中加以考量，包括起点公平、机会公平和结果公平。[4]其中，起点公平意味着基本权利和初始资源配置的平等性；机会公平则指向参与市场活动和竞争领域的形式公平，包括竞争公平和交换公平，内涵规则公平和程序公平，意思自治和交易公平，市场主体法律地位平等、竞争机会均等，选择权平等这些制度要素；结果公平侧重于分配结果体现经济公平性，差异适度性在可接受的范围之内，在初次分配方面，市场主体投入的各种生产要素的参与度和贡献度与其所得收益之间大体实现比例平等。在再分配领域，以实质公平来调整分配关系，应得的基础是需要而非贡献，以保障最不利的社会成员的基本福利需要，内含了国家对于竞争条件不足者和失败者的社会支持。

农地经营收益分配是农地经营生产要素提供者对经营收益的分割和配给，收益分配的公平与否需要从收益分配参与主体各方的视角，从起点公平、机会公平和结果公平三方面来考察分配标准的公平性以及分配结果的适度差异性。首先，从起点

[1] 杜帮云：《分配公平论》，人民出版社 2013 年版，第 28 页。
[2] 单飞跃：《经济法理念与范畴的解析》，中国检察出版社 2002 年版，第 10 页。
[3] 李昌麒主编：《经济法理念研究》，法律出版社 2009 年版，第 133 页。
[4] 李昌麒主编：《中国改革发展成果分享法律机制研究》，人民出版社 2011 年版，第 377 页。

公平的角度看，城乡资源持有的异质性和不公平已成为客观现实，集体和农户持有土地、劳动力等生产要素，而涉农企业在资金、技术、管理等生产要素方面具有相对优势，乡村发展资本缺乏极易导致资本话语权的优势地位，在此背景下，形式上的权利平等因经济实力的不平等而显得苍白无力。因此，需要一定的制度设计尽量减少这种不平等带来的影响。其次，在机会公平方面，应当赋予各类市场主体同等地参与市场活动的主体资格和行为能力，使其通过公平参与竞争和合作获得自身及社会的价值增值并按照贡献参与分配。利用市场能力是机会公平的一个重要测度。在管制放松和市场进入的改革进程中，农村集体和承包农户所有的生产要素没有得到同等和充分的市场机会，这会给城乡融合发展、农民持续增收和农村繁荣稳定造成不利影响。因此，需要通过赋予农民更多财产性权利，并在农民自愿和自治的基础上通过权利处分行为盘活土地资源，参与市场经营和收益分配。最后，从结果公平的角度来看，分配结果应当反映生产要素对于经营收益形成的贡献和作用，分配结果的差异应当保持在合理分配规则所允许的适度范围之内。

（二）效率价值

效率或者效益是经济活动中的基本原则，在有限资源约束条件下经济活动需要秉持效率原则，通过成本-收益的理性计算，将资源配置到能够产出更多净收益的市场主体手中，把权利赋予最珍视它的人，以激励社会财富的创造。分配法律制度的效率价值是财富创造过程中效率价值的进一步显化，体现为按贡献分配原则及相应的规则设计。唯有如此，才能实现生产要素的周期性投入和社会财富的可持续创造。对于效率价值的强调直接关系到分配正义的物质基础和实现程度，否则平均主义和绝对平等分配只能导致物质匮乏和普遍贫困的状态，并不具有正义性，这一点早已被历史所证明。

农地经营收益的生成是农地经营收益分配的前提和基础，这是影响“蛋糕”大小的问题，在没有利益可供分配的情况下，无论分配原则或者规则怎样设计，都没有任何意义。农地经营收益分配制度应当体现效率价值的要求，包括分配制度应当追求效率价值，以及分配制度自身运行的效率价值两个层面。首先，农地经营收益分配制度应当体现特定经营组织的形式下，农地生产要素对于经营收益创造的贡献比例。从分配标准的形成角度来说，无论是在参与分配者进行的自主协商型分配抑或是包括政府组织在内主导的权力型分配中，按贡献分配都应当是要坚持的基本原则，这符合财富持续创造的效率价值和参与分配主体对自身预期可得利益的秩序价值，关键是要建立公平的贡献评价制度和平等协商制度，保障不同的贡献获得公平的评价和折算。在不同的农地经营组织形式下，效率价值和要素贡献的彰显形式不同，关键在于不同生产要素的交易成本，而不是表现为绝对化的资本形式。比如，在农民专业合作社中，生产组织和收益分配体现劳动联合的特征，惠顾交易量决定效率水平。其次，分配制度本身也应体现效率价值，即通过科学的分配标准形成和分配规则运行制度设计，降低分配程序或者事务性活动中产生的交易成本。在经营收益特定的情况下，如果分配制度本身的运行成本过高，就会抵消较大部分的经营收益，导致可分配剩余的减少。因此，在保障利益分配各方平等的参与权、话语权的同时，有必要引入降低谈判成本的规则。比如，《农民专业合作社法》中关于惠顾返还和按股分红比例和顺序的规定；以及建立分配形成标准的谈判成本控制制度，比如，通过政府发布承包地经营权流转片区指导价的方式，或者建立完善农村产权交易价格申报和信息归集制度，以降低农地贡献谈判成本等。

（三）平等价值

“平等的关切是政治社会至上的美德”，[1]其基本要义是“对法律上视为相同的人给予法律所确定的相同方式对待”。[2]平等意味着在立法中不能对人进行不合理的分类，以消除由于法的类型划分而导致的不平等。平等的实现意味着需要妥适地对待和处理人与人之间的现实差别，以及对应于这种差别所做的利益和不利的分配。对此，法律制度通过对人的基本权利的规定，构造一个以权利平等为基础的社会秩序，这就是形式平等，法律的普遍性本身内含了“法律面前人人平等”的要义。形式平等意味着权利平等基础上的机会平等，即社会成员“参与某种活动的权利”[3]平等。但是，法律上的平等只有在彼此实力相当的主体之间才能实现，形式平等仅是法律权利的平等赋予，并未考虑由个体自然天赋和社会经济实力的差异导致的行使权利能力的区别。因此，法律所追求的平等价值不能仅停留于形式公平，而应当指向一种实质平等。[4]首先，实质平等包含对弱者权利的倾斜性保护，正如罗尔斯所提出的“公平的机会平等原则”那样，出于对基本权利和机会平等这些“自然的自由体系”中形式平等的修正，应当通过适合社会福利制度和教育促进措施，将由天赋和实力所造成的不平等降到最低程

---

〔1〕［美］罗纳德·德沃金：《至上的美德：平等的理论与实践》，冯克利译，江苏人民出版社2003年版，第1页。

〔2〕［美］E. 博登海默：《法理学：法律哲学与法律方法》，邓正来译，中国政法大学出版社2004年版，第286页。

〔3〕徐梦秋：“公平的类别与公平中的比例”，载《中国社会科学》2001年第1期，第36页。

〔4〕江帆：“经济法的价值理念和基本原则”，载《现代法学》2005年第5期，第118页。

度，以实现起点的实质平等。[1]其次，实质平等还要求对平等主体间不平衡经济利益关系进行矫正，对交易地位平等和权利形式平等而实质不平等进行适度干预。

分配制度下的平等价值表现为：首先，分配标准的形成过程本身就是参与分配主体之间就贡献比例和分配序位进行平等协商的过程，生产要素参与主体具有平等的法律地位，分配标准形成的参与决策权利平等，享有受到同等尊重和表达意见的权利，分配参与主体中的任何一方都不能剥夺其他参与主体应当享有的平等权利；其次，在分配过程中，待分配利益的临时持有者在分配谈判中具有优势地位，往往会利用经济优势地位单方面决定和执行分配方案，其他参与主体通常处于被动和依附的劣势地位，因此，分配地位的实质不平等需要法律对弱势一方提供倾斜性的保护，以促进实质平等的实现。

就农地经营收益分配制度的平等而言，在农地资源的初始分配环节，集体土地所有制保障集体成员平等地占有农地生存资料，只要是集体成员均有权平等地从集体获得土地利益，不因自然天赋或者经济实力差异而有所区别。这就保证了承包农户之间的初始资源占有平等，以及参与农地经营收益谈判中的平等主体地位。在农地经营收益分配过程中，土地、劳动和资本三种主要生产要素受到市场供给状况的影响，下乡资本往往相对稀缺，具有分配决策和标准制定的优势地位，而劳动和土地相对充裕，处于被整合和依附性的从属地位。因此，需要从农地经营组织形式的制度调节入手进行适度干预，以增强农地劳动者和承包农户的谈判议价能力。

---

〔1〕参见李志江："罗尔斯分配正义理论研究"，复旦大学2004年博士学位论文，第65页。

（四）安全价值

法律上的安全价值意指通过制度规范的作用，增强社会秩序的确定性和连续性，减少任意变化及其影响，使得法律所要保护的重大需要或者利益得以实现。安全源自于人类对于自身基本生存利益以及人类社会内在稳定性的经常性预期，安全价值既内蕴了人的生命、财产、自由和平等等基本价值，也存在着一种秩序稳定性的社会利益诉求。

分配制度中的安全价值主要表现为，对在分配过程中应当保护的重大基本利益，通过分配程序法和分配实体法的规定，从分配序位安排和分配标准设定两方面加以保障和维护。我国农地经营收益分配制度需要考虑我国特殊的社会经济制度安排的内在要求，满足安全价值的优先实现，主要体现在以下几个方面：第一，承包农户作为土地生产要素的供给者，土地租金既是一种财产性收入，更重要的是具有替代土地生存保障的功能，因此，土地租金分配在整个农地经营收益分配中具有优先序位，需要足额先行支付；第二，农业劳动者的劳动报酬取得权也具有维持生存保障的制度内涵，基于劳动者地位的弱势性、农业劳动特殊性等理由，理应处于优先地位；第三，农业经营组织的正常存续需要有一定的信用作为基础，无论在何种经营形式下，均应当从当年度经营收益中按一定比例提取公积金或者风险金，以平衡经营主体自身利益和外部社会利益，这也是市场交易安全价值的内在要求。“三权分置”作为农地制度的又一次创新，在制度变迁过程中，应当注重规则设计的安全价值目标和制度保护措施，防止因过分强调新型农业经营主体的权利，而导致农民集体和承包农户的权益受损。上述三方面利益主体的收益分配序位和分配比例都应当按照安全价值的要求作出合理的制度安排。

二、农地经营收益分配制度的价值冲突

农地经营收益分配制度不仅涉及农地经营生产要素提供者之间利益分割和配给的权利义务安排，而且从更加广阔的视野来看，还涉及农民增收、农业增效、粮食安全等多重制度目标的统筹兼顾，既要实现农民集体、承包农户和经营主体之间的微观利益平衡，又要体现农村土地集体所有、农民弱势群体利益保障、农业经营者利益保护、农业弱质产业扶持和粮食基本自给公共利益维护等多维度的宏观制度价值。如上所述，农地经营收益分配制度的价值目标具有多元性和层次性，在公平、效率、平等和安全等价值维度之间存在内在冲突。

农地经营收益分配制度的价值冲突既具有法律价值冲突的共性，也存在其制度特殊性。农地经营收益分配制度包括政策和法律两个紧密联系但又彼此区别的方面，价值冲突不仅来源于法律制度设计层面，而且更多源自于政策层面，法律制度设计应以公平正义为主导价值，政策变迁则更加趋向于效率价值导向。从政策和法律演进的角度来看，我国农村改革因循产权清晰化和市场化导向这一路径。[1]目前正在推进的农村土地“三权分置”改革，被普遍认为是在“两权分离”的农村产权制度后的又一次制度创新。按照政策制定者的解读，“‘三权分置’是引导土地有序流转的重要基础，既可以维护集体土地所有者权益，保护农户的承包权益，又能够放活土地经营权，解决土地要素优化配置的问题”。由此可见，公平和效率的平衡协调是此次改革的出发点，放活土地经营权毫无疑问是此次改革的重点

〔1〕 参见温铁军：《三农问题与世纪反思》，生活·读书·新知三联书店2005年版，第16页。

所在,[1]是为了维护新型农业经营主体作为实际耕作者的利益,最近国家出台了大力培育新型农业经营主体、新增农业补贴向新型农业主体倾斜的政策,也说明了本轮农地制度改革具有明显的效率导向。有学者不无隐忧地提出,在“三权”的权利配置方面,要防止“经营权一权独大、符号化所有权、虚化承包权”的倾向。[2]

“三权分置”改革以保障国家粮食安全、促进农业增效和农民增收为目标,意在同时解决农地利用效率、农民财产性收入和国家粮食安全等问题,这三种制度目标很难在单一效率价值的引领下达成,即使新型农业经营主体权利保护可以同时满足农业增效和国家安全的目标,但由于二者属于利益博弈关系,农民增收的目标难以有效实现。有的学者从农业发展角度提出,土地流转费过高已成为我国农业“不可承受之重”,不宜把农户增加财产性收入作为土地流转改革的追求目标。[3]另外,现行政策的主导思想是,在尊重农户基于农地流转中的主体地位和自主意愿,发挥市场配置资源的决定性作用的基础上,实现土地经营权的有序放活,从而推动上述三大制度目标的实现。这一基本定位是清晰明确而且科学合理的,但是在保障农民利益的同时,也推高了农地适度规模经营的土地成本,而这关系到农地制度变迁的进程,关系到农业生产的成本乃至我国经济社会发展的总体成本。[4]这无疑会给国家粮食安全和农业增效带

---

〔1〕 参见孔祥智:“‘三权分置’的重点是强化经营权”,载《中国特色社会主义研究》2017年第3期。

〔2〕 参见张力、郑志峰:“推进农村土地承包权与经营权再分离的法制构造研究”,载《农业经济问题》2015年第1期,第87页。

〔3〕 参见党国英:“农业成本关乎中国中长期的发展”,载《农村工作通讯》2016年第6期,第32页。

〔4〕 参见刘恒科:“农地适度规模经营土地成本分担的法律制度探析”,载《农村经济》2018年第4期,第83页。

来挑战。

从农地经营收益分配参与主体的权利诉求来看，其也体现了不同的价值取向。其中，农民集体的收益分配权是集体所有权的重要体现，其最终目标是为每一个集体成员提供公共服务和集体福利，内含了平等、安全等价值理念；农户以其承包地经营权参与收益分配，实际上是以承包地流转期间内的经济收益实现土地身份保障利益，应当获得等价有偿、公平合理、优先支付等交易条件，以实现所要求的公平、安全、平等价值；农业劳动者通常以村社内的老人、妇女等为主，劳动报酬的支付应当遵循按期、及时、足额的原则，以实现农业劳动者权利所代表的安全、平等价值；新型农业经营主体参与农地经营的目的在于获得投资收益，新型农业经营者的经营绩效关系到农业现代化发展和国家粮食安全，是其他收益分配主体利益实现的前提，需要以效率价值为主导，从经济公平的原则出发，保护农业实际耕作者的权益。由此可见，效率价值是实现其他价值目标的前提和基础，但在注重效率实现的同时，还应当关注其他价值的兼容保护。

三、农地经营收益分配制度的价值协调

（一）分配正义与收益分配公正

“正义是社会制度的首要价值”，[1]从某种意义上来说，“法律就是正义”。[2]但是，正义总是与多元化的价值判断联系在一起，如同“普罗透斯似的脸”使人难以捉摸，尤其当我们面临

---

〔1〕 参见［美］约翰·罗尔斯：《正义论》，何怀宏、何包钢、廖申白译，中国社会科学出版社1988年版，第1页。

〔2〕 参见［法］弗雷德里克·巴斯夏：《财产、法律与政府——巴斯夏政治经济学文粹》，秋风译，贵州人民出版社2003年版，第122页。

诸多价值冲突时，常常陷入如何进行利益评价和确定价值位序的纠葛之中。为此，法学界提出功利原则、比例原则、制度利益衡量等，试图通过某种量化的方法确立法的价值阶位，但总是因可能走向机械化和片面化而倍受质疑。凯尔森认为正义观念是非理性的理想；阿尔夫·罗斯提出，正义无非是“一种将个人要求变成绝对公理的感情表达”；〔1〕哈耶克也认为，“正义根本就是一个空洞无物、毫无意义的术语，因为人们永远不可能就‘社会正义’所要求的东西达成共识”。〔2〕针对这些正义非理性或者虚无性的观点，笔者认为，针对正义问题可以进行理性讨论和公正思考，正义判断的理性基础在于人类社会经验事实所累积的理性力量。〔3〕法律应当在提炼这些经验事实和理性智识的基础上，通过“颁布一些评价各种利益的重要性和提供调整这种利益冲突标准的一般性规则”，〔4〕确立基本的冲突价值判断标准和正义规则。

正义意味着以一定的社会正义原则来调整人们在社会合作中利益和负担的分配关系。关于分配正义的研究，主要存在功利主义和权利主义两种进路。功利主义学说主张“最大多数人的最大幸福”，如果为了社会利益最大化的需要，少数人的利益牺牲是不可避免的话，那也被认为是正常支出的必要成本。但是，每一个社会成员都有可能为社会公共利益需要而背负牺牲

〔1〕 参见［美］E. 博登海默：《法理学：法律哲学与法律方法》，邓正来译，中国政法大学出版社 2004 年版，第 258~259 页。

〔2〕 参见［英］弗里德利希·冯·哈耶克：《法律、立法与自由》（第 2、3 卷），邓正来译，中国大百科全书出版社 2000 年版，序言。

〔3〕 参见［美］E. 博登海默：《法理学：法律哲学与法律方法》，邓正来译，中国政法大学出版社 2004 年版，第 260~261 页。

〔4〕 参见［美］E. 博登海默：《法理学：法律哲学与法律方法》，邓正来译，中国政法大学出版社 2004 年版，第 398 页。

自我基本自由权利的“承诺压力”，这显然是一种非正义。功利主义在认识个人重要性方面存在先天不足，其将所有的人类需要归结为单一目标（快乐），并加总以计算功利的论证方式，其在方法论上也面临广泛质疑。〔1〕

康德认为，每个人都有平等的独立意志和自由权利，都有应当被当作独立自由的人来对待的尊严，因为每个人都是理性的存在，都有绝对价值。〔2〕罗尔斯承继了康德的权利主义进路，在对功利主义进行批判的基础上，提出了正义的两个原则：一是，平等的基本自由原则；二是，公平的机会平等原则和差别原则，以及优先原则，即两个原则的词典式排序原则，〔3〕其核心思想是“所有的社会基本益品——自由与机会，收入与财富、自尊的基础——都必须平等地分配，除非对一种或所有社会基本益品的不平等分配将有利于最少受惠者”。〔4〕其中，第一个原则表达了一种关于正义的政体的政治价值，构成社会财富和收入分配的背景制度；第二个原则是关于处理自由和平等关系和社会财富分配的原则，是在承认财富与收入不平等的前提下对这种不平等进行合理限制的原则。据此，罗尔斯的正义理论强调每个人建立在正义基础上的不可侵犯性，即使是为了社会福利的需要也不能侵犯，这样就与功利主义原则划清了理论界限；并在尊重且承认每个人的个体差异性的基础上，通过对基本物

〔1〕参见［美］塞缪尔·弗莱施哈克尔：《分配正义简史》，吴万伟译，译林出版社2010年版，第147页。

〔2〕参见［德］康德：《法的形而上学原理——权利的科学》，沈叔平译，商务印书馆1991年版，第48页。

〔3〕参见［美］约翰·罗尔斯：《正义论》，何怀宏、何包钢、廖申白译，中国社会科学出版社1988年版，第6~11页。

〔4〕参见［加］威尔·金里卡：《当代政治哲学》，刘莘译，上海译文出版社2011年版，第58页。

品的分配为每个人提供“最低保障”，实现每一个人的平等自由和机会平等，而且根据“差别原则”，任何不平等的分配都应当有利于最不利者，以保证每个人都能在差异原则所允许的社会不平等限制范围之内得以保护，这就使每个社会成员都不会有基本自由权利被剥夺的危险，也不会面临最坏的社会资源和经济利益的分配结果，这无疑是比功利主义更加深入人心的正义理论。

罗尔斯的正义论清晰和完整地回应了关于分配什么东西，这些东西满足人们的什么需求，分配和自由、平等的关系如何协调等基本问题，解释了长期以来“人们（对于分配正义）所具有的无法比较而且相互冲突的常识”。〔1〕在罗尔斯之后，阿玛蒂亚·森提出发展应当是以人为中心的，发展的目的在于扩展人们享有的“能够过自己愿意过的那种生活”的真实自由，提出基本“可行能力”的平等分配路径，〔2〕进一步阐释和拓展了纳入“最低保障范围”的“基本益品”的清单目录。

上述观点大都遵循这样一个逻辑，即以推进人的自由为目标的基本物品平等分配的研究进路，认为个人只有在社会提供实现自身能力的有利条件时才能实现自由，这为平等的基本自由和社会基本益品平等分配提供了最佳辩护。在基本的自由权利和资源分配平等的基础上，应承认由于每个人的才能和贡献差异导致的分配不平等，这种不平等应当是公平的，应保持在基本自由权利实现的合理限度范围之内。这为我们理解和处理自由与平等、效率与公平这些在直觉上相互冲突的价值之间的

〔1〕 参见［美］塞缪尔·弗莱施哈克尔：《分配正义简史》，吴万伟译，译林出版社2010年版，第156页。

〔2〕 参见［印］阿玛蒂亚·森：《以自由看待发展》，任赜、于真译，中国人民大学出版社2013年版，序言第3~4页。

关系提供了法哲学依据。

自由、效率和平等价值的冲突和协调是当代正义研究的关键议题。根据罗尔斯关于正义的两个原则的词典式排序规则，平等的基本自由原则在正义原则中具有优先性，其他任何原则不得与之相冲突，任何社会和经济的不平等应以公平的机会平等为前提，机会平等下的自由竞争优先于平等的分配结果，且以不损害社会最不利地位者的基本自由为限度。每个人所平等享有的基本自由权利通常是由一国宪法和基本法律规定的，其形式渊源具有法的效力层级的优位性。平等的基本自由、权利与效率具有一致性，即自由、权利是效率的基础，是保持长期效率所必需的权利保障，但二者也会发生冲突，此时应当坚持基本自由的优先性，毕竟效率价值属于被评价的范畴，不以基本自由权利实现为目的的效率会引致效率的异化和人的物化，从而可能会颠覆人的基本自由权利。因此，效率价值的适用范围应当主要限于经济领域，而且应当是在注重基本自由权利平等和机会公平前提下的一种价值考量因素。[1]正如阿瑟·奥肯提出的，平等与效率的冲突是无法避免的，解决之道在于“在平等中注入一些合理性，在效率中注入一些人道”，[2]从而在一个有效率的经济体中增进平等。坚持平等的基本自由和机会平等原则，分配结果不可能是平均的，但一定是公平的，在不公平的分配结果上建立的效率是短期的，而且由它所产生的和积攒的问题会比它带来的效益更多。[3]

---

〔1〕 参见张怡：“税收法定化：从税收衡平到税收实质公平的演进”，载《现代法学》2015年第3期，第32页。

〔2〕［美］阿瑟·奥肯：《平等与效率——重大抉择》，王奔洲译，华夏出版社2010年版，第140~141页。

〔3〕 参见李志江：“罗尔斯分配正义理论研究”，复旦大学2004年博士学位论文，第102页。

就分配制度而言，分配的每一个具体环节都应当是平等的基本自由权利的具体呈现，同时又受到平等的基本自由权利的反思性平衡。[1]在基本权利和资源的初始分配中，应当以平等和需要为价值引领，尽量做到起点公平；在财富和收入的初次分配过程中，应当以交换正义为理念实现过程公平，分配规则的设计需要遵循市场伦理和按贡献分配原则。原因在于，市场与人的基本自由相连，而自由是优于后果考量（即有效或者无效率）的价值判断，市场是一个分散决策体系，权力的分散是平等的基本自由和公平的机会平等的必要前提。最后，分配公平体现在分配结果的公平性而非平等性，终点公平应当承认财富分配的差别，但应保持在合理差异范围内，以不损害平等的基本自由为必要。同时，这种分配合理差异为每个人保留了重新参与市场竞争和社会合作所需的必要物质基础和公平起点，体现了一种安全价值和利他关怀，是平等的基本自由权利有效实现的内在要求。

（二）农地经营收益分配制度的正义价值

农地经营收益分配制度应当符合正义的要求，这就需要以分配正义理念为指导，综合考虑各方收益分配主体的权利诉求及其相互关系，平衡公平、平等、效率与安全等多重价值目标，以形成分配参与主体各方都能接受的分配制度设计。分配的每一个环节都应当是分配正义价值理念的具体体现。在农地收益分配过程中，参与分配主体所拥有的初始自然资源和市场合作条件，分配标准形成中的参与决策地位和谈判实力，对于农地经营收益分配正义的实现都具有影响。为此，我们可以遵循时序性的视角，从分配起点、分配过程和分配结果三个层面分析

---

〔1〕 参见高兆明："分配正义的两个考察维度"，载《南京师大学报（社会科学版）》2010年第1期，第5页。

农地经营收益分配制度的正义价值理念。

1. 农地经营收益分配制度的起点正义

初始权利和资源分配正义是起点正义的基本要求。从农地经营收益分配的起点来看，参与分配主体的基本权利是平等的，但对各种生产要素持有的质和量不可能是平等的，包括农地资源占有的不平等和城乡农地经营资源占有的不平等两个方面。法律制度的调整重点不仅在于农地资源的初始分配公平，也在于基于历史财富累加或者城乡二元结构而造成的城乡要素持有不公平。

第一，农地资源占有的不平等表现为城乡居民之间的不平等和集体成员之间的不平等两个方面，前者具有正当性，而后者需要在承包关系长久不变的政策背景下加以分析。其一，农村土地的所有者是农民集体，农村土地的集体所有肯定了农民对于祖祖辈辈流传的农地固有利益的正当性；农村集体经济组织成员享有承包集体土地从事农业生产经营的权利，农地的承包主体只能是农户，农户享有的承包权是农户作为集体成员分享集体土地利益的权利，这一权利专属于农户所有，是农民在公民权之外享有的合法权利。法律通过对承包权的肯定和对稳定承包关系的强调，充分考虑了农民对土地利益的普遍诉求。其二，集体土地所有制的公平保障属性和集体成员对集体土地利益的公平分享，保障了以成员权为基础的农地资源分配公平。但是，在土地承包关系长久不变的政策背景下，集体土地在发包这一特定时点上公平分配给集体成员，之后家庭在集体中的土地份额比例被长久固定下来，这种起点公平和长久不变的做法，极易由于户内成员资格变动而导致农户家庭之间代内代际持有土地份额和收益分配的不公平，与成员平等保障之间的抵牾难以根除。[1]无论是承包农户自主经营，还是农户以承包地经营权出资或者入股参与合作经营，农地面积都构成收益折算的基础依据，对于收益分配制度建构及分配结果均产生直接影响。因此，农地制度改革应当在确立集体不得调整土地规则的同时，提供兼顾成员公平享有土地利益的配套分配方案。

第二，农地经营绩效的提升需要重新导入各种生产要素，农民集体或承包农户与下乡资本者持有农地生产要素禀赋方面的差异，使得农地经营组织的领办者和普通农户的地位存在天然的不平等，农地经营收益分配的决策权和剩余控制权由下乡资本所有者掌握，农户逐渐被边缘化。这种起点不公平是长期以来城乡二元分割体制和发展不平衡的结果，也是农业弱质性导致劳动力、资金等资源从农村向城市长期单向度流动的结果，这就需要解决农户和外来资本在初始资源持有不平等的基础上如何公平地分配收益的问题。根据分配正义的基本法理，资源持有的不平等是所有社会财富分配面临的客观事实背景，不能通过强制拉平的方式实现绝对均等化，而需要采取一定的制度手段尽量降低这种不平等对于起点公平的影响。在我国现行政策和制度框架下，这些制度手段主要包括：其一，通过发挥农地集体所有权的制度优势和农民集体的利益集团组织优势，弥合外来资本和分散农民之间的起点差异，在许多地方性改革试验中，农地集体经营方兴未艾，并且取得了相当大的经营绩效，即为这种制度尝试的例证。其二，通过对农地经营组织形式的直接法律规定，以组织形式法定限制当事人之间的意思表示和自治合约，或者通过政策引导和财政支持鼓励以农民合作为主的农业经营组织形式构造，以实现起点公平。其三，加大国家

---

〔1〕 参见刘恒科：“‘三权分置’下集体土地所有权的功能转向与权能重构”，载《南京农业大学学报（社会科学版）》2017 年第 2 期，第 106 页。

财政扶贫资源投入的力度和有效性，改变以下乡资本为主导的农地经营生产要素配置结构。

2. 农地经营收益分配制度的过程正义

在分配过程中，分配正义的实现需要符合经济公平和交换正义原则，关键在于主体间的法律地位和法律权利平等，协商民主和公正对待。农地经营收益分配标准的达成应当是农地经营收益分配参与主体之间平等自愿协商的产物，需要防止因各方利益分配主体经济实力的不对等而导致的分配地位的实质不平等；以及分配权力主体或者待分配利益的暂时持有者凭借其在位控制地位对分配受体或者其他参与分配者的权利歧视和话语压制。因此，法律规制的基本路径在于确立并规范农地经营组织的治理结构和决策程序，以实现组织内部成员的民主管理和公平决策。比如，充分发挥集体所有制的制度优势，利用既有的集体经济组织内部成员民主决策制度资源，提升农民集体的自我组织化程度，开展多种形式的集体经营；《农民专业合作社法》关于农民专业合作社在成员构成、“一人一票”、民主决策等方面的规定，均体现了合作社成员对于合作社管理和决策的平等参与权。

此外，分配标准的平等协商需要以要素贡献作为参照，而要素贡献大小则受到生产要素的市场供求机制的影响。因此，分配标准的形成有赖于市场机制作用的全面性和普遍性，应当充分发挥市场对各类生产要素的资源配置和价格发现功能。为此，现行法律政策调整的方向在于推进农村承包地“三权分置”改革，一方面，稳定承包关系，使广大农民可以永久地享有农村土地利益；另一方面，通过经营权与承包权的分离，搞活经营权，有利于农村土地资源借助经营权流转而实现真正的市场化配置，提高农村土地的利用效率，并为农业产业化、规模经营和农业现代化创造更好的制度条件。农户在取得承包地经营权之后可以选择自主经营或者通过农地经营权市场交易实现符合现代经营要求的适度规模经营。根据“三权分置”政策，土地经营权经由土地承包经营权的流转而产生，在此过程中应当尊重农户的主体地位和自主意愿，以公平和安全为价值理念侧重保护承包农户的利益；土地经营权在此后作为一种独立的权利参与市场运行，需要遵守市场配置资源的基本规律和市场活动的基本制度框架，以效率和秩序为价值理念建构和完善土地经营权市场交易法律制度。〔1〕

3. 农地经营收益分配制度的结果正义

在结果公平方面，农地经营收益分配应当是在合理的分配规则之下自愿交易的结果，体现按贡献分配的经济公平原则，否则就会否定市场经济的自发调节机制，法律制度应当为农地经营要素投入主体公平参与分配标准制定和按标准分配提供规则程序性的指引；同时，按照实质公平理念的要求，应当基于农业产业的弱质性和农业雇佣劳动者的弱势性对农地经营者和劳动者进行特别保护，国家的作用应当通过对农地经营组织形式及其相应分配制度，尤其是对分配比例和分配顺位的适度干预，介入农地经营收益分配领域，达到平衡资本与劳动关系、协调农民利益和规模经营主体利益的制度目标。在分配结果的最终确定方面，按标准分配决定了可得分配量的多寡，而分配顺序的确定意味着分配各方利益衡量的价值阶位。因此，法律制度规制的重点在于：其一，以法定化和强制性的方式确定农地经营收益分配的合理序位，以规范分配权力主体的恣意行为；其二，对一些特定的农业经营组织，比如农民专业合作社的收

〔1〕 参见许明月：“回顾与展望：农村土地法律制度演进与规范表达改革开放40年我国农地制度的变迁与展望”，载《东方法学》2018年第5期，第72~79页。

益分配比例，作出强制性的规定，以倾斜保护特定分配权利主体的利益，从而实现分配制度设计所预期的安全价值和公平价值。

根据上述分析，农地经营收益分配制度所涵摄的公平、平等、效率与安全等多重价值目标并不是并行或者无序的。其中，安全应当作为基础性的价值目标，是其他价值目标得以实现的前提；在农地资源初始配置阶段，应当按照集体所有制的要求，以成员权及集体土地利益的平等分享为目标；在农地经营收益分配过程中，应当秉持收益分配参与主体在分配程序性权利配置方面的平等价值，使各方主体都能就分配标准的制定事宜进行平等参与和民主协商；按贡献分配应当作为参与分配主体都能接受的原则，反映在平等协商形成的分配标准之中，体现市场经济活动的效率价值，同时，当事人之间意思自治形成的分配标准可能需要接受国家适度干预的影响，以优先保障安全价值的实现；分配结果应当体现经济公平原则，反映生产要素在收益形成中的作用和贡献，同时也要符合国家政策导向下对不同农地经营组织形式的特殊要求，使分配结果差异既符合议定分配规则，又保持在合理的限度范围之内。

第三节　农地经营收益分配制度的基本原则

法律原则是法律规则内容设计与实施的基本准则，是进行规则评判和法律推理的逻辑原点。农地经营收益分配制度作为特定农地经营制度下农业经营组织的内部分配行为，应当体现农业生产要素在收益创造中的贡献，按生产要素贡献分配原则理应作为基础性的分配原则，从而体现经济效率和经济公平原则。同时，农地经营收益分配制度还应当按照安全、实质平等的价值理念，体现利益平衡的原则，以实现对初次分配阶段效率和公平的兼顾。

一、按生产要素贡献分配原则

（一）按生产要素贡献分配原则的正当性基础

“应得将作为评价物品的分配的一个关键性的标准。”〔1〕我们不能离开财富的创造过程而抽象地说这个人应得到的是什么，“除非我们知道这些人是如何通过他们生产和分配的东西而彼此相互联系的”。〔2〕分配受到财富创造过程的影响，在市场对资源配置起决定性作用的时代背景下，要发挥市场的分散决策和民主自由选择机制，就应当认可各种生产要素的市场定价机制、企业组织形式对生产要素成本的决定作用，以及按生产要素分配的基本原则。初次分配是一种市场行为，是以市场经济组织作为分配主体，体现要素提供与报酬支付的经济活动关系。初次分配的过程就是市场重新配置资源的过程，“市场化的利益分配体制是市场配置资源的重要前提”，〔3〕没有一个市场化的分配机制存在，市场就无法发挥在资源配置中的决定性作用。

市场经济组织体的微观经济活动包括参与外部交易活动和组织内部活动，经济组织通过外部交易获得参与经济活动的收益，并按照一定的分配规则在组织体内部向利益相关者进行分配。无论在经济组织体的内部分配抑或是外部分配中，按贡献分配作为一种基本原则，都是基本的要求。从外部分配关系上

---

〔1〕 参见［英］戴维·米勒：《社会正义原则》，应奇译，江苏人民出版社2001年版，第184页。

〔2〕 参见［美］迈克尔·沃尔泽：《正义诸领域：为多元主义与平等一辩》，褚松燕译，译林出版社2002年版，第417页。

〔3〕 参见刘凤岐：《国民经济中的利益分配》，中国社会科学出版社2006年版，第69页。

来说，市场规律本身要求按照贡献分配，理性的市场主体在交易过程中都会以自身利益的最大化为出发点，对双方合作而产生新增利益分配也只能以各方对该利益产生的贡献作为分配的基础。假设不考虑纯粹出于照顾一方或支持另一方的因素，贡献大的一方获得更少的利益，而贡献少的一方却获得更多的利益，这本身也是违反市场正义的。因此，市场原则和按贡献分配原则是一致的，也可以说，按贡献分配就是市场规律的基本要求。就内部分配关系而言，按贡献分配也是应当体现的基本原则，这也是基于生产要素贡献主体之间地位平等性和民主管理性的必然要求。作为平等的成员，从基本的正义要求来看，在分配上都应一视同仁，按贡献分配最能体现其平等性。从某种意义上说，这种平等或者民主也是市场协商机制在经济组织内部的延伸，只有坚持按贡献分配这个标准，成员各方的利益冲突才能达至平衡。因此，按生产要素参与价值创造贡献分配的收益分配原则符合市场经济规律，符合市场主体身份平等、经济民主、经济自由、经济效率、经济公平等基本经济活动准则，也符合平等、自由、效率、公平等法律价值。

（二）农地经营收益分配应坚持按生产要素贡献分配原则

按生产要素贡献分配原则应当作为农地经营收益分配需要坚持的基本原则，这是我国实行社会主义市场经济，选择农业市场化改革路径的必然选择，是农业现代化背景下农业产业组织内部利益关系协调的应有之义，也是建立并完善各种农业生产要素投入的激励机制，促进新时代农村繁荣发展、农民增收和农业增效的基本要求。

按生产要素贡献分配是农业现代化背景下农业产业组织内部利益关系协调的应有之义。我国目前农业经营体系正处于转型过程当中，从原初的自我消费型小农家庭经营向以家庭承包经营为基础，以市场化经营为导向，集体经营、合作经营、企业经营多种经营形式并存的立体化复合型新型农业经营体系，实践中已形成“龙头企业+基地+农户”“龙头企业+合作社+农户”“合作社+农户”“村-企”联合等多种经营组织形态。农业产业化经营组织的存续和发展需要平衡协调组织内部各个参与成员之间的关系，理顺各生产要素所有权主体之间的利益冲突，形成利益共享、风险共担的利益共同体。在收益分配环节，按生产要素贡献分配体现了微观市场参与主体之间的地位平等和协商民主原则，应该是各方都能接受的分配标准，是市场配置资源作用的延伸和体现，能最大限度地调动各方参与主体对于农业生产经营投入的积极性，只有在互利共赢的合作框架下，才能实现农地产权制度和经营制度改革所追求的多重价值目标。

二、利益平衡原则

（一）利益平衡原则的正当性基础

“利益平衡是利益主体根据一定的原则和方式对利益进行选择衡量的过程，而与这一过程相伴随的是不同利益主体间的利益冲突。”〔1〕相互冲突的利益存在层次结构和价值阶位，是利益平衡的基本前提。多元利益的冲突对立和协调统一是利益体系得以建立并且保持动态稳定的基础。法律作为现代社会的基本治理和控制手段，“尽可能地保护所有社会利益，并维持这些利益间的、与保护所有利益相一致的某种平衡或协调”。〔2〕

〔1〕参见冯晓青：《知识产权法利益平衡理论》，中国政法大学出版社2006年版，第12页。

〔2〕［美］E. 博登海默：《法理学：法律哲学与法律方法》，邓正来译，中国政法大学出版社2004年版，第101页。

在初次分配领域，市场主体自主决策和平等参与收益分配标准的制定、分配程序的运行，按生产要素分配是市场经济条件下各生产要素主体参与经济活动并且取得收益分配的基本准则，符合平等自由和等价有偿的市场活动逻辑，是参与分配主体利益平衡的体现。但是，这种分配公平是建立在市场主体实力相当和均衡博弈的基础上的，市场交易的形式平等并不能掩盖由于市场主体资源禀赋和谈判能力差异造成的实质不平等。如果分配比例过分悬殊，则交易合作不可能持续进行，社会资源在大量的一次性交易或者重新交易匹配过程中被损耗和浪费，产生巨大的交易成本，影响社会再生产和财富价值再创造。因此，按生产要素贡献分配是农地经营收益分配制度的基础性的原则要求，体现了初次分配中的效率核心价值，但并不能将这一原则绝对化。

收益分配中的利益平衡原则体现的是实质公平观和可持续发展理念。这就需要各方利益主体在分配标准谈判时，按照实质公平的理念对于交易地位不利者予以适当的倾斜，使得分配结果符合比例原则，交易各方都能实现帕累托改进，共享利益增值，以平衡协调各方利益。原因在于，基于利益衡量而对按贡献分配原则进行适度的矫正，可以弥合市场一元调节引致的分配悬殊和贫富差距，使之保持在符合人道主义和利他主义的合理差距范围之内，进而实现更高层面的利益平衡和更为公正的分配结果。

利益平衡原则也是国家适度干预在初次分配中的体现，国家对于分配关系的调节并非只局限于再分配过程中，并非只是针对初次分配关系的再次调整，而是也体现在初次分配环节。初次分配和再分配都应当兼顾效率和公平，初次分配并非完全遵循与市场决定性作用相一致的自由平等和经济公平原则，而是蕴含了更好地发挥政府职能的双重原则。[1]所以，按贡献分配作为一种原则不能绝对化，它并不排斥基于合理的诉求而在这一基础上进行的各种权衡，按生产要素贡献分配的基础性原则和作为辅助性原则的利益平衡原则，二者之间并不是互相排斥的，而是互补融合的。

（二）利益平衡原则在农地经营收益分配中的体现

在农地经营收益分配过程中，利益平衡原则不仅体现在农业经营组织内部的收益分配程序设计层面，也体现为国家意志对收益分配标准形成的直接介入。在农业产业化组织内部收益分配程序的制度安排上，弱势群体利益和社会公共利益应被优先实现。农户作为弱势群体，其土地利益和劳动所得具有保障基本生存权的功能，应当得到优先，足额分配。在农地流转和适度规模经营的情况下，承包地流转收益既是一种财产性收入，更重要的是具有替代土地生存保障的功能，因此，农地流转收益都应当处于优先序位。比如，在农地入股合作社或者公司经营的情况下，“保底租金+浮动分红”都是实践中普遍采用的承包地权利参与分配的方式。同时，农地入股农户通常优先作为农业雇佣劳动者[2]，其劳动报酬取得权也具有维持生存保障的制度内涵，基于劳动者地位的弱势性、农业劳动特殊性等理由，理应处于分配优先地位，宜采取“随时发生、随时支付”的原则。

利益平衡原则集中体现在国家意志对于分配标准形成依据的介入和干预方面，包括通过法律强制性规定的直接干预和通过

---

〔1〕 参见赵学清：“论我国收入初次分配中市场和政府的作用”，载《河南社会科学》2015年第1期，第82~90页。

〔2〕 比如，《江苏省农民专业合作社条例》第13条规定，以承包地经营权入股合作社的农户，享有优先在该农地股份合作社务工的权利，并有权获得相应的报酬。

涉农政策利益诱导的间接干预。以《农民专业合作社法》的规定为例，该法以维护农民成员利益、提升农民组织化程度为主导目标，在收益分配制度层面，通过分配比例和分配序位两方面规定，强调按惠顾返还盈余的分配原则，集中体现了以农民利益保护为中心的农业经营组织化目标。在精准扶贫的背景下，国家介入农业经营组织内部分配还表现为利用财政手段，将财政扶贫资金量化到户，量化入股经营主体发展产业化经营，促使农民集体或者农户季节性闲置的资源资产和生产要素得到充分利用和增值，增加农民的劳动时间，进而带动农民增收，实现共同富裕。

综合上述分析，按生产要素贡献分配原则是分配标准确定的基础性原则，是在市场决定农地资源配置的背景下，由平等法律地位的分配参与主体民主协商决定的；利益平衡原则是对基础分配关系的再调整原则，主要体现在农地经营收益分配的程序性制度规则，以及国家为了保护农民利益和保障农业产业的需要，适度介入和干预农地经营组织内部分配关系的法律和政策设计当中。

三、国家适度干预原则

（一）农地经营收益分配中政府作用的关系阐释

市场和政府的关系是法律调整社会经济关系的重要前提和基本问题。政府和市场的关系并非体现为单向度的以政府有形之手弥补市场失灵的“兜底关系”，而是彼此嵌入的互补型结构性关系。政府和市场作为现代市场经济条件下两种资源配置的手段，呈现“双手并用”的复合型关系，应置于政府和市场的“双向运动”格局中进行考察。[1]笔者认为，政府和市场对社

〔1〕 参见张守文：“政府与市场关系的法律调整”，载《中国法学》2014年第5期，第60~74页。

会经济关系的调整并非“分段调整”和“分层调整”，任何社会经济领域都存在政府和市场的双重复合作用。市场决定的作用范围通过法律制度对于政府作用的规定实现反向塑造，关键在于厘清政府干预的边界和限度。

不同的分配正义观对于财富分配过程中市场和政府作用的主张是截然不同的。经济分配过程和结果更多体现的是市场和政府的复合作用。在初次分配阶段，按贡献分配是基础性的分配原则，无论市场组织契约抑或是市场交易契约的达成，都遵循这一基本原则。但是按贡献分配本质上是不同社会阶层的资源禀赋和社会地位在分配标准上的直接反映，以经济权力为分配准则，[1]因此，市场并不能自动解决要素之间合理分配的问题。国家干预是基于社会公共利益最大化，在出现分配结果不公平的基础上进行的适度调节。国家对分配关系的干预也应当以初次分配的按贡献分配原则为基础，以尊重市场主体的民主平等协商决定为基本前提。应当说明的是，政府干预并非仅体现为弥补初次分配不足之再分配，政府和市场机制应当共同作用于初次分配领域，二者并非时序上的次序安排，而是基于待分配利益性质的评估和权衡。

农地经营收益分配制度的合理设计和有效运行，需要发挥市场对资源配置的决定性作用，同时更好地发挥政府作用。集体所有制与社会主义市场经济体制的全面接轨和融合，是不可逆转的趋势和历史任务，这就意味着包括农村集体土地在内的农地生产经营要素配置和收益分配应当遵循市场法则，但农业是低收益而高风险的产业，鉴于农业的产业弱质性，政府为了保障农业的基础性产业地位，必须负担起农业生产要素的投入

---

〔1〕 参见王广亮、张屹山：“社会财富初次分配的权力准则”，载《学术月刊》2016年第4期，第63~70页。

责任。[1]而且，鉴于我国作为人口大国和农民大国的基本国情，农民收入增长和利益保护具有重要的战略意义，这也促使政府从社会整体利益的角度，加大对农业和农村发展的投入。根据波兰尼的观点，市场经济会将一切商品化的规则普遍性地适用于整个社会系统，从而引发反向的社会自我保护运动，这证成了政府对市场进行干预的必要性。[2]农业正是这样一个不能完全适用市场经济规则，甚至在纯粹市场经济条件下会受到严重损害的产业。因此，在农业市场制度体系中，市场在配置资源方面的决定性作用在各个方面都会受到政府干预的修正。[3]政府在农业生产要素的配置和提供方面承担着重要角色，农地经营收益分配制度应遵循市场主体自主决定和国家适度干预相结合的原则。

（二）农地经营收益分配中国家干预的制度体现

支持农民和农业是各国涉农立法的主要指导思想之一。在市场机制一元调节模式下，农业汲取生产要素的能力显著弱于其他产业，而且，农业生产要素配置和经营收益分配往往形成以下乡资本为主导的格局，难以在实现农业增效和粮食安全的同时兼顾农民增收的政策目标。农业的弱质性、农业的基础产业地位和农民利益的保护，为国家介入农地生产要素配置，进而干预农地经营收益分配关系提供了理论依据。农地经营收益分配中国家干预的制度体现，就是通过法律的强制性规定和涉农政策的利益诱导，确认和规范国家对于农地经营分配活动的干预。

第一，国家主要通过对农地经营组织形式的立法规定和政

---

〔1〕 参见许明月、吴茂见："农业基础地位面临挑战的法律对策"，载《甘肃政法学院学报》2007年第2期，第17~26页。

〔2〕 参见［英］卡尔·波兰尼：《大转型：我们时代的政治与经济起源》，冯刚、刘阳译，浙江人民出版社2007年版，第136、164页。

〔3〕 参见秦小红："政府干预农业市场制度创新的法律机制"，载《现代法学》2016年第1期，第115页。

策引导，实现对于农地经营收益分配的间接干预。目前我国正在经历自我消费型的传统家庭农业向以产品化、规模化和市场化为特征的现代农业的转型过程。按照恰亚诺夫的观点，传统农业可以通过合作化、适度规模经营和纵向一体化等手段，促使小农家庭经营参与社会分工，实现向现代农业的改造。[1]农地经营组织形式的选择既要符合农业转型的需要，实现农业增效和粮食安全；又要兼顾对农民利益的保障，使小农能够公平参与共享农业现代化的发展成果。

我国农地经营组织形式的立法规定和政策选择意在兼顾公平和效率，实现上述目标的兼容统合。《农民专业合作社法》以规范和引导农民专业合作社的发展为立法目标，规范的目的不在于限制，而是更好地促进合作社的健康发展，保护合作社及其成员的合法权益。在该法的规则设计层面，就需要以强制性规则的形式注入规范性，以体现国家对于合作社组织和行为的干预因素，同时以任意性规则的形式保障合作社成员的意思自治和创新发展。该法在成员组织方面，规定以农民为主体的成员结构，在决策制度方面，强调成员一人一票的表决制度，在收益分配制度层面，通过分配比例和分配序位两方面规定，强调按惠顾返还盈余的分配原则。《农民专业合作社法》中的强制性或者底线性的规定，可以被认为是通过组织法的规则，对参与农业经营合作的生产要素投入主体之间意思自治合约的限制，[2]集中体现了以农民利益保护为中心的农业经营组织化这一国家干预思路。同时，国家对农民专业合作社采取财政补贴、

〔1〕 参见［俄］A. 恰亚诺夫：《农民经济组织》，萧正洪译，中央编译出版社1996年版，第267~271页。

〔2〕 参见蒋大兴："公司法中的合同空间——从契约法到组织法的逻辑"，载《法学》2017年第4期，第145页。

税收优惠等各项扶持政策，以利益诱导的方式引导合作社坚持上述分配标准和规范化发展。

另外，政策文件始终强调发挥集体经济组织的作用，在发展壮大集体经济实力的基础上，有效实现农民成员的集体收益分配权，对于集体经营和共同富裕的政策引导，也体现了国家对于坚持集体所有制和促进集体共同富裕的政策思路。在农地制度改革中，农民集体在农民成员自愿和集体决策的基础上，通过土地集中整理或者收回农户承包地进行统一经营，实现农地规模化经营和集体经济的发展壮大，诸如此类的成功实践已然屡见不鲜。

第二，除上述间接干预手段之外，国家还积极履行支持农业发展的义务，改善落后地区的农业生产条件，通过改变市场条件下以资本下乡为主导的生产要素配置方式，对农地经营收益分配关系实施直接干预。尤其是在精准扶贫的政策背景下，国家直接介入农业经营组织内部收益分配的方式发生创新，主要围绕建档立卡贫困户统筹安排使用财政资金，将财政扶贫资金量化到户，量化入股新型农业经营主体（主要支持农业企业、村集体经济组织、农民专业合作社、种养大户等）发展扶贫产业，通过促进第一、二、三产业融合发展，切实带动贫困户增加收入。典型地方实践的具体做法是：将财政扶贫资金安排到村集体一级并且量化到贫困户，并入股到成长性好、盈利能力强的企业，实行扶贫产业资金“所有权归村集体，使用权归经营主体，收益权归贫困户”，村集体与产业扶贫项目经营主体签订入股合作协议规定相关责任权利，特别是确定具体的贫困户收益分配比例和逐年增长办法，确保资金安全和贫困户受益。〔1〕

〔1〕 参见贵州省兴仁县人民政府《关于2018年第一批中央财政专项扶贫资金（发展资金）的安排意见》，载 http://www.gzxr.gov.cn/xxgk/xxgkml/zdlygk_44555/fpgz_44560/201803/t20180328_3222575.html，2019年4月1日访问。

这种财政扶贫资金按户量化入股产业化经营的做法，与“三变”改革结合，取得了良好的运行绩效。此外，国家还通过财政手段设立贫困村村级发展互助资金，即以贫困村为单位，通过财政扶贫资金与农户入股资金相结合形成滚动基金的方式，帮助农民突破创业增收的金融瓶颈。[1]由此可见，国家主要通过财政手段，将扶贫资源直接注入农业合作组织，改变农地经营组织的生产要素配置结构，从而形成有利于农民增收和农业增效的收益分配格局。

利益平衡原则和国家适度干预原则都是对按生产要素分配原则的适度修正，建立在按生产要素分配原则的基础上。国家适度干预是利益平衡协调原则的体现，仍然是在遵循按生产要素贡献分配原则的基础上，通过政府投入对涉农经营组织体内部的生产要素配置进行直接干预，或者对特定经营组织内部的收益分配秩序进行间接干预，从而达到利益均衡保护、弱势群体扶持等政策目标。

第四节 农地经营收益分配制度的体系结构

“推行正义的善意，还必须通过旨在实现正义社会目标的实际措施和制度性手段加以实施。”[2]农地经营组织形式对于分配标准和分配程序制度的确立具有决定性作用。农地经营收益分配的制度设计，应当在前述价值目标和基本原则的指导下，从农地经营收益分配的现实约束和问题导向出发，并以农地经营

〔1〕 参见宁夏、何家伟：“扶贫互助资金‘仪陇模式’异地复制的效果——基于比较的分析”，载《中国农村观察》2010年第4期，第20页。

〔2〕 ［美］E. 博登海默：《法理学：法律哲学与法律方法》，邓正来译，中国政法大学出版社2004年版，第278页。

组织形式的类型化区分为基础，进行合理的制度建构。

一、农地经营组织形式对农地经营收益分配制度的决定性作用

农地经营收益分配是农地经营生产要素投入者之间就经营剩余进行分配的活动，收益分配反映的是生产要素在参与价值创造中的贡献。生产要素总是在一定的经营组织形式下有机结合的，农地经营收益分配的过程和结果通常是农地生产要素组合形式的直观反映。作为农地经营收益分配制度的核心问题，即分配标准的确定，需要考虑利益分配主体之间的利益关系及其所追求的价值取向来加以确定。在不同的经营组织形式下，分配参与主体的类型及其利益诉求不同，生产要素的投入形式和复合程度不同，分配原则、分配标准、分配程序等规则构建应依经营组织形式的不同而有所区别。对于农地经营收益分配制度的讨论，理应置于农地经营组织形式的框架下进行。

（一）农地经营组织形式对涉农主体参与农业经营收益分配的影响

企业组织形式是在特定社会经济发展的状况下，劳动者和生产资料参与价值创造的结合形式。农地经营组织形式必须与我国人地关系紧张和农民大国的基本国情、农情相适应，与我国城乡地域发展不平衡的基本国情相适应，同时要考虑农业产业的基础性和弱质性。我国的基本国情、农情造就了农地经营组织形式的有限选择集，也构成了农地生产要素提供者介入农业生产经营及收益分配活动的客观制约条件。同时，我国区域经济和农村社会发展的不平衡决定了农业经营组织形式的多样性、层次性和复合性特征；我国居民的食品结构已从“以主粮为主”转向粮食为基础，肉、蛋、奶、菜、果多元的消费结构，农业经营的产品差异使得与其相对应的农业经营形式发生差异

化构建路径。[1]所有这些农情、国情和农业行业特征对于农业经营组织形式的约束和限定均具有隐含的制度意义。[2]涉农主体唯有遵从这些约束条件及受其决定下的农地经营组织形式，才能实现农地经营和收益分配的高效率。农地经营组织形式是处于决定因素地位的农业生产力水平与处于被决定地位的经营收益分配的中间制度载体，同时也界定了涉农主体参与收益分配的选择集。

我国人多地少和农民大国的基本国情，决定了在未来很长时期内，农户家庭承包经营是我国的基本农业经营制度。但是，家庭承包经营具有内在的分散小规模特征和自我消费型局限，导致农业生产成本、市场交易成本和经营风险较高，家庭承包经营分散化、细碎化、兼业化、老龄化的弊端进一步凸显。家庭经营可以解决困扰集体经营的在生产环节方面的效率问题，但是也面临着个体农民在与市场经济对接过程中的组织成本和交易成本的难题。随着农户离地、离农愈发普遍，“谁来种地”成了严峻的问题，农地经营的组织形式选择和制度绩效落入均衡陷阱。

家庭农户和大市场的联结最初采取的是“龙头企业（+基地）+农户”“专业市场+农户”的形式，但双方违约和利益分配失衡的现象频发，合作社作为降低双方交易成本的中间环节开始出现，形成“公司+合作社+农户”模式，而后合作社逐步发展壮大，成为农户自助合作并且与公司形成平等商品契约关系的独立经营主体。[3]在现代农业和农村第一、二、三产业融

〔1〕参见朱信凯等：《未来谁来经营农业：中国现代农业经营主体研究》，中国人民大学出版社2015年版，第151页。

〔2〕参见罗必良等：《农业产业组织：演进、比较与创新——基于分工维度的制度经济学研究》，中国经济出版社2002年版，第161页。

〔3〕参见关付新：“中国现代农业企业组织的形式及演进”，载《农业现代化研究》2009年第1期，第43~47页。

合发展的背景下，农地经营组织构造更加复杂化，呈现出多种经营形式和经营主体交叉化、复合化、立体化的发展格局。在现代农业经营体系中，家庭承包经营是现实基础，经营规模分化和经营主体专业化是未来趋势；[1]农业经营主体呈现生产主体、服务主体和供销主体多元化；经营结构呈现传统农业、口粮农业与市场化、专业化和商品化程度较高的现代农业并存和互补的格局。[2]

适应农业领域各环节分工合作深化和农业产业化发展的需要，现代农业经营组织具有市场化、专业化和社会化等特征，与传统农业相比，在资源配置机制、激励约束和风险负担等方面存在明显的区别，这些都对收益分配产生了不同程度的影响。首先，传统承包农户以种养殖业为主，生产要素配置也局限于家庭内部的劳动力、土地和简单生产工具的结合，而现代农业组织则是以“纵向一体化”和“横向一体化”为特征，追求农业生产环节的外部规模效益，面向整个开放要素市场配置资源。其次，家庭农户经营以满足家庭成员自我消费为主要经营目标，对于整合农地生产要素和追求经营效率没有很高的诉求，而现代农业经营组织以满足市场化和社会化需求为目标，以专业化生产、社会化服务和资本化运作为特征。最后，传统家庭农户以微观粮食安全为经营底线，以多样化品种经营追求风险最小化，而农业产业化组织面临市场、自然和经营管理等多重风险，需要更加专业化和社会化的风险分担机制。

我国农地经营收益分配制度的具体展开以农地经营组织形

---

〔1〕 参见周应恒：“新型农业经营体系：制度与路径”，载《人民论坛·学术前沿》2016年第18期，第74~85页。

〔2〕 参见周应恒：“新型农业经营体系：制度与路径”，载《人民论坛·学术前沿》2016年第18期，第74~85页。

式的实践多样性和复合性为基本前提。我国农地经营制度呈现以家庭承包经营为基础，集体经营，合作经营、企业经营共同发展的特征。在不同的农地经营模式选择下，集体土地、资本和劳动等生产要素的组合方式不同，农地经营收益的分配主体和分配关系不同，农地经营者的内部治理结构和决策制度不同，各要素的权利主体参与农地经营收益分配的权利依据和逻辑序位均有很大的差别，这对收益分配的制度目标和分配标准及程序等制度安排均会产生影响。

（二）农地经营组织形式对国家干预农地经营收益分配的影响

企业组织形式法定化已成为世界各国企业法律制度实践中的一项基本规则。〔1〕国家通过法律的手段加强对企业组织形式的干预，实现国家需求与私人创新的契合，其终目的仍在于满足国家发展的经济和政治职能。〔2〕基于我国基本国情、农情的约束条件，以及农业产业的弱势性、农民群体利益保护的重要性，我国农地经营组织形式的政策法律选择更加体现国家意志介入和干预涉农利益分配关系的特征。

第一，国家通过对农地经营组织形式的干预，体现了发展适度规模经营和现代农业体系的农业产业政策思路，以及农业经营的效率价值诉求。我国农地制度体系的发展变迁呈现出较为明显的经营组织制度变革路径，国家对农地经营组织形式变革的引导和干预的目标在于提升农业产业的发展质量，增强农业的基础性产业地位，以农业生产经营效率保障国家粮食安全。同时需要注意的是，农民的土地权利应当在农业经营制度转型中得到足够的保护，农户在承包地经营权的流转中具有主体地

---

〔1〕 参见李昌麒主编：《经济法学》（第2版），法律出版社2008年版，第178页。

〔2〕 参见周游："企业组织形式变迁的理性逻辑"，载《政法论坛》2014年第1期，第77页。

位，单靠农户对农地产权权能的自由处分并不足以实现适度规模经营和现代农业的发展目标，农地产权制度与农地经营制度更需要实现协同创新。[1]为此，政府对经营组织形式的干预必须尊重农业市场主体的自主意愿和市场在资源配置中的决定性地位，采取以产权制度创新推动经营制度变革的渐进式策略，实现国家宏观导向与农业经营主体利益诉求和自发作用的制度合力和协调统一。

第二，农地经营收益分配中的国家干预，主要是通过国家对农地经营组织形式的法律强制性规定和农业产业政策利益诱导来实现的，主要体现在对于农业产业化组织的公司化抑或合作化这两种实施进路的不同干预方式和手段层面。其一，我国《农民专业合作社法》确立以农民互助合作和惠顾返还为主的组织法规则和收益分配规则，对于合作社成员之间的契约意思自治构成限制，确立了以农民利益保护为中心的农业合作化组织进路。而且，对于合作社的税收优惠和财政扶持也体现了国家对于农民利益的倾斜保护。其二，在政策层面始终强调，在发展壮大集体经济实力的基础上，有效实现农民成员的集体收益分配权，对于集体经营和共同富裕的政策引导，也体现了国家对于坚持集体所有制和促进集体成员共同富裕的政策思路。为了维护农民集体的利益，赋予农民集体直接参与农地经营活动的主体资格和行为能力，《民法典》将集体经济组织列入特别法人，进行法人化塑造。其三，现行政策对工商资本下乡持引导和规范并重的思路：一方面，发挥企业提升农业现代化程度、带动农民增收致富的作用；另一方面，限制和规范工商企业大面积、长时间租赁农地经营，防止产生其“代替农民”的负面影响。

---

〔1〕 参见秦小红：“政府引导农地制度创新的法制回应——以发挥市场在资源配置中的决定性作用为视角”，载《法商研究》2016年第4期，第16页。

二、异质性农地经营组织形式下农地经营收益分配制度的类型化构造

农地经营收益分配制度需要以农地经营组织形式的类型化区分为基础，从不同农地经营组织形式下农地经营收益分配的问题导向出发进行研究。从政策层面看，中共中央办公厅、国务院办公厅印发的《关于引导农村土地经营权有序流转发展农业适度规模经营的意见》提出，“以家庭承包经营为基础，推进家庭经营、集体经营、合作经营、企业经营等多种经营方式共同发展”。我们可以以政策文件表述为依据，将农地经营组织形式分为家庭经营、集体经营、合作经营、企业经营这四种主要形式，并分析这四种经营组织形式下的收益分配制度。

（一）家庭经营收益分配制度

农户家庭经营作为整个现代农业经营体系的基础，是我国特定国情、农情和农业生产效率的必然选择。在“两权分离”的农地权利制度框架下，由于承包关系长久不变，农户家庭享有的集体土地利益不均等，成为影响农户家庭收益的重要因素。另外，农户家庭分散经营客观上需要以社会化服务作为辅助，集体在提供农地耕作公共服务方面有历史经验传统和先天组织优势，在此背景下，是否坚持集体不得向农户收取承包费的既定政策，值得进一步商榷。

种粮大户和家庭农场以专业化经营为主，以农业经营收入为家庭主要生活来源，而且，相对于承包经营户在民法上相当于个人合伙的地位[1]，二者已经初步具备商法意义上的商主体

〔1〕《民法通则》（已失效）当中将家庭承包经营户定位为按照承包合同从事商品经营的户，而在《民法典》总则编当中未出现“商品经营”的表述，从该法第56条第2款规定的家庭承包经营户的对外财产责任承担方式来看，似乎将其界定为个人合伙较为适当。

属性。种粮大户和家庭农场都需要流入承包经营户的土地，通过提升经营规模和要素配置复杂程度增加收益，对承包经营户有替代作用，由此便产生了“地租侵蚀利润”的问题，容易导致农地经营的“非粮化”甚至“非农化”，需要用制度化的手段解决农地流转成本的合理分担问题。

（二）集体经营收益分配制度

集体经营是以集体成员共同占有集体农地等生产资料为基础，通过集体经济组织对集体土地及其他生产资料的经营、管理和收益分配活动，实现集体成员利益的经营形式。实践中的集体经营大多采取社区土地股份合作社的组织形式，因此，集体经营收益分配制度由此也基本等同于社区股份合作社的内部收益分配制度。需要厘清的分配问题包括：其一，集体公共积累的提取依据、提取比例及提取形式问题，包括是否设置集体股，抑或是从集体经营成果中提取一定比例的公积金。其二，以集体成员资格认定为前提，解决集体成员参与集体经营收益分配的问题，包括集体成员资格股、土地股或者贡献股等股权设计。其三，外来资本股的设置形式和股权比例问题。

（三）合作经营收益分配制度

合作经营包括农民专业合作社和土地股份合作社两种主要经营形式。随着《农民专业合作社法》将农地入股合作社纳入调整范围，农民专业合作社和土地股份合作社共同遵循按惠顾返还盈余和资本报酬有限的合作社分配原则。然而，合作社是特殊的，具有社会共同体和企业的双面性。[1]合作社在经营活动中经常性地面临对外以经营效率为目标和对内以劳动分配为主导的艰难选择，合作社收益分配实践大多采取按股分红为主

〔1〕参见徐旭初：《中国农民专业合作经济组织的制度分析》，经济科学出版社2005年版，第50页。

的效率导向型分配策略，而非固守合作社法的规定，在合作社理论层面，也存在着坚持合作社本质和实用主义两种截然相反的合作社发展观和盈余分配观。为此，农民专业合作社收益分配制度的设计和完善，应当在厘清这两种理论争议焦点的基础上做出明确的价值判断，在理想和现实之间探索适合我国农民专业合作社的盈余分配制度。

（四）企业经营收益分配制度

工商企业一般采取"公司+农户""公司+基地+农户"的组织形式，介入农业经营领域。国家政策层面始终强调，鼓励下乡资本通过利益联结、优先吸纳当地农民就业等多种途径带动农民共同致富，与农户建立长期稳定、合作共赢的利益联结机制。利益联结机制的有效性需要通过农地经营组织形式的变革实现，"公司+合作社+农户"模式显然是更符合政策目标的组织形式。在公司和合作社之间遵循市场契约规则，体现农民以组织化的集体行动维护自身利益，矫正不平等交易主体之间的收益分配关系；在合作社内部遵循按惠顾交易返还盈余的原则，同时加强合作社对于农民经营和交易行为的约束性，以增强合作社和企业的平等协商能力。

本章小结

农地经营收益分配是在一定的农地产权制度和经营制度下，农地生产要素投入者之间就经营收益进行分配的经济活动。生产资料所有制对分配关系具有决定作用，无论农地经营生产要素如何组织和配置，农地经营收益分配制度都需要反映和协调农地所有者和农地利用者，以及其他农地经营收益分配参与主体的利益配给和权利实现关系。产权理论、地租理论、分配理论是构建科学合理的农地经营收益分配制度的理论基础。

农地经营收益分配制度不仅涉及农民集体、承包农户和经营主体等分配参与主体之间利益分割和配给的权利义务安排，而且涉及农民增收、农业增效、粮食安全等多重制度目标的统筹兼顾。从现行农地政策和法律规定来看，农民集体、承包农户和经营主体的权利保护处于同等重要的位置。但是，多元化的制度目标必然导致法律原则和规则设计上的冲突抵牾和顾此失彼，这要求确立农地经营收益分配制度的主导价值理念、逻辑主线和基本原则。农地经营收益分配制度应当符合正义的要求，可以从分配起点、分配过程和分配结果三个层面分析农地经营收益分配制度的正义价值理念。从农地经营收益分配制度的既定价值目标出发，我们可以提炼出生产要素贡献分配原则、利益平衡原则和国家适度干预原则，作为农地经营收益分配制度的基本原则。

农地经营组织形式对于分配标准和分配程序制度的确立具有决定性作用。农地经营收益分配制度需要以农地经营组织形式的类型化区分为基础，遵循农地经营收益分配的问题意识，对家庭经营、集体经营、合作经营和企业经营这四种经营组织形式下的收益分配制度分别进行考察和研究。

第二章

农地家庭经营收益分配法律制度

农户家庭经营在整个现代农业经营体系中处于基础性地位。家庭经营包括家庭承包经营、种粮大户和家庭农场三类经营组织形式。分配制度的问题导向因家庭经营形式的不同而有所区别。在“两权分离”的农地权利制度框架下，根据现行政策和法律规定，农户家庭享有完整的收益权，而农民集体不得参与收益分配，但受到承包关系长久不变、农户分享集体土地利益不平等，以及家庭经营对于集体统一服务需求的双重影响，这一制度的合理性值得进一步思考。在推行“三权分置”制度的背景下，种粮大户和家庭农场通过流入农地进行农业适度规模经营，在农业生产环节对承包经营户有替代作用，由此产生了“地租侵蚀利润”的问题，引发了农地经营“非粮化”甚至“非农化”，需要用制度化的手段解决土地成本的合理分担问题。

第一节　家庭承包经营收益分配制度的现状与反思*

一、家庭承包经营收益分配制度的问题导向与研究进路

（一）问题的提出

自家庭承包经营制度实施以来，我国农地产权制度改革始

* 本节内容已由作者先行发表，在行文时根据语境略有删改。参见刘恒科：“家庭承包经营收益分配制度的反思与重构”，载《商业研究》2020年第4期，第139~145页。

终围绕所有权和使用权分离，并不断强化使用权这一基本主线展开，体现出明显的“重利用，轻所有”的制度变迁特征。在以保护农民土地权利和增进土地利用效率为价值引领，以推动农地流转和增加农民财产性收入为制度目标的农地产权制度演进过程中，土地承包经营权权能更加完整充分，承包关系保持长久不变，渐次从生产经营责任制向用益物权甚至“准所有权”转变。[1]在立法安排上，土地承包经营权作为《物权法》（现已被《民法典》取代）规定的用益物权，对农民集体行使占有、使用和收益权能构成限制，农民集体仅行使发包、收回、调整和农地用途监督等权能。自21世纪初农村税费改革之后，集体向农民收取土地承包费的权利随着“三提五统”的废除，也一概被禁止。土地经营收益完全归农户所有，农民集体不能向农户收取地租，不得参与家庭承包经营收益分配，成为现行政策和法律关于农地家庭承包经营收益分配的既定制度选择。

现行制度以维护农户土地利益和提升家庭承包农地经营效率为目标，但同时也产生了两方面难以回避的问题：一是，受到承包关系长久不变和承包期内不得调整农地的政策影响，农户家庭享有的集体土地利益不均等。那么，如果坚持承包期内不得调地的法律规定，集体能否收取适量地租，从而为本集体新增人口提供某种替代性保障？二是，农户家庭分散经营需要以社会化服务作为辅助，集体在提供农地经营公共服务方面有历史传统经验和先天组织优势，在国家财政支农资源惠及不足、大多数农民集体无力提供公共服务的现实背景下，一味坚持集体不得向农户收取承包费的既定政策，是否仍具有合理性？对这些问题的回应，需要厘清农民集体和承包农户之间的法律关

〔1〕 参见叶兴庆：“从‘两权分离’到‘三权分离’——我国农地产权制度的过去与未来”，载《中国党政干部论坛》2014年第6期，第9页。

系，并在此基础上对现行家庭承包经营收益分配制度展开分析。

（二）既有研究及理论观点争议

承包农户享有完整的收益权，农民集体不能介入调整，也不能向农户收取承包费，这在政策法律层面已有定论，似乎没有再进行理论探讨的必要，但学界对此仍有不同理解。

赞同农民集体参与家庭承包经营收益分配的学者，大多以所有权应当具有收益权能为理论依据，以集体土地所有权的功能弱化和权能缺失为问题指向，认为农民集体的利益实现和功能发挥，必然要求赋予和完善农民集体必要的收益权。有学者提出，土地承包经营权从农户对承包地的经营权利逐步异化为一项财产权利，集体土地所有权的式微虚化和土地承包经营权的强化做实，不仅在理论上会面临集体土地所有权落空的责难，而且，在实践中家庭承包分户经营的制度红利大大减损。[1]部分学者在对我国农地制度改革路径进行反思的基础上，提出应当强化集体土地所有权的权能，农民集体应当基于土地所有权人身份而享有收益权。陈小君教授认为，所有权的核心权能是收益权能，收益权是农民集体利益实现和集体经济发展的权利基础，集体土地所有权收益权能的实现必然要求承包土地的农民支付承包费，农村税费改革具有正当性，但在改革的过程中，同时剥夺了农民集体本应享有的收益权能，不利于集体的发展壮大以及集体为农户提供服务功能的正常发挥；[2]应当赋予并完善

〔1〕参见桂华："论地权制度安排与土地集体所有制实现——兼评'三权分置'改革与《农村土地承包法》修订"，载《马克思主义研究》2017年第6期，第77页。

〔2〕参见陈小君等："后农业税时代农地权利体系与运行机理研究论纲——以对我国十省农地问题立法调查为基础"，载《法律科学（西北政法大学学报）》2010年第1期，第88页。

集体土地所有权的收益权能，适时开展“地租制试验”。〔1〕

大多数学者从我国农民集体和集体成员的法权关系，以及现行政策法律规定出发，对集体收取地租的可行性表示质疑甚至明确反对。主要观点认为，成员集体存在的目的是实现集体成员的利益，〔2〕作为集体土地所有权的主体，成员集体和集体成员是辩证统一的关系。农户的土地承包经营权是由农户凭借其成员权，通过承包集体土地而产生的，是分享集体土地保障利益的权利形式，其不同于一般的用益物权，而是兼具“使用”和“享有”〔3〕的双重属性，是农户“作为土地所有权人的一分子所享有的‘自物权’”。〔4〕农民集体将集体土地发包给集体成员，使集体土地生产资料直接与集体成员的劳动相结合，就实现了土地集体所有对集体成员的保障目的，因此集体不必向农户收取地租，而是直接将地租利益实现于本集体成员。〔5〕根据政治经济学的一般理论，地租是土地资本化的一种形态或者反映，是“土地所有权在经济上借以实现增值价值的形式”。〔6〕地租只有在土地资本化利用的过程当中才会出现，农户取得集体土地使用权是基于保障逻辑而非交易逻辑，这种分配关系显然

〔1〕 参见陈小君等：“后农业税时代农地权利体系与运行机理研究论纲——以对我国十省农地问题立法调查为基础”，载《法律科学（西北政法大学学报）》2010年第1期，第82~97页；陆剑：“‘二轮’承包背景下土地承包经营权制度的异化及其回归”，载《法学》2014年第3期，第95~103页。

〔2〕 参见韩松：“论农民集体土地所有权的集体成员受益权能”，载《当代法学》2014年第1期，第50~57页。

〔3〕 参见朱广新：“土地承包权与经营权分离的政策意蕴与法制完善”，载《法学》2015年第11期，第97页。

〔4〕 参见孙宪忠编著：《物权法》，社会科学文献出版社2011年版，第258页。

〔5〕 参见韩松：“坚持农村土地集体所有权”，载《法学家》2014年第2期，第39页。

〔6〕 ［德］马克思：《资本论》（第3卷），人民出版社1994年版，第698页。

不能等同于土地的资本化利用形态或者市场交易，集体与其成员之间不可能存在地租关系。[1]

（三）本书的研究进路

从所有权具有收益权能的一般民法理论，推导认为集体土地所有权也理应享有收益权能，这样的推理和解释路径固然符合物权法理论和现行立法规定，但其存在的问题在于对现行立法规定做表面化解释。现行立法以所有权和用益物权的关系来表达集体和农户的法权关系，主要原因在于对集体所有和家庭承包经营加以确认，即以所有权的法律形式确认集体土地所有权，维护集体土地所有制，并且以用益物权对于所有权的权利限制，强调农户家庭承包经营相对于集体统一经营的优先地位，维护家庭承包经营制度。农户的土地承包经营权是基于其集体经济组织成员身份资格而享有集体土地利益的权利，集体土地所有权和土地承包经营权之间的法权关系，虽然在立法当中表达为所有权和用益物权的关系，但实际上并不能完全按照传统所有权和用益物权的理论来解释。传统民法所有权理论以个人主义所有权为基础，强调个人意志支配和交易自由，所有权人和用益物权人分别是两个不同的利益主体，用益物权由所有权人依其对物的自由支配意志而设立，给付对价是土地用益物权取得和权利关系维系的应有之义。我国的集体所有权是作为公有制的集体所有制的权利表现形式，对于农民集体和承包农户法律关系的考察，应当考虑我国集体土地所有权和土地承包经营权法律关系的特殊性。

集体土地所有权是集体成员全体共享的土地所有权，其基本制度功能是在土地集体所有的基础上实现成员的个体利益。

---

〔1〕 参见马俊驹、丁晓强："农村集体土地所有权的分解与保留——论农地'三权分置'的法律构造"，载《法律科学（西北政法大学学报）》2017 年第 3 期。

集体成员获得的利益体现为与其他集体成员不可分割地共同享有农民集体管理和提供的共享利益，以及经由集体的公平分配而获得的直接归属于农民个体支配的分享利益。共享利益是农民集体的集体利益所在，虽然集体和成员是有机统一的，集体利益存在的目的也是为成员所共享，最终也会转化为成员个体利益，但其着眼点在于成员集体的共同利益，并非集体成员的个别利益，二者不能混为一谈。分享利益则是农户从集体所有权中分享的个体利益，包括土地承包经营权、集体福利分配权、集体经营性资产的股份权或者收益权等。共享利益和分享利益分别界定了农民集体权利和农民个体权利的作用范围，构成了集体成员凭借其成员权而享有集体土地所有权利益的两种基本类型。

对于农民集体是否应当参与家庭承包经营收益分配的理论探讨，需要从农民集体和农户个体的对立统一关系的视角，在集体成员享有农民集体提供的共享利益和分享利益两个层面展开。这既坚持了农民集体与集体成员法律关系的正确认识，也有助于我们对现行家庭承包经营收益分配制度进行全面分析。

二、农民集体参与家庭承包经营收益分配的正当性分析

(一) 农民集体参与家庭承包经营收益分配的正当性基础

1. 农户分享利益的平等性与农民集体的收益调节权

土地承包经营权是农户参与集体土地利益分配而取得的一项分享利益。土地承包经营权的取得和保有基于集体土地的保障功能，集体土地的保障功能包括为成员提供生活来源、生产资料、就业保障和养老保障等方面，不仅保障现时集体成员的利益，而且对将来因出生、婚姻等加入集体的成员也要提供保

障。[1]在保障逻辑前提下，农户使用集体土地当然是无偿的，毕竟集体土地是合作化时期农户带地加入合作社而形成的。而且，基于集体成员无偿取得土地保障的平等性，农户应当接受和服从农民集体对于土地的发包、调整、收回和用途监管等权力行使对土地承包经营权的合理限制，以满足在集体成员变动不居的情况下，新加入集体成员的土地需求，实现农民对集体土地利益分享的代内公平和代际公平。

然而，随着农村社会经济的发展和农地制度的改革变迁，土地承包经营权渐次从保障性的权利演变为财产性的权利。“增人不增地，减人不减地”，土地承包经营权长久不变，已然产生了土地承包资格固化的效果，对集体土地所有权的平等保障功能构成事实上的消解。以强化土地承包经营权为基本特征的改革政策持续推进，使得成员资格变动不居的集体不复存在，集体成员资格固化在全国范围内已经成为基本的事实。[2]以家庭为单位的土地承包经营权长久不变，实际上构成了承包农户对成员集体所有土地的事实分割，并随着承包土地在特定发包时点的一次性分配而长久“固化”，新增集体成员的土地需求从依靠集体调整分配转向通过家庭内部调剂解决。[3]由于农村集体的可分配财产利益是现在与过去很长时间内由生活在农村的几代村集体成员共同创造积累的，[4]这种发包（分配）环节起点

〔1〕 参见韩松：“农地社保功能与农村社保制度的配套建设”，载《法学》2010年第6期，第65~66页。

〔2〕 参见孙宪忠：“推进农地三权分置经营模式的立法研究”，载《中国社会科学》2016年第7期，第149页。

〔3〕 张红宇、李伟毅：“人地矛盾、‘长久不变’与农地制度的创新”，载《经济研究参考》2011年第9期，第41页。

〔4〕 参见张力：“地权变动视角下户籍制度改革的法律规制”，载《法学》2012年第9期，第51页。

公平并长久不变的做法，已经改变了集体成员分享土地保障利益的制度初衷，而变异为以农户家庭为单位对集体土地财产利益的分享。〔1〕

由此产生了两个问题：其一，“谁是农地的所有者?”陈小君团队组织进行的田野调查显示：农户对于农村土地归集体所有的认知程度较低，这也在一定程度上表明集体土地所有权在实践中已被严重弱化。〔2〕土地承包经营权权能充实和长久不变，并且在2013年开始的国家新一轮农地确权登记中得以确认，难免使农户产生诸如“土地实际上就是自己的”这种想法。因此，在土地承包经营权日益成为农户的排他性财产权利，且具有相当所有权性〔3〕的背景下，如何表征农民集体对土地的所有权，不仅是观念意识上的问题，而且是亟待从法律层面加以纠正的农民集体和集体成员权利配置失衡的问题。其二，土地承包经营权的物权保护和长久不变，突破了集体土地对集体成员的平等保障底线，加深了地权稳定性和土地调整之间的矛盾，典型的表现为农户之间争夺土地承包经营权的矛盾，比如，生者和死者的矛盾、有地市民和无地农民的矛盾等。〔4〕虽然现行法律规定为解决这种矛盾预留了一定的解决空间，但后续的政策法律调整使得这种本来就非常狭窄的空间变得更加封闭，甚至使

〔1〕 参见刘恒科：“‘三权分置’下集体土地所有权的功能转向与权能重构”，载《南京农业大学学报（社会科学版）》2017年第2期，第106页。

〔2〕 参见陈小君等：《农村土地法律制度研究——田野调查解读》，中国政法大学出版社2004年版，第5页。

〔3〕 参见袁震：“论农村土地承包经营权的相当所有权属性”，载《河南大学学报（社会科学版）》2016年第5期，第10页。

〔4〕 参见郎秀云：“确权确地之下的新人地矛盾——兼与于建嵘、贺雪峰教授商榷”，载《探索与争鸣》2015年第9期，第44~48页。

这些规定成为具文。[1]而且，这一矛盾不能通过土地流转交易来解决，因为土地流转以有偿性为原则，这与集体保障利益的平等无偿取得显然是背离的。有学者认为，在农村土地集体所有制框架内，长久“不得调地”的政策目标难以实现，[2]如果不允许集体调整农地，则必须有替代性的解决方案，否则就会出现法律规定与实践做法的相互冲突。[3]

集体土地所有权的价值功能在于为集体成员提供平等的土地保障，这是集体成员平等地无偿享有土地承包经营权、宅基地使用权等自益权的权利基础和正当理由所在。[4]农户的土地承包经营权只有在集体土地保障逻辑及同样尊重其他成员的土地保障权利的前提下，其无偿获得的分享利益才是具有正当性的。土地承包经营权的权能充实和长久不变，使得农户不仅享有基于其土地承包经营权的收益，而且也变相地享有了农民集体基于土地所有权产生的收益，[5]也享有国家对耕作者发放的各种补贴利益。而且，有资格享有集体土地利益的集体成员随

〔1〕 根据《农村土地承包法》的规定，新增集体成员的土地需求可以通过集体预留的机动地、依法收回的承包地、集体成员自愿交回集体的承包地这三种途径得以满足。然而，预留机动地受到《农村土地承包法》从预留时间、面积、用途三方面的严格控制；在农户进城落户不得以退出承包地为条件的政策框架下，集体也不得在承包期内收回进城落户农户的承包地；《农村土地承包法》关于集体成员自愿交回承包地之后不得再行申请取得承包地的规定，使得农户根本不愿意放弃承包地这一根本保障。因此，上述三种新增集体成员取得土地的途径实际上都处于封闭状态。

〔2〕 参见郑志浩、高杨：“中央‘不得调地’政策：农民的态度与村庄的土地调整决策——基于对黑龙江、安徽、山东、四川、陕西5省农户的调查”，载《中国农村观察》2017年第4期，第72~86页。

〔3〕 参见陈柏峰：“地方性规范与农地违法调整”，载《古今农业》2008年第3期，第4~7页。

〔4〕 参见刘恒科：“宅基地‘三权分置’的理论阐释与法律构造”，载《华中科技大学学报（社会科学版）》2020年第4期，第104~114页。

〔5〕 参见高飞：“农村土地‘三权分置’的法理阐释与制度意蕴”，载《法学研究》2016年第3期，第5页。

着土地承包经营权确权登记而在固定时点被一次性划断，新增集体成员既不能享受土地承包经营权带来的收益，也无法分享集体土地所有权产生的收益。按照现行政策法律的安排，集体土地在固定时间点公平分配给农户后保持长久不变，这就必然导致集体土地利益在农户之间分配的不均衡，部分农户有可能无偿享有高于村社平均保障水平的土地利益。〔1〕因此，在集体不得在承包期内调整承包地的既定制度选择下，对新增人口予以经济补偿或其他“可替代性保障”的法技术手段仍然具有现实意义。〔2〕一种可能的替代制度方案是，分享了较多集体土地利益的农户应当向农民集体返还超出无偿分享范围（即平均保障水平）的那部分利益，并由集体利用该部分利益对无地人口进行经济补偿，使每个农户都能大致公平地分享集体土地利益。

有学者认为，以收取承包费补偿无地人口取代对承包地的调整，并不是解决无地人口承包地需求的好办法。〔3〕原因在于农户取得农地经营收益的依据是其土地承包经营权，收取承包费缺乏权利依据；承包地和补偿费具有不同的意涵，农户对于实际取得承包地的偏好大于补偿费；而且收取承包费的制度成本，包括收取对象的认定成本、核定收取标准的成本、收取行为实施的成本以及事后纠纷解决的成本等，可能远远大于收取承包费带来的社会收益，因而变得不划算，反过来影响补偿费

---

〔1〕集体土地所有权的本质规定性在于平等保障，应当以需要集体土地保障的成员数量为基数，为每个成员提供大致相等的土地利益，并以农户家庭为单位进行分配，此为农户可得无偿分享的集体土地利益范围。由于长久不变期间内的集体成员资格变动，农户在一定时期内享有的实际土地利益可能超过应得土地利益，超出部分依其土地承包经营权仍然可以享有，但似乎应当以有偿为原则。

〔2〕参见李俊：“农村土地调整的实践逻辑与法律回应”，载《华中科技大学学报（社会科学版）》2017年第6期，第65~73页。

〔3〕参见韩松：“关于土地承包经营权调整的立法完善”，载《法学杂志》2010年第12期，第27~31页。

的收取，使之实际上变得并不可行。笔者认为，承包费的收取并非针对所有土地承包经营权人，也并非否定其享有的土地承包经营权，而是基于集体土地所有权对集体成员的平等保障功能，基于农户取得土地承包经营权的制度根源是公平分享集体土地保障利益。因此，对于超出平等分享范围的部分农户需要向集体返还该部分利益，并由集体补偿无地人口。这种做法可以替代农地调整，避免土地的进一步细碎化和对农户长期经营投入的抑制，也避免了全面收取承包费可能面临的实施困境。另外，针对落户城市的农户收取承包费，又能够与土地承包经营权有偿退出制度相衔接，可以实现对集体公平的保障，以及对农户经营效率和无地人口土地利益的统筹兼顾和平衡协调。

2. 农户共享利益与农民集体的收益权

除分享利益之外，农户依其成员资格从集体所有权中取得的利益还包括共享利益。共享利益通常包括为农民共同生活和农业生产需要而由集体供给的农村公共物品、公益设施和公用事业，也包括集体所有的自然资源以及其他物质条件。集体公共物品是为方便农民共同生产、生活的产品或者服务，是农户共享利益的集中体现，也是影响农村、农业发展的关键变量。〔1〕集体所有权具有使集体成员受益的权能，集体有必要提供超出单个农户能力范围的农业生产基础设施；从集体成员权的角度来看，成员有从集体获得基本生活和生产条件的权利。〔2〕根据学者的调研，农户认为集体最应发挥的职能涵盖改善集体道路、农田水利建设、公共生活设施、农村公共环境卫生、为农户的农地经

〔1〕 参见王景新：《农村改革与长江三角洲村域经济转型》，中国社会科学出版社 2009 年版，第 100 页。

〔2〕《农村土地承包法》第 15 条规定了发包方承担的义务，其中第（三）项规定，发包方依照承包合同约定为承包方提供生产、技术、信息等服务。

营提供服务、解决无地人口土地问题等方面。[1]实践中，农户家庭利益分化日趋严重，难以通过自主协商达成一致行动，从事耕作生产的在地农户迫切需要集体发挥统一经营的职能，以解决一家一户无法应对和无力承担的农业生产公共物品供给问题。[2]

要保障农户对农村公共物品共享利益的实现，关键在于解决资金来源，需要厘清国家和集体在投入责任方面的合理分担问题。从集体内部的角度看，农户对集体共享利益的实际取得以农民集体有能力提供为前提。21 世纪初农村税费改革以后，农民集体的收益权受到极大限制，农村公共物品和公益事业筹资主要采取“一事一议、财政奖补”的办法。但是，“一事一议”在实践中存在事难议、议难决、决难行的尴尬困局。[3]就目前全国农村公共物品供给的情况来看，在少数经济发达的沿海村、城中（郊）村或者富裕村等农村地区，较强的集体经济实力保障了集体成员的向心力和集体的行动能力，农民集体为集体成员提供高福利和高保障的公共物品已成为常态。除这些村社之外，我国大多数农村集体位于传统农业型地区，以分户经营而非集体经营为主，又没有第二、第三产业发展或者城镇化带来的土地增值收益，集体缺乏经济基础和收入来源，处于入不敷出甚至长期负债的状态，甚至连村委会工作人员的工资补助都要依靠上级财政补贴才能正常发放，[4]根本谈不上为农

---

〔1〕 参见高飞：“农村集体经济有效实现的法律制度运行研究——以湖北省田野调查为基础”，载《农村经济》2012 年第 1 期，第 14 页。

〔2〕 参见贺雪峰：《地权的逻辑——中国农村土地制度向何处去》，中国政法大学出版社 2010 年版，第 8~9 页。

〔3〕 参见许莉等：“村级公共产品供给的‘一事一议’制度困境与重构”，载《现代经济探讨》2009 年第 11 期。

〔4〕 参见辛允星：“村干部的‘赢利’空间研究——以鲁西南×村为例”，载《社会学评论》2016 年第 2 期，第 16 页。

户提供公共物品。

在“多予、少取、放活”“以工补农、以城带乡”“统筹发展”的理念指导下，国家逐步推行城乡基本公共服务均等化的政策，农村公共产品供给被纳入公共财政体制，国家对农村基础设施和农田水利建设、农村基本社会保障以及农业补贴等的财政投入力度不断加大，供给措施也日趋合理化。在推行“自下而上”的“一事一议”筹资制度的同时，国家以各种支农项目为载体，形成公共财政“自上而下”投入农村基本设施建设的稳定渠道。[1]此外，国家在承担公共财政责任的同时，也一直在政策层面强调并试图推进筹资方式的多元化、[2]涉农生产公共服务提供的社会化和市场化，[3]并在切实减轻农民和农村集体负担的同时，鼓励个体农户或农民集体自主筹资筹劳解决农村公共产品供给问题。[4]

由此可见，国家负担农村公共产品提供的责任是主要责任，而解决对“三农”问题具有重大影响和普遍意义的公共物品并非全部责任。毕竟农村公共产品仍是具有一定的“俱乐部产品”性质的社区型公共产品，农户和农民集体是最终受益者，也需要合理负担适当的比例，而且国家财力有限且需考虑投入地区

---

〔1〕 参见周飞舟：“财政资金的专项化及其问题　兼论‘项目治国’”，载《社会》2012年第1期，第4页。

〔2〕 参见2017年5月31日《财政部、农业部关于深入推进农业领域政府和社会资本合作的实施意见》。

〔3〕 参见《国务院关于加快发展生产性服务业促进产业结构调整升级的指导意见》（国发〔2014〕26号）；《农业部、国家发展改革委、财政部关于加快发展农业生产性服务业的指导意见》（农经发〔2017〕6号）；2017年9月7日分布的《农业部办公厅关于大力推进农业生产托管的指导意见》（农办经〔2017〕19号）。

〔4〕 比如，2017年6月7日，原农业部、财政部等六部门联合发布的《农业部、财政部、发展改革委等关于做好2017年农民负担监管工作的意见》，其中明确提出“完善村民一事一议制度，合理确定筹资筹劳限额。……鼓励农民和农村集体经济组织自主筹资筹劳建设村内基础设施”。

和项目的倾斜侧重，事实上也不可能包揽所有农村地区的全部公共产品项目。另外，农村公共物品供给“项目制”在实施过程中，由于基层农民有效参与和需求表达不足、地方政府自身负担与农民公共服务需要争夺财政资源等原因，并未彰显预期的制度绩效，公共财政投入转化为农民集体所有的对接和承受体制尚未完全理顺，“跑冒滴漏”现象在所难免。因此，就现阶段及今后一段时期来看，公共财政尚不能完全替代农民集体的作用，农户和集体仍然是农村公共物品供给资金的重要来源。

农民集体对农村公共物品的供给行为实际上就是农户共同参与的合作行为，在缺乏集体经济前期积累的情况下，需要农户就筹资筹劳达成集体行动。农户对集体共享利益的享有，需要在集体成员合意和合作的基础上，通过集体筹资筹劳或者推动集体统一经营，促进集体经济的发展壮大和集体积累的保值增值，保障农民集体收益权的实现，并通过集体的组织和管理实现集体公共产品的供给和分享。

（二）农民集体参与家庭承包经营收益分配的制度价值

农民集体对家庭承包经营收益分配参与权的确认及其有效实现，其价值目标在于平衡农民集体和农民个体以及农民个体相互之间的权利冲突，实现集体土地所有权为集体成员提供公平的土地保障和集体成员公平享有集体利益的双重目标。

1. 公平价值

公平是关于权利或者利益分配的评价标准，是人们对现实客观存在的分配关系的主观认知和评价。集体土地所有权的价值在于为每一个集体成员提供公平的土地保障，这是维护集体成员基本生存的需要。我国集体所有制建立的重要动因之一，就是避免农村土地财富占有的不公平和两极分化，土地作为最重要的生活和生产资料，应当由集体经济组织成员共享。在家庭承包经营制度下，农民集体按照集体成员的人口数量，对集体土地利益进行平均分配，保证集体成员对集体土地利益的平均分享。承包地不仅承载着对集体成员的终极保障功能，而且还会带来土地经营收益和各种农业补贴，以及潜在的土地增值收益，公平保障是集体土地所有权的内在属性和首要价值。农户对集体土地利益的公平分享仅体现为发包（初始分配）时点的起点公平，而在此时点之后土地承包关系保持长久不变，新加入集体的成员难以获得分享集体土地利益的机会。笔者认为，农户无偿分享集体土地利益应以不超过村社平均保障水平为限，在强调土地承包关系长久不变的情况下，未来立法应同时赋予农民集体收益权，确立农户分享承包地利益超过平均水平的有偿使用原则，这是实现土地利益公平分享的制度保障，既是为了平衡农民集体和农户个体之间的利益关系，也是农户之间利益平衡的需要。

2. 效率价值

效率价值的实现要求通过合理的权利义务安排对社会主体创造财富和价值的行为给予最大化的激励，其终极目标仍然要回到对人的尊重和关怀，即实现人的自由和全面发展。农户在集体中共享利益的实现，须以农民集体具备相应的经济实力为前提，效率同样是集体经济发展壮大并实现成员利益所要追求的价值目标。目前，我国大部分农村集体缺乏为集体成员提供公共物品等共享利益的能力，这与集体土地所有权权能的虚化和土地承包经营权的强化有很大的关系。要满足农户对共享利益的需求，就必须将农户组织起来，推行多种方式的联合和合作，促使农户就筹资筹劳达成集体行动，或者变家庭分散经营为适度规模经营，以增强集体的经济实力和服务农户的能力。

综合上述分析，虽然在国家政策和法律层面集体不应再向农户收取地租或者土地承包费，但笔者认为仍然需要赋予农民集体在家庭承包经营收益分配活动中必要的介入和参与权。一方面，农业生产效率的提升，需要从村社集体理性的层面发挥农民集体提供公共服务和公共产品的职能，这就要求赋予农民集体收益权，以发挥统一经营层面的功能，增强服务农户的能力。〔1〕另一方面，在土地承包经营权不得调整和长久不变的背景下，应当允许农民集体收取适当的承包费，以农地利益调节权的行使缓解集体成员资格变动引致的人地矛盾。

三、农民集体参与家庭承包经营收益分配的法制保障

虽然现行法上并没有赋予农民集体参与家庭承包经营收益分配的权利，但正如上文所分析的，农民集体的参与权利都具有存在的正当性基础，其有效实现都需要作出相应的法律制度安排。

（一）农民集体的农地利益调节权的法制保障

在“两权分离”的家庭承包经营模式下，农民集体基于农户分享土地利益的平等性而有必要行使农地利益调节权。农户向集体返还的承包土地利益一般表现为承包费的形式，通过承包费的收取实现农民集体的收益调节权，应当确定承包费收取的基本制度框架，承包费收取的具体事项应遵循集体经济组织成员民主议定的原则，以符合当地的人地矛盾实际情况和集体成员的公平诉求。

第一，承包费的收取对象应为人均分享承包地利益超过村社平均水平的部分农户。在实践中存在以下三种非常典型的情形：其一，家庭成员都需要依赖集体土地的保障，都具有集体

〔1〕参见李昌平：《大气候：李昌平直言“三农”》，陕西人民出版社2009年版，第32页。

成员资格。基于出生、收养、婚姻、死亡等原因发生集体成员资格的变动，不同农户家庭的成员变动周期各不相同。其二，部分家庭成员因考上大学、公务员、经商等原因而被长期稳定地纳入城镇社会保障体系，不再需要依赖集体土地保障。其三，全部家庭成员在承包期内在城镇落户，都不再依赖集体土地保障，根据现行政策，不得强制要求退出承包经营权，从而在承包期内继续享有土地利益。由于土地承包关系长久不变，在这三种情况下，部分农户家庭内需要集体提供土地保障的成员数量减少甚至无须集体保障，其享有的土地利益必然会高于村社平均水平。与此相对应，部分农户家庭内成员增多而承包地不变，其享有低于村社平均水平的土地利益。因此，集体可以收取承包费并分配给少地农户，以实现集体土地利益在集体成员之间的公平分享。

第二，承包费数额应以该农户享有的超额土地利益为限。有学者认为，承包费收取法律制度的建构应当坚持分步走、低额度、保障性、民主性和发展性的原则，承包费应针对所有集体成员收取，而且应投入发展性项目，发展壮大集体经济。[1]笔者对承包费收取的原则表示赞同，但承包费应向部分多享受集体土地利益的农户收取，且应分配给少地农户，以保障性为原则。

第三，承包费的收取要处理好法律规定的强制性和任意性的关系，同时要兼顾不同经济发展水平地区农民集体的差异化需求。法律应当以授权性条款规定农民集体可以决定收取适当的承包费，而具体的收取事项，包括应缴承包费农户的确定制度、承包费的收取标准和定期调整制度、承包费的收取和归集

---

〔1〕 参见陈小君、商艳冬："集体经济有效实现的地租制度研究"，载《西北大学学报（哲学社会科学版）》2013年第5期，第38~39页。

程序制度、承包费的使用和分配制度等，则应当由农民集体经济组织自行决定。对于实践中出现的破解农民土地权益固化的有益探索，比如“调股不调地，增人不动股”[1]、“动账不动地”的“账面调整”[2]等，可以通过法律授权集体自决事项范围的适度扩充予以认可。

为此，需要对现行法律制度作出必要的修改：其一，完善《农村土地承包法》第 22 条之规定，将承包费的附条件（超出集体成员平均分享范围）收取，作为土地承包经营合同的一项必备条款；其二，《民法典》“物权编”第 261 条、第 264 条、第 265 条分别规定了集体成员的重大事项决策权、知情权和撤销权，将承包费收取和分配的具体事项，列入《民法典》“物权编”第 261 条关于集体成员共同决议的事项当中，这样可以利用既有制度资源实现承包费收取和分配的民主化、程序化、规范化和可救济化。

（二）集体公共积累与农民集体收益权的法制保障

农户对农村公共物品等集体共享利益的取得，有赖于集体经济实力的提升和公共积累的增加。在家庭承包经营模式下，应当发挥集体统一经营层面的功能，这就要求强化集体土地所有权的权能，改变集体经济实力普遍薄弱的困境：一方面，集体成员可以通过民主决议向集体成员筹资筹劳，发展壮大集体经济，解决公共产品供给问题；另一方面，完善农民集体的民主管理权能，使集体利益能够为集体成员公平共享。为此，应当从以下方面完善制度构建：其一，法律应当以授权性条款规

---

〔1〕 参见高菁：“调股不调地：破解农民土地权益固化的有益探索”，载 http://www.zgxcfx.com/sannonglunjian/201708/102018.html，2018 年 1 月 13 日访问。

〔2〕 高海：“土地承包经营权‘两权分离’的论争与立法回应”，载《武汉大学学报（哲学社会科学版）》2016 年第 6 期，第 140 页。

定农民集体可以决定收取承包费，作为集体公共服务供给的经费来源；其二，集体公共积累作为农民集体的重大财产，应当完善农民集体收益权的主体构造、权利行使和民主监督制度。集体经济组织具有代表农民集体行使对集体资产进行管理和经营的权利，应当按照“政经分离”的原则，区分村委会和集体经济组织的村民自治和资产管理职能。《民法典》将集体经济组织定位为特别法人，应当按照分类调整的思路，对于已经完成法人化改造的集体经济组织，应完善法人治理结构；对于非法人的集体经济组织，仍需按照《民法典》“物权编”等规定，完善集体成员决策、执行和监督制度。

综合上述分析，笔者认为，现行政策法律关于承包农户享有完整的收益权，农民集体不得介入参与家庭承包经营收益分配的规定，需要反思和调整。原因在于，现行收益分配制度以维护农户土地利益和提升农地经营效率为目标，但是承包关系的长久不变使得农户分享土地利益不均等，实际上是维护了部分农户而非全部集体成员的土地利益；而且，集体统一服务功能的弱化和承包农户对于公共服务的需求存在矛盾，一味地坚持集体不得向农户收取承包费的规定，很可能会进一步加剧集体统一经营层次的弱化和分户经营的低效率。为此，需要更新立法理念和制度设计，确认农民集体基于农户分享集体土地利益平等性而行使的农地利益调节权，以及基于农户共享集体公共服务利益而行使的必要收益权。

第二节　承包农户与种粮大户和家庭农场的利益平衡法律制度*

一、土地成本问题：利益平衡法律制度的研究进路

（一）问题的提出

在推行农地“三权分置”，培育新型农业经营主体的政策背景下，以家庭成员为主要劳动力，以专业化、商品化生产和适度规模经营为主要特征的种粮大户和家庭农场，被赋予了替代分散经营小农户，重塑现代农业经营体系之家庭经营基础的组织功能。种粮大户和家庭农场主要通过转包或者租赁等方式流入农地从事农业生产环节的经营活动，对小农户有替代作用，因此，家庭承包经营户与种粮大户及家庭农场之间的收益分配关系主要体现为农地转包或者租赁的对价给付关系。然而，随着土地承包经营权的确权登记和农地经营权交易市场的逐步建立，农村承包地的有偿流转逐渐增多，土地成本在农业生产总成本中所占的比重呈快速攀升趋势，农业经营的土地成本进一步显化和加剧。[1]据媒体报道，一些粮食生产大户发生亏损甚至破产，土地成本成为这些经营主体“不可承受之重”。[2]

对此，相关政策文件提出“合理引导粮田流转价格，降低

---

* 本节内容已由作者先行发表，在行文时根据语境略有删改。参见刘恒科：“农地适度规模经营土地成本分担的法律制度探析”，载《农村经济》2018年第4期，第82~86页。

〔1〕 参见叶兴庆：“演进轨迹、困境摆脱与转变我国农业发展方式的政策选择”，载《改革》2016年第6期，第29页。

〔2〕 参见李松：“万亩‘粮王’破产：土地流转风险有多大?”，载http://www.banyuetan.org/chcontent/jrt/201529/125110.shtml，2019年3月10日访问。

粮食生产成本”，[1]“地方政府可以制订发布本地区的农用地基准地价，为农地流转或者入股提供价格参考”。[2]实践中，为了缓解土地成本给规模经营主体带来的经营压力，一些地方政府出台文件确定土地租金水平；也有部分地方政府通过发放土地流转补贴的方式推动农地流转。从理论上来说，承包地流转收益是承包农户的土地财产性收入的重要表现形式，同时也构成了种粮大户和家庭农场的主要生产成本，而土地流转收益取得的持续稳定性又依赖于农地实际经营主体的经营绩效，承包农户和土地经营者既具有利益一致性，又存在明显的利益冲突。二者之间利益关系的协调具有更深层次的制度含义。从更加宏观的制度建设层面来看，承包农户通过农地流转增加收入的诉求，以及农地实际经营主体通过流入土地生产经营，从而实现增收的目的，与国家和社会通过适度规模经营实现粮食安全的公共目标之间存在一定的矛盾：一方面，传统小规模家庭农户兼业化、细碎化和老龄化的粮食生产模式不可持续，而另一方面，以较高的土地成本实现规模化粮食生产同样面临更多的困难。由此可见，“地租侵蚀利润”成为“三权分置”有效实现需要重点防范和克服的风险。[3]如何缓解甚至克服土地成本上升带来的负面效应，成为亟待破解的难题。

（二）本书的研究进路

家庭承包户与种粮大户及家庭农场的利益协调问题，或者说二者之间的收益分配问题，可以从土地成本的角度加以研究。

---

〔1〕 参见2014年11月中共中央办公厅、国务院办公厅印发《关于引导农村土地经营权有序流转发展农业适度规模经营的意见》。

〔2〕 参见2015年12月30日《国务院办公厅关于推进农村一二三产业融合发展的指导意见》。

〔3〕 国务院发展研究中心农村经济研究部：《集体所有制下的产权重构》，中国发展出版社2015年版，第107页。

对此，农业经济学者主要对土地流转价格的构成及其影响因素展开研究。[1]罗必良教授以产权理论、交易成本理论和不完全合约理论为基础，分析农地产权特性和农户契约选择对土地流转价格的影响，认为承包地具有强烈的禀赋效应和人格化财产特征，农户普遍具有较高的农地流转价格预期，农地流转市场分为关系型市场和要素型市场，农户往往根据自身与农地流入对象社会关系的差序性表现出不同的意愿租金。[2]既有研究成果集中于探讨农地流转价格形成中的经济和社会影响因素，认为农地流转价格具有要素价格或者人情租金的二元属性。

法学研究者以农地"三权分置"为研究背景，认为土地承包权的权利内容包括分离对价请求权，土地经营权的权利内容包括收益权，但对两种权利之间的利益分配和协调机制缺乏深入的探究。大部分学者认为应立足于农户利益保护的角度展开深入研究，[3]少数学者从保护经营权人的农业经营收益的角度，主张合理控制农地流转价格，建立合理良性的让渡对价机制和评估机制；[4]有的学者从农业发展角度提出，土地流转费过高已成为我国农业"不可承受之重"，应当降低农业规模经营成本，不宜把增加农户财产性收入作为土地流转制度改革追求的目标。[5]

---

〔1〕 参见赵钺、朱道林："农村土地承包经营权流转价格研究综述"，载《价格月刊》2016年第11期，第5~9页。

〔2〕 参见邹宝玲、罗必良："农地流转的差序格局及其决定——基于农地转出契约特征的考察"，载《财经问题研究》2016年第11期，第97~105页。

〔3〕 参见李长健、张伟："农民土地权益的利益结构与利益机制研究——基于农村社区的发展"，载《华中农业大学学报（社会科学版）》2016年第1期，第1~7页。

〔4〕 参见潘俊："农村土地'三权分置'：权利内容与风险防范"，载《中州学刊》2014年第11期，第72页。

〔5〕 参见党国英："农业成本关乎中国中长期的发展"，载《农村工作通讯》2016年第6期，第32页。

法学界的既有研究从土地承包权人和土地经营权人利益平衡的角度展开研究，但未能形成一致的结论。

综合前述农经学界和法学界的观点可见，既有研究主要立足于微观视角，从农户和实际经营者对农地流转个别成本的分担及其影响因素的角度展开。农地流转关系到农户和实际经营者的利益，也关系到农业发展和全体社会成员的共同利益。笔者认为，农地规模经营的土地成本是影响农地制度变迁进程的关键因素，关系到农业生产的成本乃至于我国经济社会发展的总体成本。种粮大户和家庭农场承担的土地成本不仅是发生在其与家庭农户交易时的个别成本，而且也是一种社会成本，是农地制度改革过程中发生的制度变迁成本，需要在全社会范围内实现公平合理的分担。为此，本书从制度变迁成本的理论视角出发，以土地成本的合理分担及其制度建构为基本思路，对家庭承包户与种粮大户及家庭农场的利益协调问题展开分析。

二、农地适度规模经营土地成本及其分担的制度意蕴

（一）制度变迁成本：农地规模经营土地成本的制度解读

制度变迁是理解经济社会发展变迁的关键。[1]制度变迁通常在制度创新的净收益大于预期成本时才会发生，需要满足两个基本条件：其一，制度变迁应当符合社会成员对潜在收益的预期，是“相互作用的人们对新的收益-成本的可能渴望进行调整的回应”。[2]如果社会经济的发展产生了新的潜在收益，而在旧的制度体系中又难以实现，那么，人们对收益的普遍预期会

〔1〕参见［美］道格拉斯·C. 诺思：《制度、制度变迁与经济绩效》，杭行译，格致出版社、上海三联书店、上海人民出版社2008年版，第3页。

〔2〕参见［美］哈罗德·德姆塞茨：“关于产权的理论”，载［美］罗纳德·H. 科斯等：《财产权利与制度变迁——产权学派与新制度学派译文集》，刘守英等译，格致出版社、上海三联书店、上海人民出版社2014年版，第73页。

推动一种更有效率的制度出现来替代旧的制度。其二，制度创新成本的降低或者合理分摊使这种制度变迁变得划算。制度变迁成本可以理解为改革成本，是社会转型必然发生的客观代价。〔1〕由于制度变革的目的在于取得预期制度效益，并在新制度的运行过程当中得以体现，所以制度变革的效益通常也体现在新制度运行的效益之中，相应地，制度变迁的成本通常也体现为新制度的预期运行成本。

家庭承包经营制度在很长时间内为我国粮食安全和社会稳定发挥了良好的制度绩效，但目前该项制度的红利几乎消失殆尽。在农户离农、离地，农业生产兼业化、老龄化难以为继的背景下，应当顺应农业生产主体结构和农业经营方式的变化趋势，尽快建立符合农业现代化要求的农业生产经营制度和组织制度，实现从“集体所有，农户承包经营”的“两权分离”向“集体所有，农户承包，经营者经营”的“三权分置”的渐进式转变。在推行“三权分置”的过程中，既要保障农户的土地承包权及其对应的土地流转收益，又要实现实际经营主体的土地经营权及其规模经营收益，并通过经营者的适度规模经营行为保障国家粮食安全和发展现代农业，这关系到每一位社会成员的切身利益。

由此，我们可以从两个层面来认识土地成本的制度意涵：从法律关系的表层来看，农地流转是发生在土地承包权人和土地经营权人之间的以一定期限内的承包地经营权为交易客体的民事行为，土地成本是发生在交易双方主体之间的个别交易成本。但是，从制度变迁的内核来看，承包地流转的土地成本，是国家和全体社会成员为了实现土地规模化经营带来的经济和社会收益而承担的必要成本，可以被理解为一种农业经营制度

〔1〕参见张曙光：“论制度均衡和制度变革”，载盛洪主编：《现代制度经济学（下卷）》，中国发展出版社2009年版，第261页。

和农地权利制度转型变迁的社会成本和制度成本。农地经营者的规模经营行为与国家和社会对农业经营制度的需求具有内在一致性，农地实际经营者所负担的土地成本是农地制度运行中发生的必然成本，理应被纳入制度变迁成本的范畴。

（二）制度变迁成本的分配正义：土地成本分担的理论基础

制度变迁的成本约束要求：一方面，制度变迁的成本是有限成本，不能超出必要的限度，否则就会侵蚀制度变迁的绩效和净收益，甚至使整体社会滑入一种效率低下的制度深渊；另一方面，制度变迁过程是人的理性实践的过程，制度成本的支出和承担应当具有可选择性和可控制性，必须保证全体社会成员都能以较小的平均社会代价分享制度转型的最大收益。

制度变迁的净收益及制度变迁成本的有限性和可控性只是一种总体性的“预估”。但是，对于不同的社会阶层或者社会群体而言，他们最关心的是制度变迁成本在社会各阶层之间的负担及其合理性。从理论上讲，成功的制度变迁过程应体现为一种帕累托改进，在社会总体收益增加的同时，无人在此过程中受损。但在实际上，制度变迁对社会成员成本-收益的影响程度不可能是同等比例的，不同社会成员对潜在收益及其可获得性的主观认识判断也存在差别，制度变迁过程总是伴随着不同利益集团的相互较量和重复博弈。利益博弈的焦点就在于制度变迁的“成本-收益”在社会成员之间的分布和匹配是否具有均衡性，或者可以说这种匹配是否合乎比例原则，即社会收益率与个体收益率是否具有一致性。因此，制度变迁的必然性和代价不能遮蔽制度变迁的成本分摊问题，而这关系到整体社会制度和社会基本结构的德性。[1]

---

〔1〕 参见高兆明：“‘分配正义’三题”，载《社会科学》2010年第1期，第106~113页。

分配正义是关于社会基本结构的基本原则，即关系到社会成员的基本权利义务安排和经济利益及负担划分。罗尔斯在对功利主义进行批判的基础上，提出了正义的两个原则：一是，平等自由原则；二是，公平的机会平等原则和差别原则，以及优先原则，即两个原则的词典式排序原则。[1]罗尔斯的分配正义理论申明，保障每一个人的平等自由和机会平等，而且任何不平等的分配应当有利于最不利者，这就使每个社会成员都不会有基本自由权利被剥夺的危险，也不会面临最坏的社会资源和经济利益的分配结果。罗尔斯的分配正义学说可以作为制度变迁成本公平分担的理论依据。

制度变迁必然涉及社会利益的重新分配，这就决定了制度变迁过程不可能是纯粹以效率为导向的，而应当是公平和效率的统一。社会成员对制度变迁的成本负担和收益分享应当遵循和体现比例原则，或者可以说是成本-收益相匹配的原则。无论在强制性抑或是诱致性制度变迁的场合，制度变迁成本一般首先在参与制度创新的主体之间实现内部化，如果取得了制度变迁的潜在净收益，则证明这种制度变迁是可行的，其他社会成员只需要支付较少的学习成本，就可以享受新制度——这种公共产品带来的收益；但与此相反的情况是，如果未取得预期的潜在收益，那么制度试验的参与主体就承担了制度试错成本，其价值在于为国家或者其他社会主体指明了进一步制度创新的必要性和前进方向。制度变迁参与主体的个别成本-收益与社会成本-收益之间存在严重的不匹配，由此产生外部性问题。因此，制度变迁的成本不能仅由直接参与或者受到制度变迁直接影响的社会成员全部承担，而应当在制度变迁参与主体和全体

〔1〕 参见［美］约翰·罗尔斯：《正义论》，何怀宏、何包钢、廖申白译，中国社会科学出版社1988年版，第8~11页。

社会成员之间实现公平合理的分担，既要发挥潜在收益和风险对于制度创新参与主体的激励和约束作用，也需要建立制度试错成本在全体社会成员之间的共同分摊机制，这是人类在长期的社会生活中形成的共同应对制度变迁不确定性的“保险”机制。这种制度变迁成本分担原则符合罗尔斯的正义理论，即每个社会成员都有参与制度创新以获得潜在收益的平等机会，而且正是由于制度试错成本社会分摊机制的存在，使得这种机会平等具有实质意义而非仅在形式上成立。

此外，在制度变迁的过程中，社会弱势群体往往承担较多的成本，而且，制度变迁成本很有可能在看似形式平等的市场交易活动中，悄然完成变迁成本由交易优势方向劣势方的成功转嫁，这进一步加剧了社会弱势群体的成本负担。根据差别原则，制度变迁成本的不公平负担应以有利于社会之最少受益者为前提。对处于最不利地位的社会成员的尊重和关怀同样是为了减少不确定性，使其不因制度变迁而丧失平等的基本自由和有基本尊严的物质生活条件，从而具备重新参与市场公平竞争的基本能力。因此，制度变迁成本的分配正义要求政府发挥社会利益再分配和弱者扶助的职能，而不是被强势利益集团所“俘获”，这样才能彰显制度变迁的合法性，获得社会改革的最大民意基础。

综上，制度变迁成本的合理分担应当坚持成本和收益相匹配的原则，制度创新主体为了获得潜在收益需要承担一定的成本；政府作为全体社会成员的代表，需要对那些先期承担了较多成本的制度创新参与主体进行适当补偿，同时要保障社会最不利者在制度变迁中能够公平分享潜在制度收益，这是基于政治正义而非道义性的补偿正义，其正当性基础来源于社会合作和社会互惠。

(三) 农地规模经营土地成本的分配正义

如前所述，土地成本不仅是土地经营权利交易中的个别成本，也是一种农地制度变迁成本，制度变迁的过程同时也是社会结构性调整和群体间权利资源重新配置的过程，应当通过法律机制解决土地成本的合理分担问题。

第一，在农户自愿和市场决定的前提下，应当发挥农地流转市场机制甄别土地经营者的经营意愿和经营能力的作用，以达成农民利益保护、土地资源配置和高效利用的多重制度目标，因此，土地成本通过市场交易的形式，由农地的实际经营者先行承担。在推进“三权分置”的改革背景下，应当坚持保护农民利益的基本原则，不能由农民来承担农地制度变迁的成本。农地适度规模经营应当在农户自愿流转农地的情况下因地制宜地稳妥推进，“动地先动人”，[1]不能一味强调规模经营收益而不顾及规模化农地流转的潜在风险，更不能采取“要地不要人”的推进措施“折腾农民”。

第二，土地成本也是一种制度变迁成本，按照前文所述制度变迁成本的合理分担规则，需要政府运用公共财政手段，对农地实际经营者进行必要的补偿，在更大的社会范围内实现公平的分担。保证国家粮食安全的成本应该由全体国民承担，而不能只由农民或者其他农业生产者承担。[2]土地成本的社会分担可以有效地缓解农地实际经营者主动参与农地制度变迁的成本，也是政府承担粮食安全义务的题中应有之义。其一，农业生产部门具有天然的弱质性，农业生产条件的促成和优化不可

〔1〕 参见陈锡文：“农村土地流转与改革试验”，载《农村工作通讯》2009年第9期，第9~10页。

〔2〕 参见蔡继明：“关于当前土地制度改革的争论”，载《河北经贸大学学报》2015年第2期，第1~5页。

能完全依赖市场机制实现，而是需要政府的公共财政投入予以保障。其二，农业产品尤其是粮食具有公共产品的属性，农产品的商品化生产具有极大的正外部效应，既为全体社会成员提供了基本生存物品，更为维护国家经济社会稳定提供了基本保障。[1]农地经营者承担为社会生成农产品的重任，如果独自负担土地成本，就会导致私人成本收益和社会成本收益的不相匹配，因此，需要对农地实际经营者提供补偿和激励。土地成本的社会分担是必要的激励手段，也是政府负担农业生产社会成本的表现形式。

综合上述分析，农地规模经营土地成本的分配正义要求建立一种合理的分担机制。从成本分担的逻辑顺序来看，存在初次承担和再次分担两个环节：首先，农地实际经营者为了获得适度规模经营的基本条件和预期收益，需要在农地经营权流转过程中先行承担土地成本，这既是为了保障农户的土地财产性利益，也是市场化配置农地资源的必然要求；其次，政府运用财政手段实现土地成本的社会分摊，鼓励农地经营者流入土地进行适度规模经营。这两个环节的土地成本公平分担都需要作出相应的法律制度安排。

三、种粮大户和家庭农场先行承担土地成本的法律制度

土地成本的先行承担是土地经营权人为取得一定期限的土地经营权，向承包农户支付合理对价的行为。在承包地经营权从家庭农户向种粮大户和家庭农场流转的过程中，应当坚持市场决定和农民自由选择的原则，以赋予农户处分权能更加完整和更有保障的土地承包经营权为重点，完善土地成本初次承担

---

〔1〕参见刘明国："粮食的公共产品属性：中国当代农民贫困的经济根源"，载《农村经济》2008年第1期，第99~102页。

的法律机制。

（一）土地成本的法律意义

“定价问题就是产权问题。”[1]土地成本可以理解为承包地流转所对应的权利的合理对价。从权利生成的逻辑来看，农地实际经营主体享有的土地经营权是由农户流转其土地承包经营权而生成的权利。“三权分置”中的农户承包权应理解为其权利行使受到土地经营权限制的土地承包经营权，具有土地承包经营权流转生成土地经营权后的剩余权能，包括承包地位维持权、分离对价请求权、征收补偿获取权等。农户承包权的意义在于以这些剩余权能对应的经济利益来承载承包地对农户的保障功能。因此，农地流转是农户保留承包权，并将一定期限内的承包地经营权有偿地让渡给土地经营权人的行为。土地经营权人承担的土地成本是农地流转合同约定期限内土地经营权的市场价值，一般以农户自行耕作的种植结构和取得的年均产值为核算的标准。土地成本仅反映农地作为生产要素的财产价值，并不包括承包地的社会价值。

（二）种粮大户和家庭农场先行承担土地成本的市场决定机制

根据政策和法律规定，农地流转应当基于农户的自主决定和真实意愿，土地成本的确定应遵循自主协商和市场定价的原则。在实践中，农户之间的农地流转以农户主导型为主，土地成本的确定是承包农户与种粮大户和家庭农场双方合意的结果。有学者认为农户具有对承包地的“产权身份垄断”和“产权地理垄断”地位，以农户主导型农地流转方式实现适度规模经营具有

[1] Alchian A. A.，“Some Economics of Property Rights”，*IL Politico*，Vol. 30，No. 4，1965，pp. 816~829.

高昂的土地成本，[1]应当探索建立耕地低成本流转机制。[2]为此，有学者主张发挥农村集体的流转中介和组织协调作用，亦有学者提出政府应当加强对农地租金的价格调控，以降低土地成本。但无论是集体协调还是政府干预，均存在一定的问题：其一，农村集体在农地流转中日益成为独立的利益主体，具有强烈的直接参与需求，而村集体过度介入土地流转可能会产生寻租空间扩大、农户利益受损等问题；其二，政府主导型农地流转往往会人为地放大需求，致使农地流转面积超出土地经营主体实际能够承受的经营面积和流转规模，扭曲了正常的市场流转机制，而且往往助推农地租金溢价，加大经营者实际承担的土地成本。相比之下，农户主导型的农地市场化流转能够兼顾农民利益保护、资源有效利用和防控流转风险等多重目标。因此，应当发挥市场对农地资源配置的决定性作用，农地流转价格应当由农户和土地经营权人自主协商决定。

尊重农户流转意愿和市场机制并不一定必然意味着土地成本的上升，农地流转方式的选择对于适度缓解土地成本约束具有重要的影响。除承包地经营权流转以外，农地适度规模经营也存在农地托管、农业共营制等实现形式。农地托管是农户将承包地上的农事劳动全部或者部分、临时性或者较长期地委托农民专业合作社或者农业社会化服务主体完成，并支付服务费用的经营方式。从严格意义上讲，土地托管不属于承包地经营权的流转，而是一种共享经营权的方式，可以有效化解未来“谁来种地”的难题。由于农地经营权未发生流转，因此不会产

---

〔1〕 参见罗必良：“农业供给侧改革的关键、难点与方向”，载《农村经济》2017年第1期，第1~10页。

〔2〕 参见蔡瑞林、陈万明、朱雪春：“成本收益：耕地流转非粮化的内因与破解关键”，载《农村经济》2015年第7期，第44~49页。

生土地成本，而是转化为农户与社会服务主体就经营收益如何合理分配的问题。四川省崇州市“农地共营制”采取“土地股份合作社+职业经理人+社会化服务”的做法，农户将承包地入股建立土地股份合作社，实现分散农地的整合，经营活动则在合作社选聘的农业职业经理人的管理下，通过农业社会化服务体系完成。[1]这种方式通过经营权产权细分及其交易的方式，有效整合了土地、管理、技术和服务等生产要素，实现了农业服务的规模化经营，农户以股金分配的方式获得农地经营权收益，可以避免农地流转带来的高昂土地成本。因此，适度规模经营不能片面强调农地的流转集中，也应当包括农地社会化服务基础上的规模经营。

（三）种粮大户和家庭农场先行承担土地成本的制度保障

在法律制度的构造层面，应当从确权登记和扩充权能等方面强化土地承包经营权的法律保护，使承包农户能够放心地流转农地，也便于种粮大户和家庭农场的长期持续经营。其一，通过确权登记确认农户的土地承包经营权，摒弃现行立法上采用的登记对抗主义，采取登记生效主义，以维护不动产物权登记生效主义法律规定的一致性，适应承包关系长久不变和承包地经营权流转的需要。其二，落实改革政策的要求，明确土地承包关系长久不变的法律表达形式。对此，修订的《农村土地承包法》已经规定第二轮土地承包期限届满之后顺延 30 年。其三，应当以农户自愿为原则，以充实土地承包经营权的处分权能为中心，放松对土地承包经营权流转的限制，以促进农地流转方式和农业经营方式的创新。

在制度设计方面，没有必要对农户与种粮大户和家庭农场

---

〔1〕 参见罗必良等：《中国农业经营制度——理论框架、变迁逻辑及案例解读》，中国农业出版社 2014 年版，第 233~253 页。

之间的交易行为进行严格的要式性要求。由于农户外出务工收益的不稳定性，农地仍然承担一定的保障功能，生存理性和风险规避促使农户选择具有共同的知识基础和信任机制的其他农户作为首要的流转对象，采用短期性的不完全合约、口头合约甚至空合约的方式，〔1〕以便随时行使农地流转合约的单方退出权。同时，退出权的即时行使也构成对农地实际使用者的一种无形威慑，防范经营者的道德风险和机会主义行为，促使其保持农地流转期间的地力不受损害，节约农户的事后监督成本。村庄熟人社会可以为农地转出户随时回到土地提供便利，而且既有的信息优势和声誉机制可以约束农地转入户的行为，降低流转成本和交易价格。因此，农户之间短期转包和租赁经营等产生的土地经营权稳定性相对较差，土地流转效力的维持往往依赖村庄信任机制和人情因素，较少签订和依赖书面合同，公示成本很高，没有必要进行权利登记。

四、种粮大户和家庭农场土地成本的社会分担法律制度

土地成本的再次分担是政府通过一定的再分配手段，以公共财政支出分担部分土地成本。综合运用财政、税收等政策手段推动规模经营，是世界各国政府的普遍做法。〔2〕目前，我国已经出台政策，对农户流转农地的收益免征增值税。〔3〕下文主要就财政补贴政策及其制度设计进行分析。

〔1〕 参见罗必良："合约短期化与空合约假说——基于农地租约的经验证据"，载《财经问题研究》2017 年第 1 期，第 10~21 页。

〔2〕 参见刘文勇：《关于中国农地流转的一个制度分析：范式、实证与反思》，中国人民大学出版社 2013 年版，第 32~42 页。

〔3〕 参见 2017 年 7 月 11 日《财政部、国家税务总局关于建筑服务等营改增试点政策的通知》。

(一) 规范和完善农地流转补贴制度

目前，我国地方政府陆续出台了一些财政刺激政策，对达到规定流转面积和年限的农地流转行为给予补贴。农地流转补贴是政府承担土地成本的表现形式。目前，我国地方政府陆续出台一些财政刺激政策，对达到规定流转面积和年限的农地流转行为给予补贴，但对于补贴的性质、发放对象、补贴标准等方面的规定不一致，[1]有必要从理论上进行解释和澄清。

第一，基于财政补贴的公共财政性质，农地流转补贴的目标在于发展现代农业和保障粮食安全，而不仅仅是为了提高流转速度和经营规模。农地流转补贴应当回归财政补贴的性质，不能被设计为一次性奖励措施，否则容易造成短时间内的“垒大户”或者“统计意义上的规模经营”，甚至骗取补贴现象。补贴或者奖励的对象也绝不能是基本政府人员或者村干部，否则容易激发其逐利冲动，引发定指标、下任务等强迫流转现象，损害农民的利益，加大农地流转的潜在风险。

第二，农地流转补贴应以实际经营者为对象。如果以农户作为补贴对象，可以增加土地转出农户的流转收入，但单个农户对流转补贴的增收效应并不敏感，使得补贴难以在“边际上”发挥对流转意愿的刺激作用，也不能明显改变土地经营者的用地成本。如果以土地经营者为补贴对象，则可以降低其承担的土地成本，有利于粮食安全目标的实现。笔者认为，鉴于前述之农地制度变迁成本的分配正义原则，在农地经营权人通过市场交易承担土地成本后，政府补贴应以土地经营权人为对象，实现土地成本的再次分担。而且，农业补贴目标在于粮食生产而非收入补贴，理应以粮食生产者为补贴对象。

---

〔1〕 参见高海：“农地流转中财政政策的反思与重构”，载《湖北警官学院学报》2014 年第 2 期，第 108~109 页。

第三，关于农地流转补贴标准，各地政府主要以流转时间和流转面积为参数，设置阶梯式的补贴标准，流转面积和时间与补贴数额成正比关系。从纯粹技术角度来看，补贴的流转面积标准应当与当地的适度规模经营面积相匹配，流转时间标准应考虑当地的城镇化发展水平和非农就业吸纳能力，不宜过度追求大规模、长时间流转。从流转补贴作为财政政策的角度来看，主要考虑以下几个方面的因素：其一，未来我国粮食生产的主体是谁？其二，政府财政资金配置背后反映的国家干预目标是什么？首先，现阶段我国家庭经营兼业化、副业化和老龄化现象日趋严重，家庭经营越来越具有粗放性而不是有些学者所坚称的精耕细作。变革农业经营方式和组织形式，推动适度规模经营，已势在必行。其次，在农民利益高度分化和集体动员能力严重弱化的情况下，考虑到与种粮意愿不同且分散的单个农户打交道所产生的巨大交易费用、组织费用和监督费用，国家要想实现粮食安全目标，就需要重新寻找贯彻粮食生产政策意图的经营者，并与之建立相对稳定的粮食生产的“委托-代理”关系，并通过各种补贴措施维持和激励粮食生产者的持续经营。[1]综合两方面因素，目前农业政策变迁的导向是培育新型规模农业经营主体，重点发展种粮大户和家庭农场。因此，农地流转补贴标准的设定应当与地方人地比例关系、农业生产技术和社会化服务水平、城镇化发展和农民非农就业水平相适应，并且与国家农业经营主体转型的政策目标相契合。

（二）创新农地流转风险防范的财政补贴制度

农地经营的持续收益是土地经营权人承担土地成本，实现农户流转收益和维持土地流转合约关系的重要保障。受到自然

---

〔1〕参见龚为纲、张谦：“国家干预与农业转型”，载《开放时代》2016 年第 5 期，第 57~76 页。

风险、市场风险和经营风险的多重影响，经营收益的持续获得具有极大的不确定性，有必要建立完善土地流转风险防范机制。相关改革政策也明确要求建立完善风险保障金制度，即由土地经营权人按照流转面积规模和涉及农户数先行缴存一定比例的风险保障金，以防范农户流转利益受损。但是，这种做法也有可能加重经营者的前期投入和资金负担，降低资金配置和使用效率；而且由经营者承担绝大部分风险保障金，也不符合制度变迁成本负担的分配正义原则。原因在于，农户享有流转收益，也应承担一定的风险；政府负有社会保护和弱者扶助的政治义务，二者都应担负相应的风险防范“出资义务”。因此，在农地流转风险防范的成本分担方面，如何实现政府、经营者、农户三者之间的分配正义，使农户利益保护和经营者效率得以兼顾平衡，需要更加完善的创新制度设计。

作为一种制度探索，四川省邛崃市将保险机制引入土地流转风险防控，创立了土地流转履约保证保险机制，这在我国尚属首次。〔1〕土地流转履约保险具有保证保险的法律属性，以国有保险公司作为保险人，以农地流转农户为被保险人，以土地经营者为投保人，当土地经营者出现违约情形，不能按期支付农户流转租金时，则由保险公司先行向农户赔付租金，并获得事后向土地经营者追偿的权利。保险费按土地流转交易额的3%收取，由农民和经营者按照2:8的比例承担，政府给予每年每亩保费50%的补贴，即分别对农户和经营者补贴一半的保险费用。目前，这项保险制度初步取得了预期制度绩效，有效避免了以往规模经营失败后，“经营者跑路，农民受损，政府埋单”的不合理困局。

〔1〕 参见韩清华、张丽：“土地流转保险的成都邛崍路径”，载《中国经济时报》2015年12月11日。

土地流转履约保证保险是充分运用保险机制，通过市场化手段防范和化解农地流转风险的成功尝试。保险制度对农户、经营者风险防范义务的履行形式和负担比例进行了科学合理的设计和分配，相比预付风险保障金制度，保险制度可以缓释经营者的资金压力，更有利于提高经营效率、降低违约风险。政府对保费的财政补贴可以被看作是其承担土地成本的一种方式，可以产生对农户和经营者参保投保的激励效应，也有利于该项保险制度的顺利运行和推广普及。

本章小结

家庭经营包括家庭承包经营、种粮大户和家庭农场三类经营组织形式，其中，家庭承包经营是我国现行立法确认的“统分结合”双层经营体制的制度基础，种粮大户和家庭农场作为规模经营农户，承载着重塑现代农业经营体系之家庭经营基础的改革政策预期。分配制度的问题导向因家庭经营形式的不同而有所区别。

根据现行政策法律的规定，承包农户享有完整的收益权，农民集体不得介入参与家庭承包经营收益分配。现行收益分配制度设计的根由在于，兼顾实现维护农户土地利益和提升农地经营效率的双重价值目标。但是，受到保持承包关系长久不变和农地不得调整的政策影响，承包农户分享土地利益不平等；集体统一经营层次的服务功能弱化导致分户经营的低效率，现行制度目标在农地经营实践和运行中均告落空。为此，需要更新立法理念和制度设计，确认农民集体基于农户分享集体土地利益平等性而行使的农地利益调节权，以及基于农户共享集体公共服务利益而行使的必要收益权。

在家庭承包经营分散化、细碎化和兼业化的背景下，种粮大户和家庭农场这两种家庭经营形式对于解决好“谁来种地”的问题，构筑维护国家粮食安全的组织基础具有重要意义。种粮大户和家庭农场在农业生产环节对于承包农户具有替代作用，由其全部承担农地流转成本会产生“地租侵蚀利润”的风险，影响我国农业现代化和粮食安全目标的实现。土地成本可以理解为我国农地制度改革中发生的制度变迁成本，应当建立一种合理化和法制化的分担机制。在农地流转中，种粮大户和家庭农场需要先行承担土地成本，应以市场主导和农民自愿为原则，以赋予农户权能更加完整和更有保障的土地承包经营权为重点，完善土地成本初次承担的法律机制。政府应当运用公共财政手段，建立并完善农地流转和风险防范补贴制度，对种粮大户和家庭农场进行适当补偿，以实现土地成本的社会分摊。

第三章

农地集体经营收益分配法律制度

自20世纪70年代末农村土地制度改革以来，以农户家庭为单位的承包经营成为我国农地经营制度的主体形式。然而，集体经营这种经营形式并未因农地经营制度变迁而丧失其存在的独特价值，除继续坚持集体经营的少数农村集体〔1〕以外，当前农地制度改革过程中也出现了很多重新选择集体经营的地方性试验典型案例。囿于集体经营及其收益分配缺乏明确的法律依据，地方改革试验呈现自发多元性和调控失序状态，其中关于集体经营收益分配存在的共性问题表现为集体自治组织和集体经济组织"政经不分"，以及社区土地股份合作社等集体经营组织的股权设置不规范。为此，我们需要设计基本的法律底线和制度规则，以法律规定的强制性适度约束改革实践中地方规则和集体自治的任意性，从集体经营收益分配主体重塑和股权设置两方面，完善农地集体经营收益分配法律制度。

〔1〕 参见韩长赋："关于深化农村改革的几个问题"，载《农村工作通讯》2014年第22期，第7页。

第一节　农地集体经营收益分配制度的问题阐释

一、农地集体经营的制度现状与实践样态

（一）农地集体经营的界定

在以家庭承包为基础的统分结合的双层经营体制得到立法确认之后，农地经营实践和权利塑造上呈现“重分散、轻统一”“重利用、轻所有”的景象。[1]关于集体经营的界定，由于研究视角和目标的差异，在其内涵界定和外延表现方面，学界观点不甚统一：部分学者将农地集体经营等同于双层经营制度中的集体统一经营层次，旨在探讨重振集体统一经营功能、完善双层经营体制的对策建议；[2]也有学者认为集体经营是“农民集体或者农民集体出资设立的经济组织对集体资产的经营活动”；[3]也有学者认为集体经济是指农村社区集体组织通过直接经营或者以多种形式间接经营本集体所有的财产，并将经营所得或者财产增值公平分配给本集体成员或者为成员提供公共服务的活动，也包括农村各类合作组织为其成员提供服务的经济活动。[4]由此可见，学界对于集体经营的界定并未形成一致

〔1〕谭贵华：“农村集体经济组织的研究回顾与前瞻”，载《重庆大学学报（社会科学版）》2013年第1期，第123页。

〔2〕参见陈小君、高飞、耿卓：“我国农村集体经济有效实现法律制度的实证考察——来自12个省的调研报告”，载《法商研究》2012年第6期；贺雪峰：“论农村土地集体所有制的优势”，载《南京农业大学学报（社会科学版）》2017年第3期，第1~9页。

〔3〕祝之舟：《农村集体土地统一经营法律制度研究》，中国政法大学出版社2014年版，第8页。

〔4〕韩松：“论农村集体经济内涵的法律界定”，载《暨南学报（哲学社会科学版）》2011年第5期，第54~64页。

看法。

笔者认为，集体经营是以坚持集体土地所有制为前提，以集体成员共同占有集体农地等生产资料为基础，通过集体经济组织对集体土地及其他生产资料的直接经营、管理和收益分配活动，实现集体成员利益的经营形式。农地集体经营是实现土地资源集约化利用和农民收益分配的有效形式。[1]首先，集体经营的主体应是农村集体经济组织，集体经营通过集体经济组织的经营活动来实现，体现集体成员的共同意志和利益；其次，集体经营表现为集体经济组织对集体生产资料的直接经营活动，而以集体土地对外出资或者租赁经营等经营形式，因其经营主体不是集体经济组织，不属于集体经营的范围；再次，农地集体经营以集体农用地为核心和基础经济资源，充分发挥土地资源在所有生产要素整合中的作用；最后，集体经营的目标在于集体资产增值，向集体成员提供公共服务或者分配利益，集体经营活动的收益归于集体名下，集体经营收益最终应当通过集体组织的合理分配转化为集体成员利益。

（二）农地集体经营的政策依据

在坚持家庭经营基础性地位，依法保护农民的土地权利和农地流转主体地位的同时，相关政策文件也一直强调坚持农村土地集体所有制，提倡发展壮大集体经济，实现农村集体经济组织成员共同富裕。十八届三中全会《中共中央关于全面深化改革若干重大问题的决定》提出："赋予农民更多财产权利。保障农民集体经济组织成员权利，积极发展农民股份合作，赋予农民对集体资产股份占有、收益、有偿退出及抵押、担保、继承权。"《关于引导农村土地经营权有序流转发展农业适度规模

〔1〕参见刘恒科："宅基地流转的实践路径、权利结构与制度回应"，载《农业经济问题》2020年第7期，第36~46页。

经营的意见》提出："探索新的集体经营方式"，可以"将土地折股量化、确权到户，经营所得收益按股分配，也可以引导农民以承包地入股组建土地股份合作组织，通过自营或委托经营等方式发展农业规模经营。各地要结合实际不断探索和丰富集体经营的实现形式"。[1]2015年《深化农村改革综合性实施方案》提出"探索农村集体所有制经济的有效组织形式和经营形式，确保集体经济发展成果惠及本集体所有成员"。

根据上述改革政策文件可知，中央决策在综合地方实践探索和改革经验的基础上，提出探索新的集体经营形式，主要包括发展以农民专业合作社和股份合作社为主的各类农民联合合作组织，其基本路径有二：一是集体成员共同决策将集体土地集中整理并折股量化、确权到户，经营所得收益按股分配；二是农户以承包地的经营权入股组建土地股份合作组织，通过自营或委托经营等方式发展农业规模经营。这两种集体经营的生成方式都内涵了承包地经营权的股份化和资本化，农户对承包地的权利不再表现为用益物权性质的土地承包经营权，而是演化为一种股份权。[2]在集体土地折股量化为成员股权的情况下，通常采取"确权确股不确地"的土地权利登记模式，即通过确权确股的登记方式将集体土地利益量化到集体内的每一个农户。在此情况下，农户取得的是股权或者名义上的承包权，仅保留基于集体资产股份权的收益权。[3]在农户以承包地的经营权入

〔1〕参见中共中央办公厅、国务院办公厅印发的《关于引导农村土地经营权有序流转发展农业适度规模经营的意见》。

〔2〕参见韩松："论农民集体成员对集体土地资产的股份权"，载《法商研究》2014年第2期，第17~21页。

〔3〕张晓山："有关农村集体产权制度改革的几个理论与政策问题"，载徐小青等主编：《2013-2014中国城郊经济年鉴》，宁夏人民出版社2015年版，第414~416页。

股组建土地股份合作社的场合，土地股份合作本身是农户保留土地承包权，并基于自主意愿以土地经营权入股的结果。因此，集体经营可以经由集体土地的折股量化形成，也可以在土地承包经营权股份化的基础上形成。

（三）农地集体经营的现实样态

表 3-1　集体经营方式与典型案例〔1〕

经营形式	经营特征	典型改革试验/案例	经营主体形式
集体经营模式	集体所有，集体经营	河南省南街村、河南新乡市刘庄、江苏省华西村、山东龙庄	集体农机队，集体独资企业等
土地入股公司经营	集体所有，家庭承包，土地入股，公司经营	河南省新乡市“耿庄模式”；“刘庄模式”；山西汾阳市“孝臣模式”	村办企业（公司）经营
土地入股合作经营	集体所有，家庭承包，土地入股，股份合作经营	贵州省“三权”促“三变”改革试验；山东省东平县土地股份合作制改革试验；四川崇州“农业共营制”	社区土地股份合作社
土地租赁模式	集体所有，家庭承包，土地返租，合作社经营	黑龙江省齐齐哈尔市“新兴模式”	集体举办的合作社经营

〔1〕参见祝之舟：“论农村集体土地统一经营的制度实践与立法完善”，载《南京农业大学学报（社会科学版）》2012 年第 4 期，第 92~99 页；王景新等：“集体经济村庄”，载《开放时代》2015 年第 1 期，第 11~73 页；刘守英：“新一轮农村改革样本：黔省三地例证”，载《改革》2017 年第 8 期，第 16~25 页。

二、农地集体经营收益分配制度的问题导向

由于我国现行法律未予确认农地集体经营的法律地位，实践中的农地集体经营呈现多种形式并存发展的特征，集体经营收益分配也因集体经营的自发性而缺乏必要的法律规制，而是遵从于纷繁复杂的地方性实践规则，因而需要从分配主体、分配权利依据或者股权设置等方面厘清农地集体经营收益分配中存在的问题，以确定基本的法律底线。

（一）集体经营收益分配主体“政经不分”

由于集体经营组织形式的多元化，集体经营收益分配主体也呈现多元主体并存的特征，既有村民委员会或由其设立的经营主体，又有社区土地股份合作社、经济联合社等农村集体经营组织。村委会兼有经营管理集体资产职能，农村集体组织也具有行政色彩。这与我国《民法通则》《村民委员会组织法》《土地管理法》等法律规范同时确认村民委员会和集体经济组织作为农村集体资产的经营管理者的法律地位直接相关。[1]但是，村民委员会是以办理公共事务和村民自治为基本职能的组织，集体经济组织则是承载着经营管理集体资产功能的经济性组织，二者的基本功能定位存在根本冲突。随着城乡融合和农村经济社会的进一步发展，农村自治组织的民主自治功能和经济管理功能愈发难以兼容。

（二）集体经营收益分配的股权配置失范

如前所述，集体经营大多是由集体土地权利折股量化到农户，或者农户以承包地经营权入股社区土地股份合作社，并且联合其他生产要素入股而形成的，社区土地股份合作社的股权

---

〔1〕 参见1986年《民法通则》（已失效）第74条第2款，《村民委员会组织法》第8条第1款和第3款，《土地管理法》第10条之规定。

配置成为集体经营收益分配的重要依据。但是，由于缺乏国家层面政策法规的上位法指引，实践中的股权配置、折股量化的集体资产范围、标准和依据不统一、不明确，相应的收益分配主要受地方性政策的调整，或者完全处于集体组织自主决定的状态，极易导致集体经营组织的股权配置和收益分配方式不尽相同，主要存在以下问题：

第一，集体股设置与否标准不一，分为设置集体股和不设集体股，从集体经营收益中提取公积金两种形式。[1]集体股收益或者公积金的用途不一，问题在于是否承担集体福利以及公共支出。另外，在农地股份化改造过程中，集体所有的未分包到户资源和资产的经营权是否纳入以及以何种形式纳入折股量化范围，也对集体股的设置与否以及收益分配产生影响，问题在于，该部分资源资产是否量化到成员个人抑或是保留集体股设置，是否发生二次分配的问题。

第二，成员股的设置在实践中更加复杂多元化。首先，成员股的设置首先涉及集体成员资格认定的问题，成员身份的资格认定是成员股设置的基础性命题。在实践中，农村集体成员的资格认定通常以二轮延包时具备本村户籍作为形式上的判断标准，同时以婚姻、收养、迁移、集体决议等作为资格取得的方式，并以丧失本村户籍无须集体土地供养作为排除集体成员资格的标准。但是，集体所有的财产毕竟是合作化时期社员带地入社形成和逐步积累起来的，这些原始集体成员的子孙后代因集体所有财产在集体内部概括继承的事实而自然获得集体成员资格，而且，在土地承包关系长久不变的背景下，集体成员的资格固化已成为全国范围的基本事实。因此，集体成员资格

〔1〕 参见王权典："社区集体经济组织改制目标定位与职能重构之法律研析"，载《法学论坛》2009年第4期，第26页。

认定需要平衡集体土地的社会保障性和财产经营性之间的固有冲突，[1]需要确立集体成员资格认定的基本原则和标准，来缓和成员资格的法定性和集体合议性之间的固有矛盾。其次，成员股的设置形式不统一，实践中存在资格股和土地股等多种形式。[2]其中，以集体土地权利作为集体经营的权利基础的，集体土地及其他生产资料折股量化到每一位集体成员，家庭农户的土地承包经营权灭失，演变为资格股权形式的收益权；以土地承包经营权作为集体经营的权利基础的，集体经营建立在农户以承包地经营权入股的基础上，通常以土地面积计算农户入股的股份数，以土地股的形式参与收益分配。在土地承包关系长久不变的政策背景下，成员股采取资格股抑或是土地股的形式，对于收益分配的影响还在于资格股可能因成员资格变动而需要不断调整，以保障集体成员公平享有集体土地利益；而土地股相对比较稳定，但会因成员资格变动而导致分配不公平。再次，在集体土地资源折股量化的前提下，成员股的确权方式，即以成员个人还是以农户为基本单位，实践中也不尽相同。大多数地方采取股权量化到人，但以户为单位发放股权证书的方式，股权确权到户之后，以户为单位对户内成员的股权进行管理，分配也以户为单位进行，这与以户为单位的土地承包经营权配置方式相一致。在成员股主要为土地股的情况下，土地入股本身就是农户以其承包地经营权入股的结果，自然维持以户为单位的农地确权方式，在此不赘。最后，成员股的管理方式不同，因集体成员资格变动，存在静态管理（股权确定之后长

〔1〕 参见戴威："农村集体经济组织成员资格制度研究"，载《法商研究》2016年第6期，第83~94页。

〔2〕 参见姜爱林、陈海秋："农村土地股份合作制研究述评——主要做法、成效、问题与不足"，载《社会科学研究》2007年第3期，第40~46页。

久不变）和动态管理（经常性地随时调整）两种方式。受到土地承包关系长久不变的影响，农户以承包地经营权入股集体社区土地股份合作形成的股权及其收益也相应地呈现出稳定固化的制度特征，这与集体土地公平保障功能发生冲突。同时，集体资产的折股量化也面临调整抑或稳定的两难选择。实践中静态管理占多数，以广东省佛山市南海区、江苏省苏州市、贵州省湄潭县、河南省济源市为典型〔1〕；动态调整的案例较少，以山东省东平县〔2〕和安徽省繁昌县〔3〕为典型。

第三，外来资本股的设置形式存在争议。由于村庄集体内部生产要素的匮乏，集体经营难免受制于外部资本控制，村集体组织成为“资本”的代理人，村庄公司化、村干部兼任公司董事或管理人员的现象比较普遍，难免损害农民利益和基层治理体系。因此，外来资本股的设置需要在考虑利用村庄外部资本的同时，保障集体经营的自主性。

第二节　农地集体经营收益分配主体的法律构造

集体经营收益分配主体呈现集体自治组织和集体经济组织“政经不分”的现实样态，这是集体所有权主体的群体性特征所引发的代理人选择问题。法律制度的选择以适应特定时期的经济社会发展需要和立法者所要达到的立法目标为必要。村民委员会

〔1〕 参见孔祥智：“农村社区股份合作社的股权设置及权能研究”，载《理论探索》2017年第3期，第5~10页；张兰君、赵建武：“农村土地股份合作制模式研究”，载《农村经济》2013年第6期，第24~28页。

〔2〕 参见高菁：“调股不调地：破解农民土地权益固化的有益探索”，载http://www.zgxcfx.com/sannonglunjian/201708/102018.html，2018年1月14日访问。

〔3〕 参见夏柱智：“虚拟确权：农地流转制度创新”，载《南京农业大学学报（社会科学版）》2014年第6期，第89~96页。

和集体经济组织政经功能、组织合一符合传统农业经济和村域社区集体条件下农村基层组织构造的需要。但是，在目前农村社会经济发展和传统社会结构分化的背景下，应当以完善农村基层治理体系和培育独立自主的集体经营市场主体为基本指引，以集体自治组织和集体经济组织政经分离为手段，并且以股份合作制改造为基本路径，从制度层面重塑农地集体经营收益分配主体。

一、农地集体经营收益分配主体的制度现状考察

农地集体经营收益的分配主体，可以等同于农地集体经营的权利主体。根据我国现行法律规定，村民委员会和农村集体经济组织都具有经营管理集体资产的法定权利，但二者毕竟在功能定位和本质属性上存在差异，由此造成实践中职能交叉、政企不分、分配混乱等基层组织治理和集体经济发展困境。

（一）农地集体经营收益分配主体的制度沿革与现状梳理

随着 20 世纪 70 年代末 80 年代初家庭承包经营责任制的建立，以及人民公社实行政社分立，乡镇一级的农村基层行政组织和经济组织基本实现了分离，而在村一级，虽然明确了村委会和农村经济组织的不同定位，但是可以实行“两个机构、一套班子”，并未要求组织独立和功能分离。1985 年以后，基层政权机构和村民自治组织得以建立，除少数人民公社化时期社队企业发展较好的地区之外，村集体经济组织普遍没有建立，村委会代行集体经济组织经营、管理集体财产职责，在全国范围内成为基本事实。相应地，在实行集体经营的少数地区，村级党政经组织机构合一办公，功能不分，成为集体经营收益分配的权利主体。这种状况一直持续到现在，对于农村基层治理组织结构及其法律规制产生了深远的影响。在农地集体经营及收益分配实践中，村民委员会和农村集体组织经常处于纠结不清

的关系之中。

一方面，我国法律制度一直明确规定，作为集体自治组织的村民委员会和享有经济活动自主权的农村集体经济组织，二者具有不同的功能定位。村民委员会是村民自我管理、自我教育、自我服务的基层群众性自治组织，是村民自治制度的组织载体；[1]而集体经济组织是我国农村集体经济制度的主要组织形式，具有经营、管理集体资产，使其得到有效合理利用和保值增值的功能，而且农村集体经济组织具有行使经营、管理集体资产权利的优先资格。1982年《宪法》最早规定了“农村集体经济组织”这一法律概念，集体经济组织实行统分结合的双层经营体制，集体经济组织有独立进行经济活动的自主权，[2]《农业法》规定了集体经济组织经营管理集体资产和服务农户的基本职责，[3]以及集体经济组织的征收补偿权，[4]《村民委员会组织法》也肯定了集体经济组织优先于集体自治组织进行经营活动的权利，而且村民委员会应当支持和尊重集体经济组织独立行使这一权利。[5]

随着农村经济社会的发展变革，农村集体经济获得长足发展，地方性的农村集体经济组织立法纷纷出台。比如，北京市、上海市、广东省、海南省等地均出台了地方性法律规范，对于农村集体经济组织的法律资格、组织制度和运行规则进行规范。[6]

---

〔1〕参见《村民委员会组织法》第2条第1款之规定。

〔2〕参见1982年《宪法》第8条、第17条之规定。

〔3〕参见《农业法》第10条第3款之规定。

〔4〕参见《农业法》第71条之规定。

〔5〕参见《村民委员会组织法》第8条第3款之规定。

〔6〕参见2013年《广东省农村集体经济组织管理规定》；2014年《湖北省农村集体“三资”管理办法》；2020年《浙江省村经济合作社组织条例》等。上海市、江苏省、浙江省都颁布了《农村集体资产管理条例》。

为了赋予农村集体独立从事市场经营活动的权利能力，我国《民法典》总则编确认了集体经济组织和村民委员会的特别法人资格，并且规定“未设立村集体经济组织的，村民委员会可以依法代行村集体经济组织的职能”，确认了集体经济组织代表农民集体经营管理集体资产资格的优先性。虽然我国立法明确了集体经济组织代表集体经营管理集体资产的职责，但从中央一号文件及其他改革政策文件来看，集体经济组织与农民集体经常混用，导致集体所有权的归属不一，〔1〕而且集体经济组织的功能定位似乎发生了漂移，从集体资产的经营管理者演变为对集体经营性资产进行股份合作改造的限定主体，实际上等同于集体合作组织、股份合作社等经营实体组织。〔2〕

另一方面，现行法律规定并未对集体自治组织和集体经济组织的职能和组织分离做出统一安排。比如，《农村土地承包法》第 12 条同时赋予村集体经济组织或者村民委员会发包土地的主体资格；1986 年《民法通则》（已失效）第 74 条第 2 款、《土地管理法》第 10 条都同时规定了村委会和集体经济组织都具有代行经营、管理包括集体土地在内的集体所有资产的权利。《村民委员会组织法》第 8 条关于集体经济组织和村委会管理集体资产职责的规定相互矛盾，既规定了村委会应当尊重集体经济组织的独立经营自主权，又规定了村委会可以管理本村属于村农民集体所有的土地和其他财产，在该法第 24 条中也规定了

〔1〕《物权法》（已失效）规定集体土地所有权的主体是农民集体成员组成的成员集体。但是，2010 年中央一号文件在确认集体经济组织作为集体土地所有权主体的同时，又规定宅基地以及村庄整理后的土地属于农民集体；原国土资源部在 2011 年发布的 60 号文件和 178 号文件分别规定集体经济组织和农民集体作为集体土地所有权的主体。

〔2〕参见姜红利、宋宗宇：“集体土地所有权归属主体的实践样态与规范解释”，载《中国农村观察》2017 年第 6 期，第 5 页。

需要提请村民会议讨论方可通过的有关集体财产共同管理的事项。

由此可见，我国法律规定的集体经济组织和村委会的职能边界相对来说是比较清晰的，即村委会是集体自治组织，而农村集体经济组织则是专司集体财产经营管理职能的组织，但集体经济组织法律概念模糊，既等同于集体土地所有权主体，又与村民自治组织的经营管理集体财产职责难以区分，还与通过集体产权改革重建的农村社区股份合作组织相混同。农村集体经济的迅猛发展，不断提出集体经济组织独立运作和专门立法的要求，党和国家的政策文件也一再提出加快集体经济组织立法，[1]现行立法已不能满足实践需要。

（二）农地集体经营收益分配主体制度的现实困惑

在实行政社分开改革之后，"三级所有、队为基础"的人民公社体制下作为集体经济组织的生产队、生产大队在大多数农村地区消亡，原本人民公社集体经济组织的所有权"由谁继受成了问题"。[2]集体经济组织代表农民集体经营管理集体资产的法定职责，通常由具有同样职能的村委会，以及通过集体产权改革形成的新型集体经营性组织承担，农地经营收益分配的职能也相应地由上述两类主体承担，但这二者关系时常处于纠葛不清之中，导致农地集体经营及收益分配实践上的诸多困惑。

第一，村委会和集体经济组织职能不清、政经合一的弊端，

---

〔1〕 2015 年中央一号文件首次提出，"抓紧研究起草农村集体经济组织条例"；2017 年中央 1 号文件明确要求，要"抓紧研究制定农村集体经济组织相关法律"；2018 年中央 1 号文件要求，要"研究制定农村集体经济组织法"；2019 年中央 1 号文件提到的立法任务之一，就是研究制定农村集体经济组织法。集体经济组织未来立法层级从条例上升为法律。

〔2〕 参见杨一介："我们需要什么样的农村集体经济组织？"，载《中国农村观察》2015 年第 5 期，第 12 页。

内部化于集体经营组织的治理结构当中，无论是村民委员会以政治经济混合型组织的身份从事集体经营，抑或是集体产权改革后的集体经济组织仍然保留着行政性质，都会使集体经营组织体的功能错位，导致集体经营收益分配程序不完善，难以平衡协调集体和成员以及不同成员之间的分配关系，损害集体成员的利益。首先，民主决策程序落实不到位。在大多数农村地区，由于没有设立专门性的集体经济组织，村委会大多代行经营管理集体资产的职能，政经不分是农村基层组织架构中的常态；而在少部分进行集体产权制度改革的地区，集体经济组织的设立大多以集体所在村庄为资产改革的地域范围，集体资产量化到全部集体成员，股份不对外开放募集，村集体党组织、村委会和经济组织实行“几块牌子，一套人马”的管理模式，普遍具有政经不分，村社合一的组织构架和管理体制。即使是改制后的集体经营组织设置了类似于股份有限公司的股东会或者成员股东大会、董事会和监事会，并且比照公司法规定在组织章程中明确了各职能机构的权责义务，但是仍然难以摆脱组织机构合一，人员兼任、职能交叉不分的传统体制，村集体成员一人一票、民主决策的程序机制不能很好落实。其次，分配程序不完善，难以使集体成员获得公平的分配：一是，政经不分导致集体经营收益分配的权利主体难以确定，主要表现为集体经济组织成员资格确定缺乏明确的法律依据；二是，集体经济组织成员资格和集体自治组织村民成员资格难以完全区分，非成员资格的村民难以参与本地社会公共治理导致利益受损，集体经济组织成员不愿意为非成员资格的村民提供公共服务，而且，由于承包关系长久不变，已经进城落户的集体成员仍然享有承包权及作为变异形式的股份收益权，而在村农户以其户籍不在本集体而拒绝向其分配集体经营收益。这些都涉及集体成员身份资格如何认定，以及如何分配收益的程序性问题。再次，监督程序还需加强。根据现行政策法律规定，村委会是实行民主管理和民主监督的村民自治组织，村应当建立村务监督机构，负责村民民主理财，监督村务公开等制度的落实。[1]科学合理的监督机制应当具有监督主体和被监督对象彼此独立，不存在利害关系，以及其他可能影响监督功能有效发挥的情形等制度内涵。然而在实践中，由于集体组织普遍存在政经合一，职能不分的情形，村委会虽有民主监督的组织功能，但往往让位于经济管理职能和自治行政职能。最后，救济程序尚须完善。集体经济组织具有经营管理农村集体资产的法定职责，且依据现行有效的企业法律制度规定，采取股份合作社、农民专业合作社或者股份公司等组织形式的集体经济组织具有向成员公开集体经营事务、接受成员监督的义务，企业内部的权利救济程序性规定也同样适用于集体经济组织，因此，相对于村委会，集体成员在集体经济组织中行使知情权、监督权和救济权更为方便，如果通过村委会行使这些权利，则会增加权利实现的难度和成本。

第二，村委会和集体经济组织职能不清、政经合一的弊端，导致集体经济组织社会负担过重，无法完全剥离村委会的社会职能，引发集体经营收益实体分配制度实践的混乱，主要表现为：一是，集体经营收益在集体和成员之间分配的标准和比例不统一，集体积累比重过高，向成员分配的比例过低，导致集体所有的异化；二是，集体提留部分或者公共积累的用途不一，通常作为集体自治组织的日常办公费用支出和村干部工资等，或者用于支持农村集体福利和公共产品支出，而在集体经济发

〔1〕 参见《村民委员会组织法》第2条、第32条之规定。

展较好的地区，集体积累多专款专用于集体经营的风险基金、发展基金等经济性用途。在集体组织政经不分的情况下，集体经营组织更多地承担自身经营活动以外的基层自治成本和社会服务成本，容易导致经营效率的降低和市场竞争能力的弱化。〔1〕

二、农地集体经营收益分配主体法律重塑的正当性分析

随着城乡融合和农村经济的发展，以村落和村民为地域和群体范围的农村社会结构由相对稳定走向分化解体，传统农村开始向以开放流动和精英引导为特征的团体社会格局渐趋演进。〔2〕农村集体自治组织和集体经济组织政经合一，职责不分的现状已不能适应农村经济社会快速发展的要求，农地集体经营及收益分配主体的法律重构符合时代需要，具有理论建构和事实依据两方面的正当性基础。

（一）农地集体经营收益分配主体法律重塑的理论基础

我国目前政策法律大多明确规定村委会作为村民集体自治组织，集体经济组织作为专门代表农民集体经营管理集体资产的经济性组织，村委会也可以在集体经济组织缺位的情况下代行集体资产经营管理职能。由此可见，集体经济组织和集体自治组织的法律性质和功能定位不同，二者具有不同的组织目标、价值诉求与运行逻辑，〔3〕这是农地集体经营收益分配主体法律重构的理论基础。

〔1〕 参见王权典、江惠生："城市化'村改居'中农村集体资产改制的困境与出路——结合广东珠三角的实践"，载《行政与法》2008年第5期。

〔2〕 张晓山："有关农村集体产权制度改革的几个理论与政策问题"，载徐小青等主编：《2013-2014中国城郊经济年鉴》，宁夏人民出版社2015年版，第414~416页。

〔3〕 参见于建嵘："农地制度改革路径与思考　主持人的话"，载《东南学术》2007年第3期。

第一，农村集体经济组织与村委会具有完全不同的法律性质和功能定位。依据《宪法》《村民委员会组织法》等法律规定，村委会是村民自我管理、自我服务、自我教育的基层群众自治组织，以村民自治、协助行政、办理农村公共事务和公益事业为主要职责，而根据《宪法》《农业法》以及《农村土地承包法》等法律规定，农村集体经济组织是统分结合的双层经营体制的统一经营功能的载体，其主要功能是集体资产的经营管理、合理利用、保值增值等经济职能。前者是自治功能的政务性组织，后者是承担经济职能的经济性组织。由此可见，在现行政策法律层面，村委会和村集体经济组织的法律性质和应然职责定位应当是比较清晰的，只是由于我国不同地区农村经济社会发展变迁的程度不同，基于农村渐进式改革和节约组织成本的需要，村委会可以代行集体经济组织的经济职能，并不能以此权宜性的规定否认集体经济组织和自治组织在法律性质和功能定位方面的差异性。

第二，农村集体经济组织与村委会具有不同的组织目标和价值诉求。农村集体经济组织是以土地等集体财产公有制为基础，承担土地发包、资源开发、集体资产保值增值等一系列经营管理集体资产职责的经济组织，农村集体经济组织参与市场经济活动，遵循市场法则，对外以追求经济效益最大化为组织活动的目标，追求效率价值，而在对内分配方面则以集体成员平等分享集体经营收益为目标，追求平等价值；村委会是村民自治组织，负责办理村社公益事业和公共事务，以村民资格平等基础上的民主决策、民主管理和民主监督作为基本组织法则，在为全体村民提供公共服务的过程中需要以民主决策、均等共享为基本价值目标。

第三，任何一个组织体的成立和运行都需要一定的成员、财产以及组织制度或者章程作为组织的基础。农村集体经济组织与村委会在成员身份资格、成员权利特征、组织运行逻辑方面有明显的差异。首先，二者的成员构成不同。村委会以村民作为组织基础，村民是具有农业户口的本村农民，虽然集体经济组织成员资格也通常以户籍作为判别标准，集体经济组织的成员同时也可能是村民，但是不能完全把二者等同。[1]而且，村委会具有为村民提供公共公益服务的职能，在村居住人口理应纳入公共服务覆盖范围，但其不一定具有集体成员资格。其次，集体经济组织成员权主要是一种私法上的权利，成员权的有效行使以集体经济组织的设立存续为前提；而村民权利是一种公法上的权利，是参与村民自治管理的权利，包括选举权、决策权、管理权、监督权等，二者的权利性质、权利内涵、行使权利的条件和程序等均不相同；最后，二者的组织运行逻辑也存在差别。农村集体经济组织作为以土地公有为基础，以特定社区集体内部全部成员为主体，从事农业生产经营活动的经济主体，应按照市场主体的权利塑造逻辑，以主体人格独立和企业化改造为导向，其内部组织机构应当体现现代企业的组织逻辑，其外部经营活动应遵从市场化规则。村委会作为村民自治组织，应当侧重于基层民主自治功能，在经济职能上突出对于集体经济组织的民主监督职能。[2]

（二）农地集体经营收益分配主体法律重塑的现实意义

农地集体经营收益分配主体的法律重构，就是要分离附着于村集体组织上的政治功能和经济功能，实现政经组织分离，

---

〔1〕 参见王利明、周友军："论我国农村土地权利制度的完善"，载《中国法学》2012年第1期，第51页。

〔2〕 参见徐增阳、杨翠萍："合并抑或分离：村委会和村集体经济组织的关系"，载《当代世界与社会主义》2010年第3期，第16~18页。

职责界清，这既包括剥离村委会的经济管理集体资产的职能，也包括剥离集体经济组织负载的行政职能和社会职能，使得集体经济组织和集体自治组织各归本位，农村集体经济组织作为专司集体资产经营管理职责的主体地位得以回归，村委会回归村民自治，为村民提供公共服务和公益事业，以及协作行政的角色，更好地发挥各自的功能和作用，形成完善的乡村治理机制。[1]

第一，集体经济组织和集体自治组织实现政经分离，有助于理顺农地集体经营收益分配的实体标准和分配程序。集体经济组织代表农民集体经营管理集体资产，完全成为自主经营、自负盈亏的法人实体，按照市场化规则参与市场交易和市场竞争，享有完整的法人财产权、收益分配权等自主经营权利。按照法律规定，在集体经济组织内部，集体经济组织成员可以享有决策权、知情权、撤销权、监督权等权利，同时，集体经济组织大多采取以土地公有制为基础的股份合作制的基本组织形式，成员参与集体经济组织活动自然套用股份合作组织的运行规则，使集体成员的权利实现有了合理有效的组织载体，更能保障集体成员的程序性分配权利。

第二，集体经济组织和集体自治组织实现政经分离，有助于农村治理组织体系的优化。政经分离之后，村委会回归村民自治组织的本原角色，不再参与集体资产的经营管理，避免自治行政职能干预和替代经济职能，以及集体经济组织承担自治职能和社会服务职能费用的局面。[2]首先，政经分离有助于农村基层治理秩序和政治生态的净化。以往村两委负责人作为大

---

〔1〕参见屈茂辉："农村集体经济组织法人制度研究"，载《政法论坛》2018年第2期，第33页。

〔2〕参见陈亚辉："政经分离与农村基层治理转型研究"，载《求实》2016年第5期，第71~78页。

权独揽的决策者，通常作为农村集体经济组织的发起者和带头人，在集体经营收益分配过程中往往为自身谋取更多利益，政经分离使得村两委不再承担集体经营收益分配职能，而成为提供社区公共服务和公益事业的主体，有助于纯化村两委负责人的公共服务角色，有效遏制基层腐败。其次，政经分离有助于村务监督制度完善。以往村务监督职责要么由村委会承担，要么是由独立的村务监督委员会承担，但实际上由于村委会兼具经济和自治职能，集运动员和裁判员角色于一身，这就决定了村委会难以完全承担监督职能，而独立运行的村务监督委员会在整个农村基层治理结构中处于边缘地位，也难以实施监督。在政经分离之后，村两委不再经营管理集体资产，村两委与集体经济组织也不存在领导成员交叉任职的情形，这为村两委对集体经济组织的监督提供了前提。最后，政经分离可以缓解村民和集体经济组织成员因利益分配冲突引发的基层不稳定。集体经济组织是以土地集体所有为基础成立的，以股份合作制为原则构建集体经济组织，可以进一步显化集体成员资格及其参与集体经营收益分配的权利，而不具备集体成员资格的村民不能参与集体经营收益分配。政经分离之后，农村社区治理将更加着眼于以公共服务和公益事业为主的社区共同生活体建设，成为承接更多政府公共服务的平台。

三、农地集体经营收益分配主体重塑的法治路径

农地集体经营收益分配主体的重塑，就是要以村委会和集体经济组织政经分开为基础，赋予集体经济组织法人主体资格地位，将其塑造为人格独立、自主经营的市场化主体。改革政策文件已经提出“探索剥离村‘两委’对集体资产经营管理的职能，开展实行‘政经分开’试验，完善农村基层党组织领导

的村民自治组织和集体经济组织运行机制”。[1]

《民法典》“总则编”将集体经济组织界定为特别法人，但只是确认了集体经济组织的民事法律主体资格，应以构造符合市场经济发展要求的民商事法律主体为理念，围绕集体经济组织作为特别法人的特殊性，兼顾现行法律确立的企业组织形式立法，对集体经济组织实行全面的制度塑造。对此，有学者指出，应当重启20世纪80年代中断的“政社分离”改革，按照股份合作制的原则让集体经济组织成为一个产权明晰、治理结构完善的合伙企业或者法人组织，[2]重构农地产权的合理初始状态，[3]亦有学者认为，股份合作制法人的改造路径不仅有历史基础、宪法依据和现实依据，且对相关制度的完善有其特有优势；[4]“股份制+合作制”的构建模式符合农民自愿联合的利益诉求，而且能够契合“三权分置”农地制度改革的需要。[5]笔者赞同上述观点。以股份合作制法人的形式构造农村集体经济组织，符合农地集体经营收益分配主体重塑的制度要求。同时，集体经济组织的特别性应当在股份合作制改造中得到体现。[6]集体经济组织的股份合作制构造，必须和集体经济组织的“特殊性”结合起来，进行统一筹划和制度安排。

---

〔1〕 参见《深化农村改革综合性实施方案》。

〔2〕 参见沈开举、程雪阳：“论中国集体土地所有制改革的底线”，载《公民与法（法学版）》2014年第6期，第2~5页。

〔3〕 参见徐旭初：“对农村社区股份合作制改革的几点思考”，载《农村经营管理》2007年第10期，第18~22页。

〔4〕 参见高飞：“论集体土地所有权主体之民法构造”，载《法商研究》2009年第4期，第13~22页。

〔5〕 参见许中缘、崔雪炜：“‘三权分置’视域下的农村集体经济组织法人”，载《当代法学》2018年第1期，第83~92页；高富平：“农地‘三权分置’改革的法理解析及制度意义”，载《社会科学辑刊》2016年第5期，第73~78页。

〔6〕 参见屈茂辉：“农村集体经济组织法人制度研究”，载《政法论坛》2018年第2期，第28~40页。

第一，股份合作制法人和农村集体经济组织具有内在的契合性。首先，我国集体土地所有权是经过合作化改造形成的，最初的集体经济组织就是按照合作制的理论建构起来的，以集体土地股份合作社法人形式构造集体经济组织具有深厚的历史基础和认识基础。其次，集体经济组织的股份合作化改造符合我国农村集体产权制度改革的制度目标。传统社区型农民集体面临的最主要问题就是，农民成员集体和集体成员在理论上的利益统一体和在实践当中的利益对立面之间的矛盾，集体所有处于“人人有份，人人无份”的尴尬局面，集体土地权利不能具体化到成员而导致集体成员权法律规定的落空。[1]因此，农地权利制度改革和集体经济组织再造的目标之一，就在于密切集体成员和农民集体之间的利益联系。集体经济组织的股份合作社法人塑造，使农民在集体中的成员权以股权的形式表达，成员权的具体内容得到明晰和固化，即借助股份合作这一企业组织形式实现决策权、监督权、收益权等成员权利的落实。在承包关系长久不变的背景下，集体成员资格的固化也为集体经济组织的股份化改造奠定了基础。再次，集体经济组织的股份合作制构造已经在很多地方改革试验中成为经验事实，各地纷纷出台了与集体土地股份合作相关的立法即是明证。最后，在现行政策层面，集体经济组织的股份合作制构造，已然得到支持和肯定。结合既有政策文件综合来看，政策规定的实行股份制改革的集体财产范围也包括纳入集体经营性资产范围的农地资产，集体农用地折股量化到成员或者农户以承包地经营权入股社区土地股份合作社，均可以在农民集体内部按股份份额行使参与决策权和收益分配权，进而实现集体成员权。

---

〔1〕 参见张广荣：《我国农村集体土地民事立法研究论纲——从保护农民个体土地权利的视角》，中国法制出版社2007年版，第131页。

第二，集体经济组织的股份合作制构造应体现集体经济组织的“特殊性”。集体经济组织的构造宜以特定村社地域范围为基础，明确集体成员资格的认定原则、标准和步骤，充实集体成员权，通过成员民主决策合理配置社区土地股份合作社的股权结构，完善社区土地股份合作社的治理结构。首先，目前集体经济组织的构造宜以特定村社地域范围为基础，这是集体土地股份合作社构造的基本前提。对此，有学者认为如果仍然将农民限定于一定集体组织和村社的范围内，不利于农民身份的转化和契约社会的形成；〔1〕也有学者提出集体经济组织的构造应摆脱传统社队思维的影响，实现成员资格的开放性，根据市场交易规则和现代经济组织的基本法律规则加以塑造。〔2〕笔者认为，从全国范围来看，集体成员的资格固化已成为集体经济组织改造的基本事实前提，而且，从集体经济组织改造的地方立法和基层实践来看，基本以本集体所在的村社为地域范围，集体经济组织的改造基本以村集体或者原来的生产大队为原型。〔3〕既有政策也明确了改革应坚持社区性。〔4〕其次，对集体经济组织的成员资格认定，是集体土地股份合作社法人构造的重要步骤。集体经济组织的股份合作制构造，就是将原本相对模糊的集体和成员关系表达为股权的形式，使其清晰化和固定化。“通过成员资格的确定，赋予其不可随意剥夺的集体利益分

---

〔1〕 参见殷晓清：《农民的职业化——社会学视角中的三农问题及其出路》，南京师范大学出版社 2005 年版，第 237 页。

〔2〕 参见杨一介：“我们需要什么样的农村集体经济组织？”，载《中国农村观察》2015 年第 5 期，第 17 页。

〔3〕 参见《广东省农村集体经济组织管理规定》第 3 条之规定。

〔4〕 《中共中央、国务院关于稳步推进农村集体产权制度改革的意见》明确规定：“农村集体经营性资产的股份合作制改革，……要体现成员集体所有和特有的社区性，只能在农村集体经济组织内部进行。”

配资格”，[1]并将成员权益内置于集体土地股份合作社的股权设计当中，成员资格的认定即为股份制改造的应有之义。我国《民法典》“物权编”规定了集体所有权主体是农民成员集体，并规定了成员的基本权利，但对于成员资格并未加以规定。笔者认为，集体成员资格的判定应当坚持符合标准说，以是否具备特定村社户籍作为判断集体成员的形式标准，同时需要综合考虑婚姻、收养、对集体所尽的义务以及是否需要集体土地提供生存保障作为综合性的判断标准。[2]在集体成员资格的认定时点方面，可以以全国第二轮农村土地承包时户内的农村人口为基数，同时以股份制改造的时点作为成员界定的截止时间，以确定股权配置的成员资格。再次，对集体成员权利的股权化改造，是集体土地股份合作社法人构造的关键环节。如前所述，集体土地股份合作既可以通过集体土地权利折股量化到每一个集体成员，集体成员权表现为以决策权和收益权为主要权能的股权；也可以由农户以承包地经营权入股社区土地股份合作社，在入股期间承包权仍有农户享有，而以经营权入股。鉴于集体土地股份合作形成的土地权利基础不同，股权化构造的重点也不尽相同。前者重点在于对集体成员资格的认定以及成员股如何设置；后者主要涉及在承包关系长久不变背景下，股权是否固化抑或发生动态调整的问题。股权设置是收益分配的重要依据，对此本书留待下一节重点展开论述，在此不赘。最后，应当建立完善集体土地股份合作社的内部治理结构和外部监督机制。在内部治理结构层面，以保障集体成员权利的运行和有效

〔1〕 参见戴威：“农村集体经济组织成员资格制度研究”，载《法商研究》2016年第6期，第94页。

〔2〕 参见管洪彦：《农民集体成员权研究》，中国政法大学出版社2013年版，第257页。

实现为重点，建立社员大会（权力机关）、理事会（执行机关）和监事会（监督机关）。按照政社分开的原则，集体土地股份合作社应当与村“两委”实现组织分离、人员分离、职责分离。同时，建立村务监督委员会，以村务公开、信息披露、财务审计为重点构建外部监督体制。

综合上述分析，集体经营收益分配主体呈现集体自治组织和集体经济组织“政经不分”的制度和实践样态，这已不适应我国农村传统社会结构分化和社会经济快速发展的需要。为此，应当以完善农村基层治理体系和培育独立自主的集体经营主体为指引，以集体自治组织和集体经济组织政经分离为手段，并且以集体经济组织的股份合作制改造为基本路径，从法律制度层面重塑农地集体经营收益分配主体。

第三节　农地集体经营收益分配权利的制度构造

在农地集体经营的情况下，集体成员通过参与集体经营及收益分配实现个人利益，集体成员共同利益也需要通过集体分配加以实现，这必然涉及集体经营收益如何为集体成员共享，以及收益共享过程中的集体成员民主管理、收益分配等问题。同时，集体经营还需要吸引外部投资等生产要素共同参与。股权配置是农民集体、集体成员及投资者参与集体经营和行使各项权利的依据。目前，囿于农地集体经营及社区土地股份合作社的规范运行缺乏国家层面政策法规的上位法指引，社区土地股份合作社改造的地方做法差异较大，呈现自发多元性和调控失序状态，这就需要明确农民集体、集体成员以及外部投资者在社区土地股份合作社中的股权设置。

一、农民集体参与农地集体经营收益分配权的制度构造

（一）农民集体参与农地集体经营收益分配权的制度实现路径之争

十八届三中全会《中共中央关于全面深化改革若干重大问题的决定》指出，积极发展农民股份合作，赋予农民对集体资产股份占有、收益、有偿退出的权利；此后的改革政策文件均提出，积极稳妥地推进农村集体经营性资产股份合作制改革。集体股是体现集体经济组织收益，用以实现集体成员共同利益的股份。根据相关改革政策，集体资产股份制改革中的股权设置应以成员股为主，是否设置集体股由本集体经济组织成员民主讨论决定。〔1〕从地方性的改革政策文件来看，大多数与国家级政策文件规定一致，比如，按照河北省的相关规定，股权设置应以成员股为主，原则上不设置集体股，可在集体收益分配中提取公积金、公益金，提取比例或数额由成员（代表）会议民主讨论决定；〔2〕安徽省的相关改革文件则是对于集体股设置的条件和比例作出了规定："对于集体经济比较薄弱、以农业为主、负债较多的村，可设置一定比例的集体股，但集体股占总股本的比例一般不超过20%。"〔3〕由此可见，基于政经分开，明晰集体产权，保护成员的集体收益分配权的改革目标、改革政策主张原则上不设置集体股，即使允许设置，也对集体股的设置条件、比例及程序进行了限定。就各地实践情况来看，分为

〔1〕参见2016年12月26日《中共中央、国务院关于稳步推进农村集体产权制度改革的意见》。

〔2〕参见河北省委、省政府《关于稳步推进农村集体产权制度改革的实施意见》第（十四）条之规定。

〔3〕参见2017年安徽省委、省政府发布的《关于稳步推进农村集体产权制度改革的实施意见》。

设置集体股，不设置集体股，以及有条件地设置集体股三种方式。[1]地方实践的不同做法为理论观点争议提供了事实基础。

支持集体股设置的理由主要有以下几个方面：一是，为了维持基层村“两委”的正常运转，提供组织活动经费和补贴村干部工资；二是，用于村民公共服务和集体福利支出；[2]三是，为新增集体成员调股或者处理股改中的其他遗留问题做资金准备，以集体股的储备和调配功能保障集体农地资产股份在成员间的平均分配。[3]在集体经济发展较好的地区，为了本集体经济组织的未来发展需要，集体积累多专款专用于集体经营的风险基金、发展基金等经济性用途。基于这些考虑，在村两委组织开展的集体产权股份合作制改造中，大多数村集体倾向于设置集体股。反对设置集体股的理由也同样值得重视：一是，集体股的股东及其代表以村两委成员为主，并没有实现政经分离，而且集体股参与决策导致基层民主决策受到操控，可能对股份合作社的经营管理造成不当干预，以及集体经济组织收益负担过多的社会职能；[4]二是，集体股产权仍然不清晰，继续保留产权主体虚位的集体股，是产权制度改革不彻底的表现，而且容易滋生腐败；三是，集体股的设置及其收益，是为了以集体

---

〔1〕 高海、杨永磊：“社区股份合作社集体股改造：存废二元路径”，载《南京农业大学学报（社会科学版）》2016年第1期，第114~122页。

〔2〕 参见孔祥智：“农村社区股份合作社的股权设置及权能研究”，载《理论探索》2017年第3期，第7页。

〔3〕 以山东省东平县的土地股份合作制改革为例，为了维持股权配置的动态平衡，设置集体股发挥收回丧失集体成员资格者股权，配给新增集体成员股权，实现股权数量的总量稳定，定期调配，动态平衡。参见高菁：“调股不调地：破解农民土地权益固化的有益探索”，载 http://www.zgxcfx.com/sannonglunjian/201708/102018.html，2018年1月14日访问。

〔4〕 参见张笑寒：《农村土地股份合作制的制度解析与实证研究》，上海人民出版社2010年版，第165页。

公共积累为成员提供公共服务和公益事业，这就决定了集体股不能作为股份合作社的责任财产。

综上所述，是否设置集体股以及如何设置，在国家宏观政策层面采取了授权集体成员民主决策的方式，但这只是明确了一种程序性的决策机制，并未对集体股设置与否的实质性标准做出任何的界定；地方实践做法多元化，以及理论争议观点不一，表明了集体股设置依据的实践混乱，在理论研究层面亦未形成共识。

(二) 农民集体参与农地集体经营收益分配权的功能定位

从集体所有权的性质和价值功能出发，集体所有权的主体是本集体经济组织成员组成的成员集体，农民集体存在的价值在于使集体成员从集体中受益，包括共享利益和分享利益。农民集体为集体成员提供共享利益构成设置集体股的基本依据。在集体经营的情况下，共享利益不再体现为集体提供的生产性服务，而表现为集体经济自身发展所需的积累和储备，以及通过不可分割的集体公共积累为成员提供集体福利和社会公益事业。由此可见，前述设置集体股的依据并非都能成立。首先，按照集体经济组织与自治组织“政经分离，职责界分”的要求，社区土地股份合作社不应当负担村“两委”的自治行政经费支出，该部分费用应被列入公共行政费用，由公共财政承担。其次，要把集体经济组织塑造成为完全的市场活动主体，应当逐步剥离其社会服务负担，实现农村基层政治、社会、经济职能分离，各归其位，社区土地股份合作社应当回归经营管理集体资产，使得集体财产保值增值的基本职能定位，为农村社区提供增值公共服务或集体福利应是在实现经营管理和集体资产增值功能基础上的自然延伸。最后，集体公共服务属于成员共享利益的范畴，但并非都应当由集体负责提供，而是需以集体有能力负担和提供为前提。在国家加大公共财政投入力度，推进基本公共服务均等化的背景下，农村基本公共服务投入主要属于国家责任，根据事权与财权相对应的原则，主要由国家和地方公共财政承担，集体应当根据本集体的实际需要承担必要的补充责任。因此，笔者认为，设置集体股的理据在于增加集体经济自身发展所需的积累和储备，提高资产信用能力和应对风险水平，在此基础上通过不可分割的集体公共积累为成员提供集体福利和社会公益事业。

（三）农民集体参与农地集体经营收益分配权的制度路径

集体股设置的应然价值定位在于增强集体经济实力，并弥补基本公共服务不能完全覆盖的集体公共服务和福利事业。保留集体股的收益权能是实践需求，集体股的法律构造应当反映这一现实需要，同时，又要克服集体股设置带来的问题，需要明晰集体股股东的主体资格，限制集体股的表决权，将集体股作为社区土地股份合作社的责任财产。集体股是否设置以及如何设置，需要在保障集体股收益权能的同时，寻求克服其固有弊端的妥适路径。

对此，有学者提出在社区土地股份合作社的制度设计中，将集体股设置为优先股，或者不设集体股，而是提取公益金的二元改造路径。〔1〕笔者认为，这两种改造路径都有可取之处。优先股分享利润的优先性和不参与法人决策的特征，可以适用于集体股的改造，将集体股作为社区土地股份合作社的优先股，可以满足集体股收益权能实现的优先性，使其负载的集体公共服务和福利功能更有保障，也可以防止集体股股东参与决策引发的政经不分和内部人控制问题，而且由于集体股不参与决策，

〔1〕参见高海："农地入股中设置优先股的法律透析"，载《现代法学》2012年第5期，第70~77页。

可以在很大程度上缓解由集体股股东主体资格设定所引发的矛盾。另外，在股份合作社法人解散时，集体股可以优先获得分配剩余财产的权利，有利于维护集体公共财产和福利终极归属集体所有。从改革实践来看，集体股的优先股设置已成了一些地方的正式制度安排。[1]以社区股份合作社提取公益金取代设置集体股的方法，也具有正当性和可行性。从社区股份合作社的经营收益中提取公益金，其实是把集体股收益转换为公益金，这既可以达到保障集体股收益的制度目标，同时又可以避免集体股持有人与本集体经济组织的人格混同问题，这种做法已被一些地方立法实践所采纳。[2]

笔者认为，集体股设置与否，需要结合社区土地股份合作社形成的两种路径分别考察。在集体资产折股量化型社区土地股份合作社中，包括集体土地以及集体所有的其他资产均可以折股量化到集体成员个人，因此，可以不设置集体股，而以提取公积金、公益金的方式实现集体收益。公积金的提取是社区土地股份合作社法人作为市场经营主体，基于维护自身长期发展、保护债权人利益的需要，是合作社法人承担责任的物质基础。公益金的提取序位应当在弥补亏损、缴纳税款以及提取公积金之后，提取比例应当经过集体经济组织成员，即社区土地股份合作社的社员股东民主决策，并在合作社章程中载明。

---

〔1〕 比如，2002年《河北省乡村股份合作企业条例》第24条，2019年《深圳经济特区股份合作公司条例》第27条均规定农村集体股份合作制企业可以设置优先股性质的集体股。

〔2〕 比如，江苏省委办公厅、省政府办公厅《关于积极推进农村社区股份合作制改革的意见》规定："未设集体股的股份合作组织，村级组织的正常开支、社会福利和公益事业建设资金，主要通过提取公积公益金的方法解决。"重庆市人民政府办公厅《重庆市推进农村新型股份合作社发展实施方案》规定："农村新型股份合作社每年应从当年盈余中提取公积金以及必要的公益金、风险基金。"

在承包地经营权入股型社区土地股份合作社中，股份合作的股权基础是农户的承包地经营权，但也不能完全排除集体以其所有的未分包到户资源和资产的经营权入股形成的股权，集体资产股和农户经营权股同样都可能评估作价，作为参与集体经营核算的基础。在此情况下，可以设置优先股性质的集体股，集体股收益权能的实现应当遵循股权收益分配的基本规则，在社区土地股份合作社社员股东民主决策的基础上，可以直接用于提供增值性的集体公共服务或者集体福利。

二、集体成员参与农地集体经营收益分配权的制度构造

在农地集体经营的情况下，集体成员参与收益分配的权利通常表现为股权的形式。成员股的股权配置涉及权利依据、确权单位、管理方式等问题，这些因素对社区土地股份合作社经营收益分配的公平和效率都会产生重要的影响。而且，成员股的设置模式及其法律构造，需要结合社区土地股份合作社形成的两种不同方式分别加以考察。

（一）集体资产折股量化型社区土地股份合作社的成员股设置与制度构造

在集体资产折股量化形成的社区土地股份合作社中，集体所有的资产量化到成员，家庭农户的土地承包经营权灭失，而演变为资格股权形式的收益权和决策权，成员股的设置依据在于集体经济组织成员的身份资格，而且由于集体成员资格处于不断的变动当中，需要明确成员股的确权单位和管理方式。

第一，集体成员资格认定是成员股设置的基础命题，农村集体成员的资格认定通常以是否需要集体土地作为保障为实质判断标准，以土地二轮延包时具备本村户籍作为形式上的判断标准，同时以婚姻、收养、迁移、集体决议等作为资格取得的

方式。集体成员资格的丧失以无须集体土地提供终极保障为标准。对于参军、上大学、服刑人员等临时丧失本村户口的，应暂时保留集体成员资格；对集体作出较大贡献的人员，经过成员民主决议加入本集体的，也可以获得集体成员资格。

第二，在集体土地资源折股量化的前提下，成员股的确权方式，应当采取股权量化到人，但以户为单位发放股权证书的方式，股权确权到户之后，以户为单位对户内成员的股权进行管理，分配也以户为单位进行。按户确权而非按人确权的理由在于：其一，我国有极其深厚的家户制传统，按户确股与土地承包经营权按户承包的机理相同，有利于户的功能发挥，也便于集体成员的认知和接受。其二，在按户确股的情况下，即使户内成员发生变动，只要户继续存在，该户所持有的股份数量就是相对恒定的，这样就可以维持社区土地股份合作社股权的相对稳定性。如果按人确股，就会使股份总数处于经常性的变动当中，不符合股份制的通常法律特征。其三，按户为确权单位，避免了按人确股时股权的重新调整和分配，可以为成员股的股权权能的充实和拓展奠定基础，为进一步探索成员股的有偿退出和农业转移人口的城镇化提供前提，符合农村集体产权制度改革的趋势，也是我国从乡土中国向城乡中国转型发展的必然要求。

第三，因集体成员资格变动，成员股的管理方式存在静态管理（股权确定之后长久不变）和动态管理（经常性地随时调整）两种方式。成员股的管理方式是对确权方式的进一步延伸，直接决定了成员股股权的权能。在按户确权的基础上，对成员股实行静态管理，可以保持成员股的相对固化和稳定，这样使成员股的权能不再局限于收益或者分红，而是为成员股的户内继承、转让、抵押、有偿退出等权能的拓展提供坚实基础。而且，国家政策提倡“股权管理实行不随人口增减变动而调整的方式”。成员股的静态管理已成为改革的主导思路，得到了地方改革实践的确认。[1]

（二）承包地经营权入股型社区土地股份合作社的成员股设置与制度构造

在承包地经营权入股型社区土地股份合作社中，股份合作的形成是农户以其承包地经营权入股的结果。成员股通常表现为土地股的形式，以入股的土地面积计算农户的股份数及相应的收益分配额。问题在于，在土地承包关系长久不变的政策背景下，农户以承包地经营权入股集体社区土地股份合作形成的股权及其收益呈现出稳定固化的特征。原本家庭承包经营制下承包地经营权户际享有的不均等，演变为农户持股份额的不均等。土地股是否随成员资格变动及承包地调整而调整，需要作出妥适的制度安排。从全国各地来看，兼业农户成为农民的绝大多数，非农收入超过农业生产经营收入，农村新增人口对于承包土地的生存保障需求弱化，为承包经营权长久不变“固化”提供了现实基础。法律调整的重心应是确权登记，稳定土地承包经营权。因此，维持土地承包经营权按户确权，静态管理，符合农地制度改革的方向，农户以承包地经营权入股形成的股权也应随之具有稳定性。对于集体成员户均享有股份收益的动态不均衡，可以采取定期调股、“动账不动地”[2]的方法，以

---

〔1〕 参见广东省佛山市南海区《集体经济组织成员股权（股份）管理交易试行办法》，河南省济源市《农村集体资产股权抵押担保贷款管理办法》等相关地方改革政策文件的规定。按照河北省的相关规定，集体资产股权管理原则上坚持“确权到人、发证到户，户内共享、社内流转，长久不变、静态管理”，不随人口变动而调整。

〔2〕 参见高海：“土地承包经营权‘两权分离’的论争与立法回应”，载《武汉大学学报（哲学社会科学版）》2016 年第 6 期，第 140 页。

发挥动态调配和维系公平的功能。

三、资本要素参与农地集体经营收益分配权的制度构造

（一）资本要素参与农地集体经营收益分配的问题指向

在集体经营的背景下，需要发挥集体经济组织的生产要素整合能力，然而大量的农村集体长期缺乏收入，集体积累的自有资本严重不足，除了向集体经济组织成员募集资本以外，更需要借助外部资本发展集体经营，壮大集体经济实力。对于下乡工商资本而言，由于村庄集体内部生产要素的匮乏，集体经营难免受制于外部资本，村集体组织成为“资本”的代理人，村庄公司化、村干部兼任公司董事或管理人员的现象比较普遍，难免损害农民利益和基层治理体系。〔1〕在社区土地股份合作社的股权设置中，需要考虑利用外部资本的同时，保障集体经营的自主性，在工商资本的营利性和集体经营自主性之间取得平衡。

对于工商资本股在社区土地股份合作社的股权设置问题，学界观点不尽统一。有的学者认为，外来资本对农民合作经济组织发展壮大具有重要的现实意义，应由农民合作经济组织根据其自身情况在合作社章程中自行决定，法律不进行直接干预，〔2〕有的学者则提出，鉴于外来资本股可能将其资本逻辑加诸合作社的内部股权设置与决策治理，因此，有必要将外来资本股设置为优先股，有利于控制合作社向股份制异化的程度，维持合作社的互助性与自主性。〔3〕这两种观点具有代表性，其中涉及两

〔1〕 参见陈靖：“村社理性：资本下乡与村庄发展——基于皖北T镇两个村庄的对比”，载《中国农业大学学报（社会科学版）》2013年第3期，第31~40页。

〔2〕 参见郭海霞、任大鹏：“农民专业合作经济组织立法若干问题研究”，载《农业经济》2005年第3期，第39~41页。

〔3〕 高海、欧阳仁根：“农地入股合作社利益分配的法律解析”，载《重庆社会科学》2011年第1期，第78~82页。

个工商资本股设置的基本问题：一是法律介入规定和合作社意思自治之间的关系问题，即法定性抑或任意性；二是工商资本股设置的法律形式问题，即普通股抑或优先股。

（二）资本要素参与农地集体经营收益分配的权利塑造

工商资本股的设置应综合考虑两方面的因素：一方面，工商资本下乡以取得经营利润为目标，在保障资本投入安全的前提下追求利益回报；另一方面，社区土地股份合作社作为集体经营的主体，应当体现集体成员决策和意志主导的特征，防止工商资本的控制以及合作社的异化。这两方面条件同时得到兼容和满足，是工商资本介入农地集体经营和社区土地股份合作社有效利用外部资本的均衡条件。优先股持有者的收益分配权优先于普通股持有者，但一般不享有表决权，优先股的这一特质可以满足股份合作社中的普通股持有者吸引投资的愿望，而又不影响其控制能力；同时也可以满足优先股持有者获得稳定的股息红利、降低投资风险的原意。因此，工商资本股的设置可以采取优先股的形式。

工商资本股的优先股设置在我国一些地方改革实践中已得到确认。比如，按照河北省的地方性规定，股份合作企业吸收的法人股、社会个人股和部分集体股可以设置为优先股。[1]从域外合作社的立法经验来看，新一代合作社为了防止合作社的异化，外部资本股份可以设置为优先股，并且优先股股息通常受到《农民专业合作社法》的限制。[2]由此可见，外部资本股的优先股设置可以作为一种立法上的强制性制度安排。笔者认为，在社区土地股份合作社的股权设置中，可以将工商资本股设置为优先股。

---

〔1〕参见2002年《河北省乡村股份合作企业条例》第24条之规定。

〔2〕参见张德峰：《合作社社员权论》，法律出版社2016年版，第27~31页。

本章小结

农地集体经营是以坚持集体土地所有制为前提，以集体成员共同占有集体农地等生产资料为基础，通过集体经济组织对集体土地及其他生产资料的直接经营、管理和收益分配活动，实现集体成员利益的经营形式。农地集体经营大都采取社区土地股份合作社的组织形式，囿于集体经营及其收益分配缺乏明确的法律依据，地方改革试验呈现自发多元性和调控失序状态。集体经营收益分配存在的问题具有共通性，表现为集体自治组织和集体经济组织“政经不分”，以及社区土地股份合作社等集体经营组织的股权设置不规范。为此，我们需要设计最基本的法律底线和制度规则，以法律规定的强制性适度约束改革实践中地方规则和集体自治的任意性，从集体经营收益分配主体重塑和股权设置两方面，完善农地集体经营收益分配法律制度。

集体经营收益分配主体呈现集体自治组织和集体经济组织“政经不分”的现实样态，这是集体所有权主体的群体性特征所引发的代理人选择问题。法律制度的选择以适应特定时期的经济社会发展需要和立法者所要达到的立法目标为必要。集体组织“政经不分”已不适应我国农村传统社会结构分化和社会经济快速发展的需要。为此，应当以完善农村基层治理体系和培育独立自主的集体经营主体为指引，以“政经分离”为手段，并且以集体经济组织的股份合作制改造为基本路径，从法律制度层面重塑农地集体经营收益分配主体。

集体经营收益分配的影响因素主要来自于社区土地股份合作社的股权设置方式。集体股设置的应然价值定位在于弥补基本公共服务不能完全覆盖的集体公共服务和福利事业。在集体资产折股量化型社区土地股份合作社中，可以不设置集体股，而以提取公益金的方式实现集体收益，成员股以集体经济组织成员资格确定为前提，确权到户、静态管理。在承包地经营权入股型社区土地股份合作社中，可以设置优先股性质的集体股，成员股以土地股的形式存在，在承包权确权到户的基础上实行长久不变。在这两种社区土地股份合作社中，公益金的提取比例或者优先股股息都应当经过集体经济组织成员民主决策议定。集体和成员出资形成的资本股应作为普通股，如果吸收外来资本参与合作社经营的，工商资本股均应设置为优先股。

第四章

农民专业合作社盈余分配法律制度*

农民专业合作社的盈余是合作社从事一定时期内的经营活动之后的剩余，是收益减去成本之后的盈利。[1]合作社的盈余分配是按照一定的规则和程序就合作社的经营剩余进行分配的活动。合作社盈余分配制度是农民专业合作社制度设计的关键议题，是合作社的成员资格制度、治理结构和决策制度的折射和体现。[2]本书通过比较分析坚持合作社本质规定性的和实用主义的两种盈余分配观，从分配主体、分配决策和分配规则三个层面，对合作社盈余分配制度的理论基础、现实图景和现行立法进行探讨，在理想和现实之间探索适合我国农民专业合作社的盈余分配制度。

---

* 本章内容已由作者先行发表，在行文时根据语境略有删改。参见刘恒科："农民专业合作社盈余分配的理论辩证与制度完善"，载《山西农业大学学报（社会科学版）》2020年第6期，第40~46页。

〔1〕 按照《农民专业合作社法》的规定，可分配盈余是合作社经营剩余在弥补亏损，提取公积金之后的剩余部分。本书以合作社经营剩余的分配作为讨论对象，其中重点在于可分配盈余的分配，公积金的提取及分割也会有所涉及，国家财政投入资金及合作社接受社会捐赠形成的财产不属于合作社的经营所得，故不在本书的讨论范围之内。

〔2〕 冯开文："合作社的分配制度分析"，载《学海》2006年第5期，第22~27页。

第一节　农民专业合作社盈余分配制度的理论争议

一、农民专业合作社盈余分配制度的理论观点概述

自2007年《农民专业合作社法》实施以来，农民专业合作社在我国获得了蓬勃发展，数量和规模不断扩张，截至2017年4月底，注册的农民专业合作社达到188.8万家。[1]然而，农民专业合作社的发展并未完全符合合作社的基本原则和制度规范，尤其是在合作社的分配方面，出现盈余界定模糊、按股分红泛化、核心成员控制收益分配、一次让利替代二次返利等现象。[2]盈余分配乱象背后折射出农民专业合作社呈现泛化和变异的现实图景：从农民专业合作社应当具备的法定形式来看，各类农民专业合作社经过工商注册登记均取得了合法的经营资格，对外均以农民专业合作社的名义从事经营活动。但是，以农民专业合作社应当遵守的“所有者与惠顾者同一”原则[3]作为实质检验标准，这些合作社大多为“假合作社”“翻牌合作社”“空壳合作社”，存在“异化”“不规范”“名实分离”“大农吃小农”

---

〔1〕 全国人大农委法案室：《权威解读：农民专业合作社法修订草案解读》，载http://www.npc.gov.cn/npc/xinwen/2017-06/28/content_2024799.htm，2018年1月7日访问。

〔2〕 “一次让利”是合作社购销成员交易的农产品过程中给予农户的价格优惠；“二次返利”是合作社在年终结算后的可分配盈余，按照成员惠顾量或者交易额返还。参见任大鹏、于欣慧：“论合作社惠顾返还原则的价值——对‘一次让利’替代二次返利的质疑”，载《农业经济问题》2013年第2期，第44~48页；郑丹：“农民专业合作社盈余分配状况探究”，载《中国农村经济》2011年第4期，第74~80页。

〔3〕 邓衡山、王文烂：“合作社的本质规定与现实检视——中国到底有没有真正的农民合作社?”，载《中国农村经济》2014年第3期，第15~26页。

等现象，而“理想型”合作社在实践中非常少见。[1]

学界关于合作社真伪之辩和名实之争的激烈讨论由来已久，形成截然对立的两种观点：一种看法认为应当坚持农民专业合作社的本质规定性，坚持传统合作社资本报酬有限、按惠顾分配盈余和民主控制的基本原则，这样才能发挥合作社相对于其他农业经营组织形式的益贫性和优越性；[2]另外一种观点认为，中国农民专业合作社的生成具有独特的经济社会环境约束和价值目标指向，不能完全套用西方经典合作社理论来加以解释。受到现实经济社会结构的影响，我国的农民专业合作社不能等同于西方经典合作社理论所框定的“理想型”合作社，而且完全由资源禀赋贫乏的普通农户组成合作社已经变得不太可能，现实中的农民专业合作社成为各种涉农生产要素提供者的互利性的组织，是“所有者与业务相关者同一”的利益相关者联盟。[3]有学者主张合作社的本质应是与时俱进而非恒定不变的，亦有学者提出应当探寻和建构更加富有解释力和适合我国本土化的农民专业合作社评价标准。[4]

---

〔1〕 参见应瑞瑶：“合作社的异化与异化的合作社——兼论中国农业合作社的定位”，载《江海学刊》2002年第6期，第69~75页；张晓山：“农民专业合作社的发展趋势探析”，载《管理世界》2009年第5期，第89~96页；熊万胜：“合作社：作为制度化进程的意外后果”，载《社会学研究》2009年第5期，第83~109页；仝志辉、温铁军：“资本和部门下乡与小农户经济的组织化道路——兼对专业合作社道路提出质疑”，载《开放时代》2009年第4期，第5~26页；潘劲：“中国农民专业合作社：数据背后的解读”，载《中国农村观察》2011年第6期，第2~10页。

〔2〕 参见秦愚：“中国实用主义合作社理论是创新还是臆想”，载《农业经济问题》2017年第7期，第4~15页。

〔3〕 参见黄胜忠：“利益相关者集体选择视角的农民合作社形成逻辑、边界与本质分析”，载《中国农村观察》2014年第2期，第18~26页。

〔4〕 参见刘老石：“合作社实践与本土评价标准”，载《开放时代》2010年第12期，第53~67页；李琳琳：“我国本土合作社的现实图景——对合作社‘制度变异说’的反思与讨论”，载《农业经济问题》2017年第7期，第24~32页。

学界关于合作社本质规定性的争论直接投射并反映为合作社盈余分配的不同见解。虽然基本立场都在于合作社成员的利益实现，但观点迥然不同：坚持合作社本质规定性的学者认为，应当保持农民专业合作社作为劳动联合和资本联合的生产者组织的本色，坚持资本报酬有限和按惠顾返还的合作社盈余分配原则，在此前提下才能实现合作社为成员利益服务和增进农民成员利益的宗旨，对于当前合作社发展不规范的情况应当加强引导和规制；〔1〕相反的观点认为，应当顺应合作社内部普遍存在的产权结构股份化的制度演进趋势，实行按股分红和按劳分配相结合的按生产要素贡献分配制度。〔2〕在合作社成员资源禀赋、参与动机和参与行为异质性的情况下，应当重在发挥合作社带动农民增收的作用，只要使农民受益或者得到利益的提升即可，而并不是必须坚持某种既定的标准，或者用抽象的原则性规定来框定实践的发展和创新；〔3〕毕竟农民专业合作社作为一种经济组织，需要考虑在市场竞争环境下经营机制的可持续性和不同成员的经济利益，而非受制或者服务于某种抽象的政治理念，应以农民受益为最终标准。〔4〕这两种观点的碰撞体现出农民专业合作社盈余分配的理想和现实之间、规范性和实用性之间的巨大差异，其背后反映的是不同涉农主体利益安排，以及我国农民专业合作社的未来发展原则、方向和路径的根本性问题。

---

〔1〕 参见孔祥智："合作社不规范问题必须抓紧解决"，载《中国合作经济》2014年第5期，第4页。

〔2〕 参见周振、孔祥智："盈余分配方式对农民合作社经营绩效的影响——以黑龙江省克山县仁发农机合作社为例"，载《中国农村观察》2015年第5期，第19~30页。

〔3〕 参见应瑞瑶、何军："中国农业合作社立法若干理论问题研究"，载《农业经济问题》2002年第7期，第2~7页。

〔4〕 韩俊、曹杰："将农民受益作为评判农村制度建设的关键"，载《中国合作经济》2009年第12期，第34~35页。

二、坚持农民专业合作社本质规定性及惠顾返还分配制度的理据

（一）合作社的本质规定性：农民专业合作社盈余分配的理论前提

厘清合作社的本质规定性，是对农民专业合作社盈余分配基本理论进行诠释的前提。合作社这一经济组织形式肇始于英国的罗虚代尔公平先锋社，是旨在保护社员消费利益免受商业资本剥削的消费合作社。合作社的盈余来自于商品购销环节产生的差价，并按照社员与合作社的交易额进行分配。此后，罗虚代尔公平先锋社的办社原则被国际合作社联盟正式确立为“罗虚代尔原则”，作为合作社的基本原则。随着外部社会经济条件和合作社组织范围创新发展的历史变迁，合作社的基本原则历经三次修订，直到1995年，国际合作社联盟大会通过《关于合作社特征的宣言》，正式确立了合作社的性质、价值和基本原则。从合作社基本原则的演进过程来看，个别原则虽有所调整和增删，但罗虚代尔原则的基本精神，包括平等自助、民主控制、经济参与、自治和独立等原则，仍得以传承和保留，〔1〕这些原则构成了合作社理论研究所谓之经典合作社的基本原则。

根据经典合作社的基本理论，合作社是具有共同经济和社会利益需求的人们自愿联合和民主控制的互助经济组织，是所有者（投资者）、使用者（惠顾者）和管理者（实际控制者）合一的组织。〔2〕社员的资格取得和参与角色具有同质性和平等性，在向合作社公平出资，利用合作社提供的设施和服务，与

〔1〕 应瑞瑶、刘营军：“农业合作社经济的基本原则探析”，载《马克思主义与现实》2003年第3期，第116~118页。

〔2〕 参见徐旭初：《中国农民专业合作经济组织的制度分析》，经济科学出版社2005年版，第66页。

合作社进行交易，参与合作社事务管理，分享合作社盈余分配等方面具有同等的地位。合作社本身就是抵抗资本剥削和控制的产物，旨在改善弱质成员的经济地位和可行能力，是具有益贫性的弱者联合的组织。合作社坚持成员经济参与、民主控制、惠顾返还的原则，强调惠顾返还和基本股金报酬有限，资本在合作社组织和经营中处于重要但绝非首要的地位。

传统合作社弱者联合、一人一票、按惠顾返还盈余、资本报酬有限的原则使其存在资本来源问题、搭便车问题、治理问题等内在缺陷，[1]引发成员之间的机会主义行为，[2]致使合作社难以应对外部市场环境的变化和实现经营效率的提升。20 世纪 70 年代国外新一代合作社呈现公司化运作倾向，可以看作是对这种农业经济发展变化趋势的积极应对。[3]新一代合作社实行交易份额制和限制成员制。[4]社员资格相对封闭，社员通过购买并完成合作社的一定交易额而获得成员资格，社员向合作社交付特定数量和质量的农产品，交易额等同于成员在合作社中的持股份额，这样合作社的产权得以明晰；成员持有的股份或者交易额可以对外转让[5]；合作社可以对外募集优先股股份以获得发展所需资金，优先股股东没有参与合作社表决的权利，

---

〔1〕 GF Ortmann & RP King, "Agricultural Cooperatives: History, Theory and Problems", *Agrekon*, Vol 46, No 1, March 2007, pp. 40~69.

〔2〕 Andrea Harris, Brenda Stefanson, and Mwray Fulton, "New Generation Cooperatives and Cooperative Theory", *Journal of Cooperatives*, vol. 11, 1996, pp. 15~29.

〔3〕 参见郭富青："西方国家合作社公司化趋向与我国农民专业合作社法的回应"，载《农业经济问题》2007 年第 6 期，第 4~12 页。

〔4〕 参见傅晨："'新一代合作社'：合作社制度创新的源泉"，载《中国农村经济》2003 年第 6 期，第 73~80 页。

〔5〕 Michelle Schank, Joan Fulton, "New Generation Cooperatives: What, Why, Where, and How", *Purdue Extension, Knowledge to Go*, no. 2, Nov. 2015, pp. 1 ~ 4, https://www.extension.purdue.edu/extmedia/id/id-315.pdf.

只享有部分的剩余索取权；在决策机制方面，新一代合作社在成员“一人一票”原则的基础上适度增加了对合作社作出较多贡献成员的附加表决权；在收益分配方面，合作社的公共积累量化为每一个成员的权益，合作社通过农产品加工获得的增值收益在扣除税收和必要的提留、管理费用之后，按照社员完成的交易额向社员返还。〔1〕需要说明的是，新一代合作社采取按股分红的分配方式，但出资以购买合作社交易权为目的，社员投资购买合作社交易权份额，合作社加工增值收益按照社员交易额返还，按股分红最终体现为按惠顾返还盈余，二者具有一致性，新一代合作社中的资本参与合作社盈余分配本质上仍然是一种按惠顾额分配，〔2〕不能以其按股分红的外在表现形式而否认惠顾返还的本质内核。

新一代合作社通过成员资格限定、股份或交易权可转让、公共积累可分割等制度安排，有效解决了传统合作社存在的痼疾，也适应了农业产业化经营和纵向一体化合作的市场转型需要，同时，对合作社成员和外部投资者的权利进行区分，保留了传统合作社的治理结构。〔3〕新一代合作社是对传统合作社的扬弃，它在本质上是社员参与自己生产的农产品的加工和增值事业的组织体。新一代合作社所采取的惠顾或者出资量化为股

〔1〕 David Coltrain, David Barton, Michael Boland. “Differences between New Generation Cooperatives and Traditional Cooperatives”, Presented atRisk and Profit 2000 ConferenceHoliday Inn, Manhattan, KansasAugust 17~18, 2000. http://www.uwcc.wisc.edu/info/newgen/cbb.pdf.

〔2〕 Fabio R. Chaddadand Michael L. Cook, “Understanding New Cooperative Models: An Ownership-Control Rights Typology”, *Review of Agricultural Economics*, vol. 26, no. 3, 2004, pp. 348~360.

〔3〕 Tortia, E. C.; Valentinov, V.; Iliopoulos, C. “Agricultural cooperatives”, *The Journal of Entrepreneurial and Organizational Diversity*, vol. 2, no. 1, May. 2013, pp. 23~36.

份的做法，是为了更方便地获取社会资本的方式，不会对合作社的互助合作本质产生影响；[1]新一代合作社成员之间并未发生服务提供者和使用者的分工，未异化为公司，[2]它仍然坚持了传统合作社的社员民主控制、自我服务、按惠顾返还盈余等基本原则。[3]

综合上述分析，从合作社基本原则的发展脉络来看，成员民主控制、资本报酬有限和按惠顾返还盈余是合作社坚持的基本原则或者制度底线。虽然合作社的现实发展趋势促使传统合作社理论向现代合作社理论变迁，但合作社的这三条底线始终是判别合作社与公司等其他经济组织的最终依据。其中，合作社的盈余分配制度，即剩余索取权的分配是合作社的核心制度要素。

（二）按惠顾返还盈余：农民专业合作社盈余分配制度的基本原则

农民专业合作社盈余分配遵循按惠顾返还盈余原则和资本报酬有限原则，这是由农民专业合作社的本质规定性所决定的。农民专业合作社的宗旨在于为农民成员提供服务，成员与合作社交易的过程也就是利用合作社提供的设施和服务的过程。合作社对成员提供服务遵循成本经营的原则，不以追求利益为目标。合作社的获利来自于合作生产的规模经济效应和产品竞争能力的提升，合作社的盈余是在成员与合作社的当期或多期交易活动中产生和积累的，“来自于合作社对农民‘少付’或者

〔1〕参见屈茂辉等：《合作社法律制度研究》，中国工商出版社2007年版，第32页。

〔2〕参见秦愚：“中国实用主义合作社理论是创新还是臆想”，载《农业经济问题》2017年第7期，第13页。

〔3〕Randall E. Torgerson, Bruce J. Reynolds, and Thomas w. Gray, “Evolution of Cooperative Thought, Theory and Purpose”, *Journal of Cooperatives*, vol. 13, 1998, pp. 1~20.

‘多收’的款项，具有预存或者储蓄的性质”。[1]农民专业合作社盈余的来源决定了按惠顾返还的盈余分配原则，体现了合作社作为互助性、益贫性经济组织的法律属性。

合作社成员的资金投入以互助合作为主旨，受到资本报酬有限原则的限制。成员投入到合作社的资金可以获得股息，但股息的数额受到严格限定。根据国际合作社联盟《关于合作社特征的宣言》所确立的社员经济参与原则，社员对合作社公平地出资，并且民主管理合作社的资本，社员对作为取得社员资格条件而交付的资本可以收取有限的报酬。因此，股息属于合作社的经营成本，而不属于投资回报，不参与最终的盈余分配，不能称之为股金分红。[2]从合作社的发展实践来看，资金缺乏仍然是困扰合作社可持续发展和参与外部市场竞争的瓶颈。为此，传统合作社成员资格股金的一人一股、公平出资原则有所松动，现代合作社理论承认社员之间出资的不平等，并对超出资格股金的成员追加出资给予按股分红等额外补偿，但对于按股分红在盈余分配中的比例有一定的限制，仍然坚持了资本报酬有限的原则。[3]此外，合作社可以以优先股的形式向合作社成员以外的社会主体募集资本，这些社会投资者不与合作社发生惠顾或者交易关系，其资本报酬诉求属于投资者诉求，采取按股分红的利润分配方式，但优先股的股息通常也受到一定的限制。[4]

---

〔1〕 参见李锡勋：《合作社法论》，三民书局1982年版，第147~148页。

〔2〕 参见唐宗焜：《合作社真谛》，知识产权出版社2012年版，第17、26页。

〔3〕 参见秦愚：“农业合作社的资本问题——基于相关理论与实践的思考”，载《农业经济问题》2015年第7期，第60~73页。

〔4〕 Fulton and Gibbings, *Response and Adoption*: *Canadian Agricultural Cooperatives in the 21st Century*, Centre for the Study of Cooperatives, University of Saskatchewan, 2000, Canada，转引自傅晨：“‘新一代合作社’：合作社制度创新的源泉”，载《中国农村经济》2003年第6期，第75页。

农民专业合作社以按惠顾额（交易量）返还和资本报酬有限为盈余分配的基本原则，实际上确立了劳动相对于资本在合作社分配当中的优先地位，体现了合作社资本被劳动支配，资本联合是人的联合的手段而非目的的基本思想。虽然现代合作社分配标准从惠顾返还一元性标准过渡到惠顾返还和按股分红并存，但从坚持底线的角度来看，惠顾返还应是合作社盈余分配的主要方面。作为一种价值理念引导和制度评判标准，理应坚持惠顾返还原则的主导地位。否则，合作社就丧失了其本质规定性，而变异为投资导向型的公司或者其他营利性经济组织。

三、农民专业合作社盈余分配的现实图景及其理论阐释

农民专业合作社的本质规定性决定了惠顾返还的盈余分配原则，但是，实践中的合作社盈余分配呈现出完全不同的图景，按股分红占据主导地位，亦有学者主张一种实用主义的合作社盈余分配观。〔1〕这种观点认为，农民专业合作社是一种嵌入既有经济和社会约束条件中的“环境适应性组织”，〔2〕在多元主体干预〔3〕和多重结构嵌入〔4〕的复合作用下，合作社的现实发展和盈余分配不应也不必束缚于特定的理论框架或者某种前见，而是应以农民受益为标准，或者使农民在利用合作社的过程中得到利益增进即可。这种实用主义的合作社盈余分配观在学界

〔1〕 参见黄祖辉、徐旭初：“中国的农民专业合作社与制度安排”，载《山东农业大学学报（社会科学版）》2005年第4期，第15~20页。

〔2〕 参见徐旭初：“新形势下我国农民专业合作社的制度安排”，载《农村经营管理》2008年第11期，第12~14页。

〔3〕 参见任大鹏、郭海霞：“多主体干预下的合作社发展态势”，载《农村经营管理》2009年第3期，第22~24页。

〔4〕 参见苑鹏：“中国特色的农民合作社制度的变异现象研究”，载《中国农村观察》2013年第3期，第40~46页。

具有相当的影响力，认为合作社是涉农生产要素提供者的多元参与组织或者利益联合体，提倡发展中国特色的合作社，或者构建合作社发展的本土标准或者多元标准等学说，都是体现这种观念的代表性观点。对此，需要深入挖掘实用主义合作社盈余分配观的现实和理论基础，并在比较分析和价值判断的基础上，对其加以辨识和评判。

（一）农民专业合作社盈余分配的现实图景

1. 盈余分配参与主体的异质性

表 4-1 农民专业合作社盈余分配参与成员的异质性

异质性面向	核心成员	普通成员
资源禀赋	经营资金、社会资本、购销渠道、种植技术、经营能力等	劳动力、承包地使用权，按照合作社章程缴纳资格股金等
参与动机	获取政府支持与财政补贴，获得合作社的剩余索取权与剩余控制权	获得市场进入便利、当期购销价格优惠、风险转移等收益，解决卖难问题
参与行为	领办出资、技术投入、经营管理、承担出资风险和管理风险	较少出资或不出资、惠顾交易、较少参与经营管理、风险规避
参与角色	领办者、管理决策者、实际控制者、合作社服务和设施的提供者	跟随者、惠顾者、合作社服务和设施的接受者和使用者
盈余分配	股份分红为主，少量惠顾返还	一次让利为主，少量二次返利

2. 核心成员控制盈余分配决策权

农民专业合作社成员的异质性导致合作社出现了明显的“核心成员-普通成员”成员结构，合作社的决策权利和盈余分配安排呈现核心成员控制的特征。首先，我国合作社的创办大多体现为“领办者牵头，小农跟进”的模式。在合作社举办之初，强弱成员分层和核心成员控制的治理格局就已经确立，并体现在合作社成立之后的各项具体经营活动之中。其次，就合作社的治理结构而言，合作社的理事会和理事长通常是在合作社组建和运行中自然形成的，是合作社“能人”控制或者资本控制的反映，普通成员对此一般持默认的态度，也不会因为其产生未经选举等法定程序而有所质疑。再次，就合作社的决策制度而言，合作社的核心成员或者大股东承担合作社的经营风险，也就相应地控制了合作社的决策权。最后，合作社的核心成员既是合作社的实际控制人（大股东），同时又是合作社的经营管理者（理事长），普通成员和核心成员之间产生事实上的委托代理关系，由于监督成本的存在以及监督行为的正外部效应，单个普通成员自然会选择“搭便车”行为而非监督行为，这也使得合作社的监事会几乎处于被架空的状态。

3. 按惠顾返还盈余的分配原则难以实现

农民专业合作社的成员异质性导致合作社盈余的分配权被合作社的核心成员控制，盈余分配实践偏离了惠顾返还和资本报酬有限的原则，表现在盈余分配的程序不规范、按股分红比例偏重、公共积累提取比例随意等方面。

第一，合作社的盈余分配程序不规范。大多数合作社采取“一次让利”代替“二次返利”的做法，而不是按照法律规定的盈余分配和财务会计制度在年底结算后进行惠顾返还。“一次让利”代替“二次返利”现象的泛化，被认为是在合作社成员异质性背景下，核心成员和普通成员利益分配和风险分担相互协调均衡的结果。[1]农户通常选择直观可见的交易和利益实现

〔1〕 参见应瑞瑶、朱哲毅、徐志刚：“中国农民专业合作社为什么选择‘不规范’”，载《农业经济问题》2017 年第 11 期，第 4~14 页。

形式，当期交易的收益兑现比事后承诺的惠顾返还更加符合农民的心理预期和实际需要。对于核心成员来说，“一次让利”的交易价格优惠，可以吸引农户加入合作社，扩大合作社的交易规模和产品聚集效应，使合作社获得市场竞争力和谈判地位的提升。“一次让利”意味着成员与合作社的农产品交易价格计入合作社的经营成本，便于核心成员享有合作社的最终控制权和增值收益的最终索取权。

第二，在分配标准方面，合作社的盈余分配呈现按股分红与惠顾返还并存，且以按股分红为主的特征。成员的资源禀赋和要素投入不同，入股形式和收益分配份额也不同。由于我国农民专业合作社产生于农业产业化和纵向一体化的背景下，农业资本投入使得合作社的建立和运作具有股份化的色彩。按股分红为主的现实分配格局是在核心成员控制合作社的背景下，异质性成员对于投入合作社的不同生产要素量化和股份化的结果。

在实践中，合作社发起人的股份比例普遍高于交易量比例，合作社更倾向于将按股分红而非惠顾返还作为盈余分配的实际标准。[1]合作社的领办者作为核心成员，通常投入较大比例的合作社启动资金，而且，领办者具备管理能力、购销渠道、社会资本等合作社正常存续发展的必要条件，这些具有“人身专属性”的生产要素无法通过股份量化的形式来体现，只有合作社作为领办者，并与领办者投入的资金相结合，才能实现其价值，因此，合作社的产权股份化，且股权通常集中于少数领办者或者核心成员。由于资本稀缺导致合作社的产生和发展不可避免地具有“亲资本性”，作为投资者的回报方式，按股分红自

〔1〕 参见应瑞瑶等：“成员异质性、合作博弈与利益分配——一个对农民专业合作社盈余分配机制安排的经济解释”，载《财贸研究》2016年第3期，第72~79页。

然成为核心成员控制下合作社盈余分配的选择。与此相应的是，“一次让利”代替“二次返利”，普通成员仅获得产品价格优惠和部分服务，很少能实现惠顾返还，而合作社的经营剩余则主要在核心成员之间按股份（出资）比例分红。

综上所述，成员异质性是合作社实践的通常现象，由此合作社的治理结构和决策机制呈现核心成员控制的特征，盈余分配以偏重资本回报和按股分红为主，对普通成员采取“一次让利”代替“二次返利”的做法，偏离了惠顾返还和资本报酬有限的基本原则。

（二）实用主义合作社盈余分配观的理论阐释

针对我国农民专业合作社盈余分配实践中出现的上述现象，尽管有学者认为其偏离了传统合作社盈余分配的基本原则，但结合我国特定的经济社会发展条件对其进行正当性解释，几乎成为学界新近研究的主题。[1]比较具有代表性的观点认为，合作社的盈余分配制度是利益相关者集体选择的结果，合作社的领办者在自利的同时，也使小农户的利益得到了改进，虽然利益增进的程度不同，但双方都实现了帕累托改进。[2]在此意义上，即使实践中的合作社与合作社的本质规定性和基本原则不完全相符，但也获得了某种合法性支持，[3]而小农自主联合形成的经典合作社几乎没有存在的可能性；理想型合作社所欲实现的盈余分配的“帕累托最优”状态在现实中难以达成，应当以“帕累托改进”作为可欲的现实诉求。实用主义合作社盈余

---

〔1〕参见徐旭初：“农民专业合作社发展辨析：一个基于国内文献的讨论”，载《中国农村观察》2012年第5期，第2~12页。

〔2〕参见苑鹏：“中国特色的农民合作社制度的变异现象研究”，载《中国农村观察》2013年第3期，第40~46页。

〔3〕参见崔宝玉、谢煜：“农民专业合作社：‘双重控制’机制及其治理效应”，载《农业经济问题》2014年第6期，第60~69页。

分配观具有如下两种阐释路径：

1. “嵌入性”理论：实用主义合作社盈余分配观的法社会学解释

嵌入性理论作为分析经济行为和社会结构相互联结关系的理论框架，是经济社会学研究的重要内容。波兰尼首先提出了嵌入性的概念，认为经济活动并非“经济人”的完全理性抑或有限理性的结果，而是受到经济运行所嵌入的社会结构的深刻影响。[1]此后，格兰诺维特提出经济活动嵌入社会结构（社会关系网络）的理论，[2]认为人是嵌入具体社会生活关系网络当中的行动者，经济行动作为人的行动的重要组成部分，当然也嵌入社会关系网络之中，那么，经济制度的建构也应在社会结构当中完成。

我国农民专业合作社的生成和发展受到现实经济社会结构的约束，合作社的制度设计具有多重嵌入性。[3]首先，合作社成员异质性的“成员结构嵌入”。合作社成员在资源禀赋、参与动机、参与行为和参与角色等方面存在多重异质性。其次，农业产业链管理和纵向一体化的“市场结构嵌入”。我国新时期的农业合作化是为适应农业现代化和产业化对小农户分散经营的改造而产生的，合作社的产生和发展一开始就融入到农业企业主导的生产要素联合和全产业链整合之中，被动地遵从资本逻辑和市场法则。再次，农民专业合作社发展的“制度环境嵌入”。政府对合作社发展的干预手段呈现鼓励引导有余而规范不

〔1〕 参见符平：“‘嵌入性’：两种取向及其分歧”，载《社会学研究》2009年第5期，第141~165页。

〔2〕 M. Granovetter, “Economic Action and Social Structure: The Problem of Embeddedness”, *American Journal of Sociology*, vol. 95, no. 3, Nov. 1985, pp. 481~510.

〔3〕 参见徐旭初：“农民专业合作社发展辨析：一个基于国内文献的讨论”，载《中国农村观察》2012年第5期，第2~12页。

足的特征，政府扶持的对象不在于规范化的合作社，而侧重于功能性合作社。[1]现行制度环境和政策引导对于合作社的各方参与者产生了负面的激励，一些合作社沦为包装资本下乡的载体和工具。[2]最后，基于村社结构和乡土文化的“村社结构嵌入”。合作社的成员互助联合所需要的合作关系既有赖于民主协商和共同利益，也需要一定的信任或者权威机制来维持。家庭分散经营、集体组织涣散和市场意识深入促使农户以“原子化”状态存在，农户之间信任和互助的传统关系逐渐趋于断裂，村庄集体无意识地形成对能人和资本崇拜。在此情况下，乡村精英、村干部等往往牵头领办合作社，合作社的发展呈现明显的亲资本性和权威决策的特征。

2. 企业所有权理论：实用主义合作社盈余分配观的制度经济学解释

按照制度经济学的理论，企业作为一种通过权威或者指令形式配置资源的经济组织，是对市场机制作用的替代，企业的目的在于以企业组织成本替代和节约市场交易成本，企业组织成本和市场交易成本的衡量决定了企业的规模和边界。[3]申言之，企业是企业的组织者或者发起者为了更加便宜地利用生产要素，控制市场交易成本的经济组织。企业的建立旨在实现要素整合，使得原本发生在市场交易过程中的成本内部化为企业的组织成本。交易成本的内部化需要遵循最小成本原则，否则由于过高的交易成本，要素提供者无法就企业的设立达成共识，

〔1〕参见崔宝玉：“政府规制、政府俘获与合作社发展”，载《南京农业大学学报（社会科学版）》2014年第5期，第26~33页。

〔2〕参见冯小：“农民专业合作社制度异化的乡土逻辑——以‘合作社包装下乡资本’为例”，载《中国农村观察》2014年第2期，第2~10页。

〔3〕参见［美］罗纳德·哈里·科斯：《企业、市场与法律》，盛洪、陈郁译校，格致出版社、上海三联书店、上海人民出版社2009年版，第40页。

也无法享受企业运营带来的各方预期利益增进。为此，需要确立交易成本最大者或资源最为稀缺者获得企业所有权，并围绕核心生产要素来设立企业的规则，这样才能最大限度地节约企业的组织成本。

在现代市场经济条件下，各种生产要素随着资本的流动而发生资源配置。生产要素的商品化和资本化，使得投资者所有型企业成为现代市场经济条件下具有主导性的企业组织形式。随着农业产业化和纵向一体化的发展，合作社固有的资本困境问题凸显。我国农户具有弱质性，农户所拥有的劳动力和土地使用权生产要素并非稀缺资源，资本成为合作社发展的稀缺资源甚至核心要素。[1]农民专业合作社发展所面临的资本约束困境，难以主要通过农民成员的内部分担来解决，也难以通过短期内大量提取公共积累来解决，更多需要借助于外部投资或者政府补贴。此时，完全坚持传统合作社惠顾返还的盈余分配原则会加剧资本困境，而引入投资者作为合作社成员又难免使出资者掌握合作社的所有权。发挥合作社带动作用，先发展后规范的实践逻辑选择倾向于后者，而合作社的亲资本性加之资本天然的控制倾向，决定了投资者成为合作社的实际所有者和控制者，按股分红取代盈余分配成为合作社的主要分配方式。

综合以上对比分析可知，合作社本质规定性所决定的盈余分配原则和制度设计，是基于合作社的弱者联合、互助合作、实质正义等价值理念；而主张实用主义合作社盈余分配观的学者主要对现实中的合作社分配状况进行因果关系解释，进而对政策法律进行评估并试图提出建构或者重构的建议。在研究方法和进路上，二者存在规范法学和社科法学、价值判断和事实

〔1〕 参见黄祖辉、徐旭初："基于能力和关系的合作治理——对浙江省农民专业合作社治理结构的解释"，载《浙江社会科学》2006年第1期，第60~66页。

判断之区别；在研究结论和观点上，二者的区别在于，是坚持合作社的本质规定性以及盈余分配的惠顾返还原则，抑或从中国农民专业合作社生成和发展的现实约束出发，采取实用主义的合作社盈余分配态度，以农民受益为底线（如表4-2）。

表4-2 合作社本质规定性与实用主义观对合作社盈余分配之观点比较

比较层面	坚持合作社本质规定性的观点	实用主义合作社理论观点
基本原则	惠顾返还与资本报酬有限	以惠顾返还和按股分红为双重标准公平分配，以农民受益为底线
价值理念	社会强、弱势主体的实质公平	生产要素投入者的形式公平
分配参与者	农产品生产经营者为主体，成员同质性	农业生产者、经营者等要素投入者或利益相关者，成员异质性
分配者角色	所有者与惠顾者同一；收益共享，风险共担	合作社服务提供者或使用者任一身份；核心成员享有剩余控制权，承担经营风险
分配决策	成员民主控制，成员大会决策	核心成员控制，少数人决策
分配关系	劳动优于资本，资本服务于劳动，合作社成员互助合作	劳资地位形式同等，互利互惠，但实际上资本控制劳动

第二节 我国农民专业合作社盈余分配的应然制度选择

坚持合作社本质规定性的盈余分配观和实用主义盈余分配观的理论争议在于，前者强调合作社的益贫性和公平性特征，并对合作社盈余分配起到检视、评价和引导的作用，对实践发展可谓警醒之言；后者虽于经典合作社原则有所背离，但其立足于分配实践的现实基础和可操作性，对理想型分配学说提出的质疑也不乏合理之处。这意味着我国农民专业合作社盈余分配法律制度需要在理想与现实之间、规范与发展之间作出权衡和选择。因此，制度设计的关键在于确立合作社盈余分配的基本原则和逻辑主线，并在此基础上寻求冲突化解与异见统合的方案，实现理论逻辑和实践经验的统一。家庭经营在我国农业经营体系中仍占据主体地位，是我国农业经营创新所面临的现实基础和制度约束。我国农民专业合作社立法应坚持农户目标导向，以提高小农户组织程度和利益保护为宗旨，盈余分配制度应坚持合作社的本质规定性，并以此为制度设计的原则和底线，这要求将惠顾返还原则作为合作社盈余分配制度的逻辑主线，按股分红这一盈余分配方式只能在不违背主线逻辑的前提下，作为兼容性和辅助性的分配规则。

一、我国农民专业合作社盈余分配制度应坚持惠顾返还原则

我国农民专业合作社的盈余分配制度应当遵循以惠顾返还为主的原则，这是由合作社的本质规定性和价值理念决定的；对合作社本质规定性和惠顾返还原则的坚守，更是我国当前农村振兴、农业现代化和农民富裕的制度要求，是国家关于农民专业合作社法律规范和政策支持的基本要义。

（一）按惠顾返还盈余是合作社本质规定性和价值理念的体现

农民专业合作社是成员所有、成员民主控制、成员通过与合作社交易或使用服务而受益的特别法人组织，是所有者和使用者合一的组织。合作社的发展资金来源于成员的出资和合作社从成员交易额中提取的公共积累，合作社为成员提供服务的目的决定了与成员交易不以营利性为目标，合作社的盈余来自于社员的惠顾交易，按照惠顾分配盈余是合作社本质规定性的

体现和要求。惠顾返还原则确认了劳动优先于资本的分配地位，激励社员更多地利用合作社的服务和设施，通过与合作社交易获得收益，体现了弱者保护和实质公平的价值理念，同时，合作社也通过交易规模经济和公共积累增加、提升了服务与竞争的能力，彰显合作社这种企业组织形式的独特价值。

合作社作为弱者联合的互助性经济组织，其产生本身就是为了对抗资本对劳动的剥削，应当遵循弱势社会群体的自我服务和民主控制的组织和活动原则。虽然受到外部经济社会情势变更和内部效率提升的影响，合作社的组织形态和具体规则几经变迁，但其基本原则仍被坚持并保留了下来。合作社对惠顾返还盈余和资本报酬有限的盈余分配原则的坚持，体现了合作社追求实质公平的价值理念。实质公平是对形式公平和抽象人格的矫正，是对个体效率和社会整体效率之间的矛盾冲突进行反思和均衡的产物。[1]实质公平是政治哲学层面“差别原则”的体现，在制度安排上采取倾斜性的法律权利配置来实现实质而非形式上的机会均等，关注社会弱者的权利，避免因为发展机会和财富分配的不平衡而导致的发展不公平。[2]

农民专业合作社盈余分配制度的实质公平价值表现在两个方面：一是，农民专业合作社与其他经济活动主体的实质公平。现代社会各种物质资源和生产要素伴随着资本的流动而发生资源的配置。资本导向型的公司作为现代企业组织形式被普遍采用，合作社作为弱者互助联合的经济组织在整个市场经济企业组织体系中处于相对边缘的地位。由于合作社采取资本报酬有限的分配原则，合作社能够获得的外部资本支持是有限的，在

---

〔1〕参见李昌麒主编：《经济法理念研究》，法律出版社 2009 年版，第 107 页。

〔2〕［美］约翰·罗尔斯：《作为公平的正义——正义新论》，姚大志译，上海三联书店 2002 年版，第 26 页。

竞争中处于相对弱势；传统农民专业合作社以农产品生产和初级加工为主要业务范围的特征，也决定了在整个农业产业链条中处于承担较多风险而收益相对较少的地位，受到工商业资本控制的上下游环节的利润侵蚀。考虑到合作社的益贫性和组织农业生产的重要性，各国立法通常确立合作社的法律地位和基本原则，并通过税收优惠、财政支持等政策措施扶持合作社的发展，以履行政府扶助社会弱势群体和扶持农业弱势产业发展的职责。合作社盈余分配法律制度在此发挥重要的评价功能，是认定合作社运营规范与否的判断标准，也是决定其是否享受国家税收和财政扶持优惠政策的重要依据。二是，农民专业合作社内部成员之间分配的实质公平。合作社分配的实质公平并非强调平等分配或者平均分配，也并非对成员在出资、交易额或贡献方面提出严格的均等性要求，而正是考虑到合作社成员普遍具有异质性，才通过确立合作社盈余分配的基本原则以实现分配的实质公平。农民专业合作社应当遵循成员民主控制和经济参与的原则，彰显民主、平等和公平的价值理念。合作社的盈余分配制度以按惠顾（交易）额返还为主，按股分红受到抑制，按劳分配和按资分配之间的紧张关系经由法律确定各自的分配序位和分配比例而取得一种均衡。不同于公司的按资分配原则，农民专业合作社通过平衡资本和劳动、强者和弱者之间的利益分配关系，保障合作社的控制权和剩余索取权主要掌握在农民成员手中，实现弱者自我服务、互助合作的宗旨，这就是合作社成员分配实质正义的实现机制。

（二）坚持按惠顾返还盈余是发挥合作社组织优势的要求

农民专业合作社是联结小农户和现代农业发展的有效组织形式，坚持合作社的本质规定性和按惠顾分配盈余是我国当前农村振兴、农业现代化和农民富裕的制度要求。随着人民公社的全面解体和以家庭承包经营为基础、集体统一经营的农业双层经营体制的建立，小农户与大市场的组织成本和交易成本问题凸显。由于家庭自主经营导致集体对农村劳动力支配权的丧失，以及21世纪初农村税费改革导致集体收益权的丧失，集体统一经营层次的“统”的功能难以发挥。如何有效整合分散的家庭经营，提高农业经营的集约化和组织化程度，一直是困扰我国农业产业化、现代化和农民增收的难题。早期的政策导向是发挥龙头企业的带动作用，但“公司+农户”的组织形式面临农民生产活动的分散化，农业生产环节的监督困难，公司和农户利益取向对立等问题，存在企业和农户契约约束脆弱、协调困难等内在缺陷，资本和农户之间不平等的互利关系很快暴露了出来，农业和农民渐次成为资本的附庸。这种模式未能有效减少上述问题，反而增加了农户和市场之间的交易成本。为此，从2004年起，政策文件开始强调探索农民自我组织形式，即转向鼓励引导农民专业合作社发展的思路。[1]合作社是对“龙头企业+农户”组织形式的扬弃，有利于发挥农业生产环节的家庭独立经营和流通加工环节的组织经营两种优势，有效降低农户和上下游市场环节的组织成本和市场交易成本，提高集体行动能力。农民专业合作社按惠顾返还盈余的分配原则使合作社组织和农民利益相一致，在促进农民组织化，提高农民收益方面具有相对优势。因此，合作社是适合我国基本国情的农业生产组织形式，尤其在我国当今农业经营呈现以小农户家庭经营为基础，多主体、多形态农业现代化经营并存发展的形势下，农民专业合作社具有更加广泛和弹性空间的适用性和包容性。党的十九大报告提出乡村振兴战略，指出“健全农业社会化服务

〔1〕 张晓山：“理想与现实的碰撞：《农民专业合作社法》修订引发的思考”，载《求索》2017年第8期，第16~25页。

体系，实现小农户与现代农业发展有机衔接”。农民专业合作社在乡村振兴战略的实施中具有巨大的作用空间，其是联结小农户与现代农业、发展适度规模经营、提供社会化服务的重要组织形式，是实现农村产业融合发展和乡村治理体系创新的重要载体。

（三）坚持惠顾返还盈余分配原则是合作社法律规范和政策支持的基本要义

农民专业合作社作为农民成员的互助合作组织，发挥弱者互助的社会功能和促进农业生产和农民增收的经济功能，这是农民专业合作社立法的基本要义，也是政府对合作社采取的扶持和优惠政策，实现社会弱者扶助和农业产业扶持政府职能的基本前提。在目前涉农利益主体资源占有和竞争地位异质性的背景下，合作社的立法应以提高家庭承包经营小农户的组织化程度，通过互助合作维护小农户的利益作为基本立场，并以此来调整资本所有者和小农户之间的利益关系。因此，在合作社的盈余分配制度设计层面，就需要坚持合作社的本质规定性，按照惠顾返还为主的盈余分配原则，协调合作社成员的分配权利，扭转涉农利益群体收益分配不合理的现实格局。在规范发展和实用主义的选择中，应当坚持盈余分配的惠顾返还原则的底线思维，在此前提下协调核心成员和普通成员的利益，以实现农民专业合作社的规范发展和现实约束的平衡。

二、对实用主义合作社盈余分配观的评判

实用主义盈余分配观主要以法社会学中的“嵌入性理论”和制度经济学之企业所有权理论为基础，主张从农民专业合作社发展面临的多重现实约束及资本困境出发，认为不必过分坚持某种既定的标准或者原则，应当以按股分红和惠顾返还为双重分配标准，同时坚持农民受益的底线。这些观点注意到中国

目前农民专业合作社盈余分配理论、立法和现实的不一致，并试图对此作出合理化的解释，然而，这些观点及其论证大都存在一些值得商榷之处。

第一，实用主义合作社盈余分配观主张分配标准二元论，并以农民受益为底线，在逻辑上颠倒了利益与权利、让利与赋权之间的关系，而且二元分配标准并不能掩盖分配的实质不公平，与农民受益的底线标准存在相互矛盾之处。

合作社的盈余分配不仅是有关利益的分配，其背后体现的是参与分配的权利。从法律通过确认权利的方式保护利益来看，利益通过权利赋予来实现，但利益不能等同于权利，原因在于，权利内涵了伦理意义和道德应得的正当性价值判断，而利益是基于功利主义或者结果主义的，二者具有不同的价值基础，权利是内涵更加丰富和更加具有本源性的概念；从权利体现的权利主体意志来看，权利具有主体的自由选择和个人尊严等多重价值，权利本身即为目的，应当受到尊重，假设仅以利益的满足为目标，那么就意味着"谁能维护你的利益就可以替你作出决定"，导致权利主体自由选择的剥夺和独立人格的泯灭。因此，权利与利益的关系应当表达为以权利主体的自主意志实现利益，权利是第一性的，利益是第二性的。这就要求在利益分配方面，要更加重视基础性的权利安排，实现让利向赋权、利益保障向权利保护的制度观念和制度设计的转变。

成员在合作社中所获得的收益是其行使合作社权利的最终结果，是成员基于其主观意志所采取的一系列合作社参与行为的最终体现。合作社成员所享有的成员权是一系列权利的集合，分为共益权和自益权两个方面。自益权包括利用合作社的权利，与合作社进行交易的权利，获得资本报酬权、盈余分配权、退社权、获得合作社经营终止后的剩余财产权等权利；共益权是参与合作社民主管理和民主控制的权利，包括决策权、投票权、参加成员大会的权利，选举权和被选举权等权利。合作社的盈余分配建立在成员利用合作社权、盈余分配权等个体权利的基础上，并以成员集体的民主控制权为保障，这些权利的确认和实现是作为弱者互助联合的农民成员利益保障的前提。由是观之，实用主义盈余分配观主张分配标准的二元性，并以农民受益为底线，这种观点的问题在于，只是从利益论的后果主义角度看待农民利益保障问题，而忽视了权利保护的终极意义和重要作用。

分配标准二元论坚持惠顾返还和按股分红的双重分配标准，将二者置于同等地位，从表面上来看，该观点也主张小农户的利益保护，并寄希望于作为投资者的核心成员和作为劳动者的农民成员形成稳定的利益联结机制，但是，资本和劳动的地位实质不平等，核心成员排斥普通成员成为实践中的常态，建立在资本与劳动形式平等之上的二元分配标准，并不利于对农民成员利益的保护，也就容易突破农民受益的底线。因此，二元标准在实践中极易变异为按股分红为主，与农民受益的底线标准存在相互矛盾之处。实用主义盈余分配观所主张的为成员服务、合作共赢等观点，模糊了成员异质性，回避了为小农户服务的根本问题。

此外，实用主义盈余分配观通常将农民成员的退出权作为实现农民受益这一底线的权利保障。有学者提出，合作社的投资者同时也是核心成员，在取得剩余索取权的同时承担经营风险，普通成员可以通过退出权的行使以决定是否合作，因此，合作社的资本控制并不必然导致合作社功能的弱化，资本控制与农民受益并不矛盾。[1]这种观点同样值得商榷。退出权作为

---

〔1〕 参见崔宝玉、陈强："资本控制必然导致农民专业合作社功能弱化吗?"，载《农业经济问题》2011年第2期。

农民成员利益保护的“弱者的武器”，在运行良好的合作社中通常应当处于一种“备而不用”的“威慑”状态。农民成员退出威胁是否能对核心成员的分配决策产生作用，取决于交易惠顾的重要程度，即特定农产品的供需状况和可替代程度。在农产品普遍生产过剩，存在“卖难”的情况下，小农户对合作社存在依赖关系，这种退出威胁的作用缺乏发挥的空间。实践中，退出权的行使通常以农民成员未获得预期的应得利益为前提，即利益的损害已经处于既定事实状态，退出权的行使仅意味着农民成员在下一轮博弈行为中选择不合作，而利益损失并未得到任何弥补。如果仅凭退出权的行使而获得利益的保障，就会助长核心成员的机会主义行为，造成合作社发展实践中的“劣币驱逐良币”现象，最终导致规范合作社的消亡。因此，不应当过分强调退出权对于农民利益保障的终极作用，退出权也不能替代和掩盖农民成员的其他实质性权利，而且退出权的经常性行使也不利于合作文化的形成与合作社的持续经营。

第二，实用主义盈余分配观在论证上引入了嵌入性理论，认为合作社的生成和发展嵌入我国社会结构之中，由此决定了“核心成员-普通成员”的结构，以及按股分红为主的现实分配格局。这一论证理路过分强调社会结构对社会行动的约束，而忽视了社会结构对社会行动的使动作用以及社会行动对于社会结构的建构功能。

社会结构与社会行动的关系命题是社会学的基本论题。每个社会成员的行为都是在其“沉浸”的既有社会环境中进行的，社会环境事实先于行动者而存在，并为行动者的社会化施加先定的影响，因此，社会结构对社会行动具有制约性，所有的社会行动的认知基础和实践逻辑都体现着社会结构；同时，社会结构又是由社会行动所建构的，社会行动也并非被动接受社会结构的束缚，行动者通过在行动中的认知和反思有效作用于外部世界，使得行动具有一定的能动性和建构性。吉登斯在批判帕森斯结构功能主义关于被动的行动者观点的基础上，提出了“结构二重性”理论，认为行动与结构并不是彼此独立的，而是彼此联系、相辅相成的，结构是反复组织起来的行动的中介，又是这种行动的结果，结构对行动具有制约性和使动性。[1]

农民专业合作社在我国的产生和发展，既是具有内生性的农民“自下而上”的互助合作需求的产物，也受到政府政策引导、农业产业链整合、农民分化严重等外在因素的影响。其中，内生性的联合合作因素有利于符合本质规定性的合作社的产生，而外在性的因素对规范性合作社的发展具有一定的抑制作用。这两方面的作用机制共同决定了合作社发展的历史脉络、现实状况及未来走向，而在实践中，外部因素的作用占据主导地位。由此产生的问题是：一方面，我国农村振兴、农业发展和农民富裕目标的实现，要求符合本质规定性的农民专业合作社的发展；另一方面，规范性合作社发展的现实条件尚不具备，此时，法律制度的设计需要作出重要的抉择，因为这直接关系到合作社参与者的行动选择及其对既有外在社会结构的建构和影响。

实用主义盈余分配论者强调外在的社会结构约束，主张先发展后规范，在规范中逐步完善；而坚持本质规定性的观点也认识到合作社发展面临的外部因素影响，因而放弃了对传统合作社基本原则的刚性坚持，主张法律作出一种底线性质的强制性规定，以使合作社的本质内核得以保留。笔者认为，法律制度安排不能只是被动适应经济社会的现状，而秉持立法宗旨和价值目标，通过调整人的行为实现立法者所欲的社会经济秩序。

---

〔1〕［美］安东尼·吉登斯：《社会的构成——结构化理论大纲》，李康、李猛译，生活·读书·新知三联书店 1998 年版，第 89、281 页。

在《农民专业合作社法》出台之初，为了修正之前农民合作组织政策导向和实践发展中倚赖弊端丛生的龙头企业的带动模式，采取了支持、引导和规范并重的合作社发展思路，而在实践中变异为以支持、引导为主，规范方式因欠缺必要的强制性工具而降格为一种“示范”性。目前合作社发展面临的主要矛盾并不是数量不足而是质量堪忧，不是缺乏创新而是乱象频发，〔1〕因此，合作社法律制度设计的重心应从支持鼓励性转向规范约束和鼓励引导并重，通过规范合作社参与者的行为来逐步改造合作社发展的内外部环境，发挥社会行动对社会结构的反思和重构功能。反之，如果一味强调社会结构的约束作用，则会使合作社的发展越来越偏离其本质内核。先发展后规范的实用主义思路也会异化为“只发展不规范”，或者“有发展而无规范”，最终结果很可能是“无发展也无规范”，就此意义而言，实用主义盈余分配观所主张的按股分红为主，农民受益既可，可能会变异为只讲按股分红，漠视农民利益。因此，实用主义合作社盈余分配观将社会结构的约束作用绝对化，主张先发展后规范，默认现实分配秩序的观点并不可取。

第三，实用主义盈余分配观在论证上引入了企业所有权理论，认为资本对于合作社的生成和发展贡献最为突出，在合作社的生产要素结构中处于核心地位，决定了合作社的所有权的归属，由此决定了按股分红为主，惠顾返还为辅的现实分配结构。这一论证理路误将投资者所有型企业的资本逻辑运用于对合作社的资本问题的分析之中，过分强调合作社与资本的交易成本对于合作社所有权的决定作用，而忽视了惠顾交易对于合作社所有权界定的本质规定性。

---

〔1〕 参见本刊编辑部：“八成农合社被指‘空壳’农业部设槛推示范社”，载《中国合作经济学会会刊》2010年第6期。

第一，资本并非合作社的决定性生产要素。合作社的本质规定性决定了其核心要素在于成员的惠顾交易。资本和劳动在合作社这一企业组织形式之中具有不同的地位，不能将二者关系比照投资者主导型企业中不同生产要素均无差别地量化为资本的关系来理解。有学者认为，从产品和资本作为合作社盈余分配的两种基础来看，合作社盈余分配的制度安排应当是，投资者获得合作社的剩余索取权，而农户成员主要从产品交易环节获得利益的增进或者保障。[1]这种观点以异质性合作社成员作为地位平等的生产要素提供者为前提，并从利益相关者集体选择的视角分析合作社的剩余分配，表面上将资本和劳动公平看待，实则很容易得出资本作为核心要素，投资者按股分红作为合作社盈余分配之主导方式的结论。因此，利益相关者的观点具有可证伪性，模糊了合作社的本质及其与投资者主导型企业的差别。

第二，合作社与资本的交易成本并非决定合作社所有权的关键因素。汉斯曼的企业所有权理论认为，企业所有权并非取决于资本，而是取决于企业组织成本，包括企业的市场交易成本和企业所有权的运行成本。[2]合作社与投资者主导型企业的区别就在于企业组织形式与何种生产要素的交易成本最大。合作社以成员惠顾交易作为收益的最终来源，成员惠顾量及交易规模的大小决定了合作社的经营绩效。因此，合作社组织的关键问题在于有效地降低其与惠顾者成员之间的交易成本，那么，赋予惠顾者成员以合作社的所有权，就是符合合作社效率追求

〔1〕 参见林坚、黄胜忠："成员异质性与农民专业合作社的所有权分析"，载《农业经济问题》2007年第10期，第12~18页。

〔2〕 参见缪因知："汉斯曼的企业所有权理论"，载《中外法学》2009年第2期，第289~301页。

的选择。而且，由于惠顾者成员的同质性，使合作社的民主控制和集体决策的成本降低，合作社的效率和公平实现有机统一。假设将投资者作为合作社的所有者，虽然可以解决合作社面临的资本困境难题，但是此时的合作社与惠顾者的关系变异为“公司+农户”交易关系在合作社中的内部化，这就脱离了合作社所有权问题的讨论语境。

三、对“一次让利”代替“二次返利”实践做法的评判

按照合作社盈余分配的基本原理，合作社的盈余产生于合作社与成员在一定期限内的交易活动，是合作社应向农户成员支付而未支付的交易额。惠顾返还在多期交易而非当期交易之后进行，既是考虑到成员分享合作社收益的充分性和完整性，也是促进成员与合作社长期交易，形成成员利益共同体，保持合作社经营持续稳定性的制度设计。因此，合作社盈余分配制度设计不仅着眼于农民收益的长期稳定增加，也关系到合作社组织的长期可持续发展，不能仅从经济利益维度进行考察，而应扩展到合作文化、民主治理、成员教育和培训等社会功能方面。

“一次让利”可能会使农户获得高于其不参与合作社交易时获得的收益，但是农户的收益也仅限于产品交易环节，难以延伸至后续有关产品加工、品牌效应等的增值，看似对农户有利，实际上农户只享有其应得的部分利益，合作社与农户未建立收益共享，风险共担的利益联结机制；而且，“一次让利”是否真正能使农民受益也是值得反思的，合作社的带动能力不应被无限地夸大，原因在于，“一次让利”实际上构成了合作社新的经营成本，无疑增加了合作社的经营压力和潜在风险，促使核心成员利用其对合作社的控制权损害农民成员的利益；另外，这

种分配方式固化了核心成员与普通成员的分层结构，破坏合作社的凝聚力，合作社成员之间的内部分工关系加剧使得合作社异化为公司，破坏了合作社保障普通成员权利的经济功能和促进民主控制、互助合作的社会功能。

综合上述分析，我国农民专业合作社立法应坚持农户目标导向，以提高小农户组织程度和利益保护为宗旨，盈余分配制度应坚持合作社的本质规定性，并以此为制度设计的原则和底线，这就要求将惠顾返还原则作为合作社盈余分配制度的逻辑主线，而按股分红原则只能是辅助性的原则。实用主义盈余分配观倡导的以惠顾返还和按股分红为双重标准的公平分配，以农民受益为底线，偏离了合作社的本质，难以实现我国农村振兴、农业现代化和农民富裕的制度目标，但其提出的资本要素贡献参与分配的问题也应引起重视。因此，在肯定惠顾分配占主导地位的前提下，资本和管理等要素提供者的利益诉求必须得到保障和满足，这需要在分配制度层面进行创新设计，使资本和管理等要素参与分配在不违背主线逻辑的前提下，实现对利益的兼顾和平衡。

第三节　农民专业合作社盈余分配制度的不足及完善

一、农民专业合作社盈余分配的立法现状

合作社盈余分配制度是包括盈余分配参与主体制度、盈余分配决策制度和盈余分配规则在内的整体制度框架。我国《农民专业合作社法》第 4 条规定了农民专业合作社法的基本原则，确认合作社成员以农民为主体、成员地位平等民主管理和盈余主要按交易量（额）比例返还的原则。

在盈余分配参与主体方面，我国《农民专业合作社法》规

定，农民专业合作社既可以是农业生产经营者的组织，也可以是生产者和非生产者，即农民专业合作社服务的提供者和使用者共同组成的组织，成员以农民为主体，农民应占成员总数的80%以上。[1]同时，我国《农民专业合作社法》未规定成员出资作为加入合作社的必要条件，而是由合作社章程自主决定，立法对成员的出资方式作出规定，认可社员出资可以存在差别。[2]低门槛、包容性的成员结构制度设计，为方便农民加入合作社，发挥合作社对小农户的带动作用提供了法律依据，但同时也认可了合作社内部成员结构的异质性，为核心成员控制合作社决策和盈余分配埋下隐患。

在盈余分配决策制度方面，为了引导合作社正向作用的发挥，协调核心成员与普通成员的利益关系，凸显对小农户的特别保护，《农民专业合作社法》规定，合作社采取成员民主控制制度，即合作社成员基于成员身份资格，实行一人一票的决策制度，对于惠顾额或者出资额较大的成员可以享有附加表决权，同时对于附加表决权票数在本社成员基本表决权总票数中的最高比例作出限定，合作社章程可以限定附加表决权的行使范围。[3]合作社的盈余分配方案由合作社理事长或者理事会按照合作社章程编制，并由成员大会决议通过。[4]

在盈余分配制度方面，我国法律规定合作社当年的经营剩余应当在弥补亏损、提取公积金之后，主要按照成员与本社的交易量（额）比例返还。惠顾返还不得低于可分配盈余的60%；

---

〔1〕 参见2017年12月27日修订的《农民专业合作社法》第2条、第19条、第20条之规定。

〔2〕 参见《农民专业合作社法》第12条、第13条、第15条、第19条、第22条之规定。

〔3〕 参见《农民专业合作社法》第22条之规定。

〔4〕 参见《农民专业合作社法》第29条、第40条之规定。

惠顾返还之后的剩余部分，以成员账户中记载的出资额和公积金份额，以及本社接受国家财政直接补助和他人捐赠形成的财产平均量化到成员的份额，按比例分配给本社成员。另外，可分配盈余可以转化为成员对合作社的出资，并记载于成员账户之中。与盈余分配制度的实施相适应，我国法律规定了成员账户制度和财务制度、内部审计制度等配套制度。[1]

从上述法律规定来看，我国农民专业合作社盈余分配法律制度并未完全固守经典合作社理论关于合作社的本质规定性和基本原则的界定。立法规定试图在坚持合作社的本质规定性和我国农民专业合作社现实发展的实用主义逻辑之间取得平衡：一方面坚持合作社的益贫性和实质公平，强调合作社组织和行为的规范，另一方面又对现实状况有所反映和让步，注重引导和鼓励合作社的发展。立法的这种平衡协调思想体现在对法律条文的强制性规定和授权性规定的设置方面，体现在成员资格、合作社决策、收益分配顺序和标准、国家扶持制度等具体规定层面。从成员以农民为主体，一人一票决策制度，主要按惠顾返还盈余、成员账户制度等规定来看，法律规定通过明确合作社成员结构、参与决策和盈余分配的关键指标和比例的形式划定制度底线，[2]以提高家庭经营农户的组织化程度和维护小农户利益为主导思想；同时，允许非农业生产者获得成员资格，赋予贡献较大者附加表决权制度、40%以下盈余可以按股分红的规定，旨在通过确认和规范非农业生产者成员的权益，鼓励其发挥带动普通小农户的作用。由此可见，现行立法的平衡协调思路及相应的制度设计以正视我国农民专业合作社产生和发展中面临的成员异质性为前提，从决策机制和分配制度两方面对

[1] 参见《农民专业合作社法》第39条、第43条、第45条之规定。

[2] 参见《农民专业合作社法》第20条、第22条、第32条、第44条之规定。

合作社的盈余分配予以规制。

二、农民专业合作社盈余分配立法规定的不足

现行立法所确立的以提高农民组织化程度和维护农民成员利益为主导性目标，同时兼顾其他主体利益的制度安排，无疑是符合我国国情和农情的，但是一些具体的制度设计可能存在一些偏差，难以兼容实现合作社法预设的制度目标〔1〕，可能会影响合作社成员之间、合作社成员与合作社之间利益关系的平衡。

（一）农民专业合作社盈余分配主体资格制度的不足

为了充分调动和优化配置资本、技术、管理和土地、劳动等生产要素，《农民专业合作社法》规定了农民成员为主体、企业事业单位等成员为主导的成员结构，试图将企业等与农户的交易关系内化于合作社组织之中，实现核心成员的牵头带动和农民成员的低门槛进入与受益面扩大相结合，相应的激励性政策手段也以核心成员为主要作用对象，以鼓励和引导核心成员主动利己和客观利他行为的统一。但是，二者关系能否在合作社组织内实现平衡协调，值得深入探究。〔2〕如前所述，合作社成员的异质性使得合作社盈余分配的决策和最终结果受到核心成员控制，而小农户的“搭便车”心理和行为则起到了推波助澜的作用，无论是核心成员抑或普通成员，都缺乏建立和维持规范合作社的制度激励和约束。我国合作社法对成员异质性的认可及其暗含对核心成员的某种激励和引导，使得整个法律制

〔1〕 根据《农民专业合作社法》第1条规定，该法的立法目的在于“规范农民专业合作社的组织和行为，鼓励、支持、引导农民专业合作社的发展，保护农民专业合作社及其成员的合法权益，推进农业农村现代化”。

〔2〕 参见张晓山、苑鹏：《合作经济理论与中国农民合作社的实践》，首都经济贸易大学出版社2009年版，第9页。

度设计呈现弱规范性的特征。[1]正如有学者所指出的，现行法律规定可以理解为是引导成员尽量建立规范合作社的指南或者获取政府优惠政策的指引，人们对合作社法律规定的遵守是基于政策套利，而不是不遵守会招致处罚。[2]而且，由于政府对合作社的扶持以功能性而非规范性为主，更进一步加剧了合作社法中设置的底线性条款在实践中的落空。合作社成员在生产要素占有和提供等方面的异质性是合作社发展所面临的客观约束条件。在此背景下，是继续坚持成员资格准入的低门槛、包容性，通过自治性规范侧重体现引导、支持合作社发展的思路，抑或是适度规范合作社成员的准入条件，通过强制性规则降低成员异质性的不利影响，需要进一步作出立法选择。

（二）农民专业合作社盈余分配决策制度的不足

在农民专业合作社盈余分配的决策方面，我国立法赋予成员大会最终批准盈余分配方案的权力，通过确立成员一人一票为主，以及对合作社贡献较大者享有受限制的附加表决权的决策规则，试图平衡不同成员的分配决策权。但是，由于成员异质性和核心成员实际控制决策，附加表决权的行使不再作为一人一票制度的补充，而实际凌驾于一人一票之上，为此，需要对附加表决权设置和行使的法律规定予以重新检视和施加更严格的规制。

第一，我国合作社立法在授予附加表决权时，未对资本贡献者和惠顾贡献者加以区分。而实践中，二者通常是分离的，即核心成员贡献绝大多数出资，而普通成员以惠顾交易为主。

---

〔1〕 参见徐旭初、吴彬："《农民专业合作社法》的规范化效应检视"，载《东岳论丛》2017年第1期，第78~81页。

〔2〕 参见邓衡山、王文烂："合作社的本质规定与现实检视——中国到底有没有真正的农民合作社?"，载《中国农村经济》2014年第3期，第23页。

合作社的资本提供者成为合作社核心成员并且享有表决权，必然要求一股一票的表决方式，从而压制普通成员的表决权，使合作社实行按股分红的分配方式。但是，基于合作社的本质规定性和惠顾返还为主的盈余分配原则，合作社不应将附加表决权授予资本贡献者，而是应授予给惠顾交易贡献者。从比较法的角度来看，大多数国家的合作社法并未赋予出资者成员以附加表决权，〔1〕投资者成员仅享有固定的剩余索取权，而获得的控制权非常有限。〔2〕

第二，我国立法规定只对附加表决权总票数占合作社成员表决权总数的比例作出限制，这一规定稍显片面，主要问题在于，未对单个社员的附加表决权票数作出限制。由于附加表决权持有人同时也享有一人一票的基本表决权，这就可能造成人数较少的合作社的控制权被单个成员享有，或者被联合起来的多个附加表决权持有人共同享有。因此，仅对附加表决权总票数进行限制是不全面的，还应当对单个成员享有的附加表决权票数进行限制。另外，为了防止因持有附加表决权的成员数量较多而通过一人一票和附加表决权的组合达到控制合作社的目的，应当对基本表决票数和附加表决权票数总和进行必要的限定。

我国合作社成员的异质性决定了成员民主控制的主要矛盾在于防止内部核心成员控制。除对附加表决权的赋予对象和比例作出限定外，还需要通过制度创新满足这些成员的资本利益诉求，以激励其在作出贡献的同时放弃对合作社的控制权。

---

〔1〕 Chaddad F. R. , Iliopoulos C. , "Control rights, Governance, and the costs of ownership in agricultural cooperatives", *Agribusiness*, vol. 29, 2013, pp. 3~22.

〔2〕 Bijman J. , Hanisch M. , Van Der Sangen G. , "Shifting control? The changes of internal governance in agricultural cooperatives in the EU", *Annals of Public and Cooperative Economics*, vol. 85, no. 4. 2014, pp. 641~661.

(三) 农民专业合作社盈余分配具体规则设计的不足

我国农民专业合作社盈余分配规则设计中值得商榷的问题在于：

第一，公积金的提取应当是强制性抑或是任意性规则？我国未采取法定公积金制度，而是授权合作社章程或成员大会就是否提取公积金作出自治决定。[1]如果合作社章程决定不提取公积金，也在法律许可范围之内，但由此可能让人产生两方面质疑：一是，影响合作社的信用能力，不利于对合作社外部债权人利益的保护。法人信用能力的生成和维持以具备相对独立于成员的法人财产权为必要。合作社虽具备法人主体资格，但其法人财产权处于残缺和虚无的状态，[2]合作社可以对成员投入的财产行使支配权，而没有类似于公司的法人财产权。这就提高了其他市场主体与合作社的交易风险，导致合作社的偿债能力和融资能力下降。二是，影响合作社服务社员功能的发挥，不利于合作社成员的共同利益。社员参与合作社以利用合作社提供的服务和设施为前提，而且合作社具有对社员进行培训教育的功能，这些合作社功能的正常发挥需要合作社具有一定的公共积累来源。三是，不利于合作社自身的发展和壮大，不利于合作社作为相对独立于其成员的主体利益扩张。比如，我国立法认可了合作社的对外投资行为[3]，那么，合作社对外投资的资金来源为何呢？对此，现行立法并未明示。从域外立法来看，合作社的公共积累作为合作社相对独立于其成员的财产，

---

〔1〕 参见《农民专业合作社法》第29条、第42条之规定。

〔2〕 参见管洪彦、孔祥智："农民专业合作社法人财产权：规范解释与修法思路"，载《农业经济问题》2017年第5期，第4~13页；任大鹏、张颖："农民专业合作社责任制度的完善——合作社成员承诺责任的引入"，载《河北法学》2009年第7期，第2~5页。

〔3〕 参见《农民专业合作社法》第18条之规定。

是合作社进行外部投资的基础。这种做法值得我国借鉴。而且，从国外的立法例来看，对于公积金提取的比例虽有不同规定，但大都在法律当中规定了公共积累的法定留存制度。[1]因此，为了兼顾和协调合作社成员利益、合作社自身利益和合作社债权人利益，从合作社经营剩余中提取适当比例作为合作社的公积金是有必要性的。

第二，公积金是否可分割？合作社公积金是否可以分割，在理论界具有较大的争议，不同的观点都有相应的理据。我国立法规定了公积金量化到成员账户制度和成员退社时退出公积金份额的制度。这一规定可以防止不可分割的公共积累演化为脱离成员监控的“无主财产”，[2]产权明晰有利于成员收益权、退社权的行使，达到保护成员利益的立法目标，这也是对我国合作化和人民公社时期单纯强调集体利益做法的否定和反思的结果。但同样值得考虑的是，前述留存法定公积金的理由同样可以构成保留公积金不被分割的理由。国际合作社联盟通过的社员经济参与原则指出，经由合作社盈余分配设立的公积金，其中至少有一部分是不可分割的。

第三，资本参与分配的形式单一，管理要素参与分配缺乏依据，不利于缓解合作社的资本困境和治理困境。从理论上来说，合作社的成员都可以向合作社出资并参与管理，进而享有按资本或管理要素贡献参与分配的权利。但由于我国合作社成员具有异质性，核心成员往往投入绝大多数资本，实际管理和控制合作社的经营活动。根据合作社分配制度的规定，核心成员的资本回报通过按股分红实现，且不能超过合作社盈余的

〔1〕 参见张德峰：《合作社社员权论》，法律出版社2016年版，第33~35页。

〔2〕 参见杜吟堂主编：《合作社：农业中的现代企业制度》，江西人民出版社2002年版，第181~182页。

40%，这对其资本投入会产生一定的抑制作用。因此，需要多方面拓宽合作社的资金来源，丰富资本参与合作社分配的形式和渠道，对此，可以借鉴国外立法经验，建立成员资格股、成员追加股、外部投资者优先股等多层次的资本来源通道。[1]除此以外，合作社也可以借鉴美国新一代合作社的做法，由生产者成员根据惠顾额或者交易量比例，全部自行筹集资金，或者采取对外借贷的方式获得合作社所需资本。

另外，现行立法对于管理要素如何参与合作社盈余分配缺乏相应的规定。[2]管理或者企业家才能的发挥对于合作社经营的成败至为关键。传统合作社法律制度默认成员的民主管理形式，或者寄希望于企业家发扬互助合作和无私奉献精神，对于现代管理或者专家管理要素植入新一代合作社的发展过程[3]缺乏制度回应，因此合作社普遍面临专业人才不足、经营管理成本巨大，以及管理者缺乏有效激励而侵占合作社或成员利益等治理问题。[4]因此，为了有效解决合作社的治理难题，就需要正视合作社及其成员与合作社管理者之间的“委托-代理”问题，赋予合作社管理者一定的剩余索取权。

（四）农地入股农民专业合作社收益分配制度的缺失

根据现行《农民专业合作社法》的规定，承包地经营权可以作为农民向合作社的出资，这一规定顺应了农地流转和农民

[1] 参见张德峰：《合作社社员权论》，法律出版社2016年版，第27~31页。

[2] 参见孔祥智、周振：“分配理论与农民专业合作社盈余分配原则——兼谈《中华人民共和国农民专业合作社法》的修改”，载《东岳论丛》2014年第4期，第79~85页。

[3] 参见杜吟堂、潘劲：“我国新型农民合作社的雏形——京郊专业合作组织案例调查及理论探讨”，载《管理世界》2000年第1期，第161~168页。

[4] 参见张红宇：“关于修改《农民专业合作社法》的几点思考”，载《农村经营管理》2015年第4期，第12~15页。

专业合作社发展的趋势，不仅有利于合作社扩大适度经营规模，发挥带动小农户参与现代农业的作用，而且还有助于平衡合作社内部悬殊的出资比例，使得农户有效参与合作社治理，也方便农户退出合作社时重新取得土地经营权。传统农民专业合作社主要调整的农民和合作社之间的以农产品交易服务为纽带的商品契约关系，在土地经营权入股入法的背景下，按照惠顾额分配原则的“交易量”基础不复存在，土地经营权入股意味着合作社资产构成、决策管理和收益分配的股份化和资本多数决定原则，然而现行法律并未对此有足够的回应。而且，将承包地经营权视为出资，意味着土地入股收益分配将比照按股分红规则来处理，不符合承包地经营权入股作为债权化流转形式的基本法理；更为重要的是，现行立法规定的“惠顾返还+按股分红”分配方式，无法回应和解释“固定收益+浮动分红”的农地入股合作社收益分配实践情况。〔1〕就地方性立法层面而言，除《江苏省农民专业合作社条例》就农地股份合作社中承包地经营权出资的收益分配作出特别规定〔2〕之外，其他地方性规定均付之阙如。立法规定与现实形态之间的不对应，导致在实践中农地入股合作社收益分配对于传统合作社分配原则的偏离。

(五) 农民专业合作社成员盈余分配权利救济制度的不足

作为农民专业合作社成员的最基本权利，盈余分配权在受到侵害时，立法理应赋予成员相应的救济权利和救济渠道。然而，在我国《农民专业合作社法》之中却没有关于盈余分配权

---

〔1〕 参见高海：“《农民专业合作社法》的改进与完善建议”，载《农业经济问题》2018年第5期，第48页。

〔2〕 2009年《江苏省农民专业合作社条例》第27条第2款规定：“农地股份合作社应当将可分配盈余的百分之六十以上，根据成员的承包地经营权出资额按比例返还给本社成员。”

救济的相关法律规定。[1]究其原因，可能在于合作社的盈余分配事项属于合作社自治决定事项的范畴。根据现行立法规定，合作社的盈余分配办法，由合作社成员大会决议通过盈余分配方案，由理事长或者理事会具体负责盈余分配方案的执行，由此可见，盈余分配在很大程度上属于合作社自治的事项范围。如果司法介入过度，就会影响合作社自治和自主经营，违反合作社立法对于强制性规则和任意性规则的设置和关系处理原则。另外，由于合作社产生和发展呈现“村社嵌入”的特征，合作社的正常存续所凭借的乡村地缘、血缘关系和村庄熟人信任机制，可能会由于司法过度的介入而趋于破坏甚至断裂。因此，司法介入盈余分配应秉持保守和审慎的态度，但这种立法选择似乎与“有权利必有救济”的基本法则相悖，也封闭了通过成员权利救济促进成员利益实现和合作社规范发展的渠道，值得商榷。

三、农民专业合作社盈余分配制度的完善

合作社收益分配制度的完善需要在盈余分配主体资格制度、分配决策制度、盈余分配具体规则、盈余分配权利救济等多个层面进行统一筹划和合理安排。其一，在盈余分配参与主体制度方面，需要确认成员缴纳资格股金作为入社条件和惠顾返还的依据，[2]以强制性的资格股和任意性的类别股相结合的出资制度为中心，适度降低成员异质性对合作社分配决策和分配结果的影响；其二，以附加表决权的合理规制为中心，完善合作

〔1〕 该法第21条规定了成员的盈余分配权、合作社经营信息知情权等权利，但并未赋予盈余分配权利受到损害时的必要救济权利。

〔2〕 参见孔祥智：“《农民专业合作社法》修订应关注5个问题”，载《农村经营管理》2015年第4期，第21~23页。

社盈余分配决策制度；其三，建立公积金的强制提取和部分不可分割规则，以实现合作社自身利益、合作社债权人利益和合作社成员利益的平衡协调；其四，确立不同性质股份参与盈余分配的渠道，协调异质性合作社成员之间的利益分配关系；其五，完善农地入股合作社收益分配制度。其六，还应当妥善处理内部自治与司法介入的关系，探索建立盈余分配权受到侵害的救济制度。

（一）盈余分配主体资格制度的完善

我国合作社法对成员资格的规定，体现出低门槛和包容性两个特征，这一立法安排旨在吸引更多小农户加入合作社，发挥合作社的组织功能和带动作用，但却为核心成员控制合作社，压制和排斥普通成员利益提供了便利，导致合作社的异化和立法目的实现不理想。对此，需要调整和完善合作社成员主体资格制度，以降低合作社成员异质性带来的不利影响。货币及可量化为货币的出资形式通常作为法律调整成员资格的切入点。因此，问题的焦点在于成员出资的差异性是否应当保持在适度范围内，而且，基于对合作社参与市场竞争和对外营利性的考虑，设置上限会损害和牺牲经营效率，所以，是否应以强制性规定确认成员以缴纳出资（资格股）作为加入合作社的条件，需要进一步厘清。

笔者认为，我国《农民专业合作社法》应当以强制性规定的形式明确成员必须将认缴资格股金作为入社的条件。对于成员认缴资格股金提出强制性要求，可以适当缓释合作社的资本压力，有利于对合作社组织成员同质性的塑造，缓解“资本控制”导致合作社功能弱化的问题，实现按交易量返还和股金分配的平衡。此外，成员认缴的资格股金构成合作社的责任财产的重要组成部分，有助于增强合作社的信用基础和对外偿债能力。[1]因此，要求成员认缴资格股金并不是要否定惠顾交易对合作社的基础地位，是对人合性的增强而非否定或削弱。而且，根据国际合作社联盟《关于合作社特征的宣言》确认的合作社社员的经济参与原则，社员对合作社公平地出资，民主控制合作社的资本，合作社成员缴纳资格股是社员公平出资的表现形式和应然要求。

成员资格股金制度的确立，有助于促使合作社成为社员具有较强同质性的组织，实现合作社成员服务使用者和服务提供者身份的统一，促进合作社的规范化。[2]为此，首先，立法应当以强制性规则确立成员认缴资格股金作为合作社成立的条件；[3]其次，资格股金的总体额度应根据不同合作社的发展状况，由合作社章程或者成员大会确定，应当符合合理、适度设置的原则，避免过低或者过高的额度，否则就会导致难以适度消解成员异质性或者排斥普通农户的极端效果；再次，立法应当明确基本股金作为合作社经营的资金成本，受到资本报酬有限原则的限制；最后，完善资格股金的出资形式的规定。成员资格股金的出资方式可以包括货币、实物、知识产权、土地经营权、林权等形式。除此以外，应当允许合作社成员以预期惠顾返还额折抵资格股金，即在合作社成立时，未出资成员必须承诺将

---

〔1〕 参见张晓山："农民专业合作社规范化发展及其路径"，载《湖南农业大学学报（社会科学版）》2013年第4期，第1~3页。

〔2〕 参见叶新才："合作社法修法建议"，载《农村经营管理》2015年第4期，第15~17页。

〔3〕 比如，《浙江省农民专业合作社条例》第13条第2款以强制性规则的形式规定，"从事生产的社员认购股金应当占股金总额的一半以上"。

其未来获得的惠顾返还额转为出资而保留在合作社内部[1]，成员账户中的惠顾返还额也相应地转而记录为成员账户中的投资额。我国现行立法创设了可分配盈余转为成员对合作社出资的通道，[2]为惠顾盈余转为资格股金提供了法律依据。

成员向合作社的投资超出资格股的部分，或者成员同意将其可分配盈余转为成员出资的部分，可以视为成员向合作社的追加股份。在成员大会或者成员代表大会表决同意，并将全部可分配盈余转为对合作社出资的场合，追加股可以实现向资格股的转化。同时，合作社还可以向社会投资者发行投资股，以筹集合作社发展所需要的资金。由此，合作社的资本来源呈现资格股、追加股和投资股多层次通道，应根据不同的资本股份化形式完善相应的成员主体资格、参与决策和盈余分配制度安排。

（二）盈余分配决策制度的完善

第一，立法应规定合作社的附加表决权应授予惠顾交易贡献者，而不是资本贡献者。为此，应当修改《农民专业合作社法》第22条第2款之规定，删去“出资额较大者”享有附加表决权之规定。同时，为了使出资较多者放弃对合作社决策的控制权，出资者的利益应当得到满足。如前所述，合作社的出资可以包括资格股金、追加股和优先股等形式。其中，资格股金是合作社存续发展的基础资金，成员可以取得有限的报酬，资格股金的股息率通常相当于同期银行存款利息的水平，资格股金是成员凭身份持有一人一票表决权的附加保障，可以防止实践中核心成员排斥普通成员出资，进而对出资成员和未出资成

[1] 参见刘雅静：《农民专业合作社的发展与创新研究》，山东大学出版社2012年版，第127页。

[2] 参见《农民专业合作社法》第44条第3款之规定。

员设置不同权利或实行差别待遇。成员对合作社的追加股以及外部投资者对合作社的投资股在性质上都属于投资行为产生的股份，而非基于成员互助合作的出资，投资者的利益在于保障资本安全和获得更多的资本报酬，不受资本报酬有限原则的限制，而是以参与股金分红的形式实现投资回报。追加股持有者作为合作社的成员，不得以其较多出资贡献享有合作社的附加表决权。外部投资者通常不作为合作社的成员，不与合作社发生惠顾交易关系，而仅保留投资收益关系；如果其加入合作社作为投资者成员，通常也不参与合作社的决策，但重大表决事项除外。[1]

第二，现行立法通过限定附加表决权总票数占合作社表决权总票数中的比例对附加表决权的影响力范围进行限制，存在一些立法漏洞，应当对单个社员的附加表决权票数作出限制，可以借鉴国外立法例，规定单个成员所持的附加表决权票数不得超过三票；与此同时，为了防止所有持有附加表决权的成员通过一人一票和附加表决权组合的方式联合控制合作社，应当对拥有附加表决权的所有成员所持表决权总票数[2]在合作社总表决票数中所占的比例进行限定，宜限定为50%以内。[3]对单个社员持有附加表决权票数的限定，加之对持有附加表决权的所有成员所持表决权票数占合作社表决权总票数的限定，相对

〔1〕 根据《农民专业合作社法》第30条第2款之规定，这些特别表决事项包括作出修改合作社章程或者合并、分立、解散，以及设立、加入联合社的决议。本书所关注的盈余分配方案的决议事项属于一般决议事项，投资者成员对此不应持有表决权。

〔2〕 该总票数是所有持有附加表决权的成员凭身份持有的一人一票和凭贡献持有的附加表决权的总和。

〔3〕 参见张德峰："论我国合作社社员附加表决权的法律规制"，载《现代法学》2016年第2期，第103页。

现行立法规定更加完善，可以替代现行立法的规定，作为未来合作社立法中附加表决权授予和规制的依据。

（三）盈余分配具体规则的完善

如前所述，我国合作社盈余分配的立法规则设计试图倾斜保护小农户利益，同时兼顾核心成员利益，但在实践当中并未得到严格的执行，除我国合作社发展面临的多重现实约束以外，立法不完善、不细化也是主要的原因。为此，应当重新审视立法规定，完善合作社盈余分配规则。

第一，合作社的盈余分配应当首先提取公积金，明确公积金提取的比例，并且规定公积金至少有一部分不可分割。公积金提取的强制性或者任意性、公积金是否具有可分割性，直接关系到合作社成员与合作社之间的利益关系，以及合作社与合作社债权人之间的利益关系。[1]笔者认为，立法应当以强制性规定确立公积金的法定留存制度，明确合作社盈余分配应当首先提取公积金。至于公积金提取占年度财务盈余的比例，各国立法规定不一，芬兰和瑞士的合作社法规定为5%，日本的合作社法规定为10%，欧洲的合作社法规定为15%，而且各国立法均规定公积金在达到合作社资本的一定比例后可以不再计提。笔者认为，公积金提取作为法定盈余分配事项，提取比例可以由法律规定一定的幅度，具体比例由合作社章程或者成员大会在法定幅度内自主决定。结合国外立法及我国合作社发展的不同形态和不同阶段，宜确定为合作社年度经营剩余的5%至10%。为此，应当将《农民专业合作社法》第42条第1款规定的“可以提取”修改为“应当提取”，并且规定公积金提取的比例区间及授权合作社章程可以在法定区间内自主确定提取

〔1〕 参见杨唯希：“农民专业合作社盈余分配规则及实践探究”，载《当代经济研究》2016年第2期，第75~82页。

比例。

第二，现行立法规定，社员退社时，可以要求全部退还在成员账户中记载的公积金份额，这一规定侧重于保护成员利益和退社权的行使，但忽视了合作社本身以及合作社债权人的利益。笔者认为，从盈余分配应当体现的合作社利益相关者利益平衡的角度来看，应当借鉴国家合作社联盟的指引，规定公积金的一部分不可分割，这样既有利于合作社公共积累的稳定增加，又可以防止过大的公共积累脱离成员控制，能够兼顾成员、合作社和合作社债权人的利益平衡。在具体的制度设计层面，应当以强制性规定的方式确认合作社公共积累的一部分不可分割，明确合作社公共积累保留的最低比例，同时授权合作社章程可以自主确定不低于法律规定的公共积累保留比例。

在不改变按惠顾交易量比例返还盈余规则的前提下，合作社立法应当优化资本参与分配的形式和渠道。在合作社成员参与合作社可分配盈余的分配方面，我国合作社法通过对惠顾返还和按股分红的比例、序位作出强制性规定，确立了惠顾返还相对于按股分红的优势地位，但对资本报酬的抑制也会引致资本困境。为此，可以考虑建立成员资格股、成员追加股、外部投资者投资股等多层次的资本来源通道，并合理设计不同性质股份参与盈余分配的渠道，以协调异质性合作社成员之间的利益分配关系。其中，成员入社以缴纳资格股金为必要，资格股金是合作社开展互助合作和服务社员的基础资金，资格股金的报酬体现为股息，受到资本报酬有限的限制，股息作为合作社的经营成本，不应参与合作社的按股分红，而应当在合作社进行盈余分配之前扣除并向成员支付。成员追加股和投资者投资股都具有向合作社投资的性质，二者都应当参与按股分红。在按股分红的序位设计上，应将外部投资者的投资股设置为优先股，可以先于成员追加股参与合作社分红，但不享有合作社的表决权；成员追加股获得相当于普通股的地位，享有一人一票的合作社表决权，其按股分红序位劣后于投资股。这样设计的原因还在于，优先股通常获得稳定的分红回报，由于其利益具有相对保障性，所以优先股分红收益相对较低，可以满足社会投资者保障资本安全和获得稳定增值的需求，使其长期稳定投资于合作社；而成员追加股所承受的合作社经营风险较高，可能获得高于优先股的红利，这样能对出资较多的合作社成员形成正向的激励，促使其更多地通过参与合作社经营管理和市场决策，发挥领头人作用，从而实现合作社和自身收益的增加；同时，成员资格股金应作为按交易量返还盈余的依据，促使合作社成员更加关心合作社的经营发展，参与合作社决策，最大限度地避免普通成员的机会主义行为。

第三，仍需解决的一个问题是，投资股分红与惠顾返还之间的分配序位问题，有学者认为，投资股应在按交易额返还之前取得资金报酬，[1]笔者认为，投资者参与合作社投资的形式和收益分配方式理应属于合作社与投资者双方自由约定的事项，完全可以在合作社章程中确定二者参与盈余分配的序位，对此立法不宜作强制性的统一规定。另外，农民专业合作社可以由生产者成员根据惠顾交易量比例，或者根据社员种植农产品或入股土地的面积比例，全部自行分摊筹集合作社经营活动所需的资本，这样就保持了合作社成员“所有者与惠顾者”角色的一致性，实现了按股分红和惠顾返还的统一。

第四，合作社盈余分配立法应当对管理要素贡献参与分配

〔1〕参见米新丽：“论农民专业合作社的盈余分配制度——兼评我国《农民专业合作社法》相关规定”，载《法律科学（西北政法大学学报）》2008 年第 6 期，第 93 页。

及其形式有所体现。为了对核心成员的管理和奉献进行正向的激励，应当赋予经营管理者一定的剩余索取权，这样可以防止管理者滥用职务便利侵害合作社及成员的利益，同时也有利于合作社治理结构的优化。党的十九大报告提出，要“培养造就一支懂农业、爱农村、爱农民的‘三农’工作队伍”，而这一乡村振兴中坚力量的形成和培育，必然要求对其贡献给予合理的回报。可以考虑采取股权激励、配股分红等多种方式，对核心成员的管理要素等贡献进行确认和给予回报。为此，可以修改《农民专业合作社法》第 29 条之规定，将理事长、理事的薪酬方式以及聘用管理人员的报酬情况纳入合作社成员大会的法定决策事项。

（四）农地入股合作社收益分配制度的完善

我国农民专业合作社立法已将农地入股合作社纳入调整范围，这就意味着农地入股合作社的基本制度应在既有立法框架下进行构建，农地入股合作社的收益分配制度也应当与惠顾返还为主，按股分红为辅的农民专业合作社分配制度相融合。有学者认为，“承包地经营权入股具有租赁和投资的双重特征，其中的租赁性质对应的租金收入可以认为是特殊惠顾，构成惠顾债权；而浮动分红可以理解为是惠顾返还，或者惠顾返还与按股分红的融合”[1]，或者“可以将土地入股数作为交易量替代指标按比例参与合作社盈余分配”[2]；但是也有学者认为，将入股农地面积或者折合股份看作成员与合作社间的交易量，不

〔1〕 参见高海、欧阳仁根：“农地入股合作社利益分配的法律解析”，载《重庆社会科学》2011 年第 1 期。

〔2〕 参见张益丰：“合作社内部盈余分配方案存在的问题及改进措施——对新修订《农民专业合作社法》的几点看法”，载《中国农民合作社》2018 年第 7 期。

符合惠顾返还为主的分配原则。[1]由此可见，在具体的制度设计层面，囿于法律规定的缺失，学界对承包地经营权入股额是否能比照农户与合作社之间的交易额，从而适用惠顾返还原则存在异议。

笔者认为，农地入股合作社的收益分配应当坚持合作社分配的基本思想和原则，同时也有回应分配实践的必要。“固定租金+浮动分红”收益分配形式具有正当性和合理性，理应在农民专业合作社立法中予以确认和表达。农地入股合作社的分配制度要融入和体现在现行合作社的立法框架下，就需要对这一分配形式重新予以定位和解释。前述将固定租金定位为惠顾交易额的解释路径考虑到农户利益保障优先于资本等生产要素的优先性和充分性（不低于合作社盈余的60%且优先分配），又与农地入股合作社属于承包地经营权的债权性流转方式的法律性质界定相符合，有利于农民专业合作社立法与“三权分置”立法的有序衔接和法律规定的体系化，值得肯定。因此，农地入股合作社的收益分配制度设计无须抛开《农民专业合作社法》规定而另起炉灶，只是需要在理论上将固定租金收益解释为一种农户和合作社之间的特殊惠顾，从而纳入现行法律框架的调整范围。

（五）合作社成员盈余分配权法律救济制度的完善

对于成员盈余分配权是否给予司法救济的实质在于，合作社内部自治与司法介入之间的关系处理。目前立法并未赋予成员盈余分配权利受损之救济权，但是这一规定不尽合理，应当分情况讨论：

第一，对于合作社盈余分配的不同事项，合作社自治与司

〔1〕参见任大鹏、吕晓娟：“土地经营权入股农民专业合作社的法律问题”，载《中国农民合作社》2018年第7期。

法介入各有其作用的空间。笔者认为，盈余分配的实体性问题应属于合作社内部自治的范围，而盈余分配的程序性问题可以作为司法介入的对象。司法介入的有限性和审慎性意味着，对于合作社盈余分配的实体问题，如合作社章程关于盈余分配的自治性规定、合作社有无盈余，生产者成员与合作社交易的条件、公积金提取事项，惠顾返还和按股分红的比例，合作社股权的设置及其分配地位等，司法应当保持审慎，一般不予介入；而对于盈余分配的程序性问题，比如成员参与合作社盈余分配资格的剥夺或者侵害、成员参与盈余分配决议的表决权的剥夺、成员大会未按照法定程序作出盈余分配决议，如成员大会在未达法定人数情况下召开或者未达表决比例而通过决议等，司法救济存在发挥作用的必要空间。因此，盈余分配作为合作社的内部事务，对成员盈余分配权的司法介入应当重点着眼于盈余分配决议作出和执行过程中的程序权利救济，而非对盈余分配实体结果的司法审查。

第二，就合作社自治与司法介入的相互关系而言，应当遵循合作社内部救济在先的原则，即司法救济不宜直接介入，而应以合作社内部救济结果作为司法裁判的评价对象。合作社盈余分配受到合作社的经营活动是否产生盈余，是否具备了合作社章程规定的分配盈余的条件等诸多因素的影响，对于成员在合作社盈余分配中的利益得失的判断，合作社显然更加具有信息优势和组织优势。因此，如果成员认为合作社盈余分配决议未遵循法定程序作出或者决议的实体性内容侵犯成员的合法权益的，应当首先向合作社理事长或者理事会提出异议，如果在合理期限内没有得到答复或者对答复仍然持有异议的，才可以向法院提起撤销之诉，请求人民法院撤销该决议。

在《农民专业合作社法》中应当对成员盈余分配权司法救

济的作用范围和救济方式作出规定，以弥补权利救济方面的立法缺失。为此，立法中应当规定，合作社成员大会作出的盈余分配决议违反法定程序或者侵害合作社成员合法权益的，受侵害的合作社成员可以向合作社理事长或者理事会提出异议，如果在规定期限内未得到答复或者对答复仍持有异议的，可以请求人民法院予以撤销。

本章小结

目前我国学界关于农民专业合作社收益分配制度的研究，存在坚持合作社本质规定性的盈余分配观与实用主义的盈余分配观这两种截然对立的观点。这两种观点的激烈碰撞体现出在农民专业合作社盈余分配的理想和现实之间、规范性和实用性之间存在巨大差异，其背后反映的是对不同涉农主体利益的安排，以及对我国农民专业合作社的未来发展原则、方向和路径等诸多根本性的问题的思考。

我国农民专业合作社立法应坚持农户目标导向，以提高小农户组织程度和利益保护为宗旨，农民专业合作社的盈余分配制度应当坚持合作社的本质规定性，遵循惠顾返还为主的基本原则，这是由合作社的本质属性和价值理念决定的，是我国当前农村振兴、农业现代化和农民富裕的制度要求，是国家关于农民专业合作社法律规范和政策支持的基本要义。这就要求将惠顾返还原则作为合作社盈余分配制度的逻辑主线，按股分红作为兼容性和辅助性的分配规则。

现行立法所确立的以提高农民组织化程度和维护农民成员利益为主导性目标，同时兼顾其他主体利益的制度安排，无疑是符合我国国情和农情的，但是一些具体的制度设计可能存在一些偏差，难以兼容实现合作社法的多维制度目标。为此，合作社收益分配制度的完善需要在盈余分配主体资格制度、分配决策制度、盈余分配具体规则、盈余分配权利救济规则等层面进行统一筹划和合理安排。其一，在盈余分配主体资格制度方面，需要确认成员缴纳资格股金作为入社条件和惠顾返还的依据，以强制性的资格股和任意性的类别股相结合的出资制度为中心，适度降低成员异质性对合作社分配决策和分配结果的影响；其二，以附加表决权的合理规制为中心，完善合作社盈余分配决策制度；其三，建立公积金的强制提取和部分不可分割规则，以实现合作社自身利益、合作社债权人利益和合作社成员利益平衡协调；其四，确立不同性质股份参与盈余分配的渠道，协调异质性合作社成员之间的利益分配关系；其五，适应“固定租金+浮动分红”的分配实践需要，将固定租金收益解释为一种农户和合作社之间的特殊惠顾，从而将农地入股合作社收益分配纳入现行法律框架的调整范围。其六，探索建立以程序性权利救济和司法兜底保护为中心的盈余分配权损害救济制度。

第五章
农地企业经营收益分配法律制度

农户和企业之间形成稳定和紧密的利益联结机制，是农地企业经营收益分配制度的关键。农地企业经营收益分配制度的关键议题在于，在企业作为农地经营利益的在位控制者和分配主体且具有交易优势和分配主导地位的情况下，农户如何持续且公平地分享企业经营收益。为此，需要从可持续性和公平性两个维度，讨论企业和农户的利益联结制度的稳定性和紧密性。农地企业经营目前主要采取“公司+农户”的组织形式，在“三权分置”背景下，土地经营权入股公司实现纵向一体化经营，可能成为未来农地流转和农业经营的重要形式。为此，本书在对农地企业经营形式及其收益分配现状进行分析的基础上，厘清农地企业经营收益分配制度的问题导向和关键议题，并就如何完善“公司+农户”经营和农业企业纵向一体化经营中的收益分配制度，提出相应的制度对策。

第一节　“公司+农户”经营收益分配的制度构造*

“公司+农户”经营是企业和农户在农业生产前订立产销合

---

* 本节内容已由作者先行发表，在行文时根据语境略有删改。参见刘恒科：“‘公司+农户’利益联结制度的优化路径探析”，载《社会科学动态》2020年第7期，第60~65页。

同，约定双方的权利义务，农户根据合同生产，公司或其领办的农民专业合作社按照合同收购农产品的一种农业经营形式。[1]“公司+农户”的法律基础是契约，是以框架性的长期合约为利益联结纽带的，介于企业和市场的中间型组织。“公司+农户”经营在平等互利、合作共赢的基础上进行，以降低交易成本和增进长期合作剩余为目标，相应的收益分配制度应当围绕经营活动的可持续性和利益的公平分享，从正式合约治理和非正式的关系治理展开设计。

一、“公司+农户”经营收益分配制度的理论预设与现实困惑

（一）“公司+农户”经营及其收益分配制度的理论预设

“公司+农户”可以看作是公司和农户为了节约重复交易成本，减少交易不确定性和潜在风险，而以长期合约取代以往普遍存在于公司和农户之间的一次买断性交易，从而形成一种“准一体化”经营形式。“公司+农户”经营形式既不同于企业与农户之间的一次性市场交易，也不同于以要素契约为特征的完全纵向一体化，而是以稳定的契约关系为利益联结纽带的中间型组织。“公司+农户”经营形式将市场交易关系和合作关系结合在一起，能够在合作共赢的基础上解决农户和公司的收益分配问题，是农业产业化经营的主导性的组织形式。

“公司+农户”经营模式保留了农户和企业各自经营活动的相互独立性，综合利用农户在农产品生产环节和企业在农产品加工、销售和品牌建设等方面的双重优势，在减少农户经营的不确定性风险的同时，也使企业能够获得稳定的农产品供给和

〔1〕参见刘凤芹：“不完全合约与履约障碍——以订单农业为例”，载《经济研究》2003年第4期，第22页。

质量保障，提高了专业化分工的效率，因而被认为是解决小农户和市场衔接问题的组织载体。首先，“公司+农户”经营模式契合了农业生产环节的特征。虽然农业机械和技术的普及使得种植业分工细化成为了可能，但是就总体而言，农业生产环节仍然呈现出经济再生产和自然生命过程有机结合的特征，需要农业生产者不定期地接受不规则的自然生命信息并且及时作出反馈，不适合以标准化和可监督为特征的现代工业生产。因此，家庭经营是农业生产环节的天然经营形式，可以有效地节约分工和监督以及核算成本，家庭经营的单位面积生产率较高，符合我国人多地少的客观条件，具有经济上的合理性；我国小农经营具有精耕细作、资源集约、生态友好的传统优势。〔1〕其次，“公司+农户”经营模式可以节约农户和公司各自的交易成本，降低交易风险。在“公司+农户”经营模式下，农户实际上成为龙头企业的农产品生产车间，接受公司提供的技术、农资、融资等服务，在公司指导和定购指令下进行专业化生产，产品由公司负责收购，因此，农户在农产品种植环节可以节约种植品种选择成本、销售成本和生产成本；公司通过与农户的稳定合作，可以获得数量和质量相对有保障的稳定货源，控制原材料价格和生产成本，二者容易达成长期共赢关系。〔2〕

“公司+农户”经营模式可以兼容农户和企业各自的优势，也是农业产业化组织的最基本形式。企业通过和农户签订农产品购销合同，协商合理的收购价格，确定保底价或者保底价加返利，并形成稳定的购销关系，保证收益分配的可持续性和公

〔1〕参见温铁军：“中国小农经济拥有西方无法替代的优越性”，载《中国乡村发现》2016年第2期。

〔2〕参见刘凤芹：“‘公司+农户’模式的性质及治理关系探究”，载《社会科学战线》2009年第5期，第46页。

平性。由此可见，“公司+农户”经营模式在理论上能够保证农户和企业建立分工合作、互利共赢、长期有效的收益分配秩序，尤其是在对双方资产专用性都要求很高的农业专业性生产或者特色农产品领域，这种理论预设更具有可行性。

(二)“公司+农户”经营收益分配制度的现实困惑

与上述理论预设不同，“公司+农户”经营模式在实践中存在违约率高，收益分配不公平，利益联结不紧密等问题。[1]对于理论预设和现实的反差，通常的解释是，企业和农户的市场力量和谈判实力不同，导致合作剩余的分配更多偏向企业而非农户，企业通过对产前产后环节的控制侵蚀了农户在生产环节的收益；或者农户与企业由于市场权力差异导致的不平等交易。这种“剥削论”可能面临的质疑在于：一是，“公司+农户”经营形式下，双方都具有相对独立性，是介于企业组织体和市场之间的中间形态，双方都可以行使单方退出权，以对抗不平等的分配待遇使之不可持续；二是，对于“剥削论”的过度强调忽视了企业创造收益的主体地位，以及农户为节约交易成本对企业的合作需求，二者合作的达成是自愿选择的结果。因此，比较合理的解释应当是回到“公司+农户”经营模式本身的契约属性来寻求答案。

由于有限理性和交易成本，信息和市场是不完全的，据以订立和执行合同的信息是不可获得的或者不可确定的，导致合约是不完全的。合约不完全表现为：一是，合约约定内容不清晰或者不周延，不可能预先精确和详尽地设定所有的可能情况及其细节内容；二是，由于信息不完全或者执行成本太高而导致合约实质上难以发挥作用，前者是通常意义上的合约不完全，可以通过双方协商，或者合同条款补全规则以及合同解释规则

〔1〕 参见蔡建华、陈玉林、郑永山：“对‘公司+农户’组织模式的反思”，载《宁夏社会科学》2012 年第 6 期，第 32 页。

加以完善，后者则属于“注定不完全”的合同。[1]公司和农户各自的相对独立性加强了订单农业合约的不完全性。合同的不完全性使得基于合同产生的剩余控制权和剩余索取权的分配归属不明，或者重新界定的成本高企，影响企业和农户合作经营的可持续性和收益分配的公平性。具言之，“公司+农户”契约的不完全性包括以下三个方面：

1. 合约缔结环境与不完全合约

农业生产经营本身就具有很强的自然风险和市场风险，农户和公司在缔约时面临未来农产品价格和质量的市场和自然信息的双重不确定性，因此，双方在农产品生产前缔结的农业订单具有不完全性。不完全合约也是一种风险规避机制，为双方都保留了未来合约履行和事后协商的弹性调适空间，订单也只是框架性协议而不能囊括所有细节。

2. 合约履行障碍与不完全合约

不完全合约放大了机会主义行为产生的概率，尤其是在守约收益小于违约收益的情况下，违约就成为必然。在框架性协议安排下，农业订单是否能够履行，取决于企业和农户双方利益的契合程度。市场波动导致的价格利差是订单农业履行面临的主要障碍。投入资产专用性较多的一方通常会面临被对方“敲竹杠”的风险。典型的表现形式是：当市场行情较好时，农户可能不遵守农业订单，高价出售农产品，或者瞒报产量，私下出售；当市场行情较差时，企业通常选择不按订单价格付款，采取压价行为或者提高质量要求变相压价。

3. 合约责任落空与不完全合约

实施机制是制度的重要组成部分，违约追究机制对于合约

〔1〕参见刘凤芹：“不完全合约与履约障碍——以订单农业为例”，载《经济研究》2003年第4期，第23页。

的执行至关重要。但是，在农业订单违约责任的认定和追究方面，由于面临责任认定难、法庭执行成本高等问题，导致责任落空，出现大量的违约行为或者事后再协商行为。首先，违约责任难以认定。农产品具有典型的经验产品特性，产品质量通过观察无法判断，[1]而且即使质量度量成本低，也很难判断农产品的质量问题是自然原因还是农户因素。其次，违约责任的追究方式往往是交易合约的重要内容，但是企业和农户在纠纷解决方法选择上有着不同的行为逻辑，双方会以不同的方式应对对方的违约，导致产生大量的事后协商成本。最后，违约责任追究的成本太高，[2]双方通常选择终止合作，违约损失往往只能"躺在原处"。

综上，"公司+农户"经营收益分配制度的理论预设与现实状况存在反差，原因在于"公司+农户"经营模式的独特性，农业订单合同的不完全性，仅靠合同这一正式制度促进企业与农户合作存在天然的缺陷，需要拓展"公司+农户"经营组织的治理方式。

二、"公司+农户"经营收益分配的关系治理维度

市场主体的经营及其收益分配活动体现人对物的支配关系，其背后是经济交互行为中的人与人之间的关系。从经济活动的社会嵌入性（embeddedness）[3]出发，任何市场交易都具有经济交换性和社会关系性两个维度。"公司+农户"经营组织的特

---

〔1〕 See Carriquiney M. and Babcock B. A. "Can Spot and Contract Markets Co-exist in Agriculture?", *Working Paper*, 02-Wp311. Iowa State University, 2004.

〔2〕 See Beckmann, Volker and Boger, Silke, "Courts and Contract Enforcement in Transition Agriculture: Theory and Evidence from Poland", *Agricultural Economics*, Vol. 31, No. 2, 2004, pp. 251~263.

〔3〕 See M. Granovetter. "Economic Action and Social Structure: The Problem of Embeddedness", *American Journal of Sociology*, vol. 95, no. 3, Nov. 1985, pp. 481~510.

性在于，其是农业领域特有的介于科层制企业和交易市场之间具有等级合作关系的中间型组织，交易活动的关系性及其所依赖的社会资本程度很高，企业和农户的契约兼有交易契约和关系契约的特征。在合约不完全的情境下，二者的交易合约主要体现为一种在合同约束下的市场关系，〔1〕极易由于其软约束性而变为实质上的空合约，而信息沟通、信任、互惠等关系性规则，以及在此基础上产生的有效激励合作机制，对于企业和农户及其交互行动产生决定性的影响。〔2〕因此，以“关系契约—关系治理”为框架，从关系治理的制度内涵出发，可以深入分析“公司+农户”经营收益分配的关系治理及其制度设计。

（一）“公司+农户”经营组织的关系契约性质

针对正式契约在理论解释力方面的不足以及其所面临的实践困境，Macneil 在 1978 年首次提出关系契约理论。Macneil 把合约分为离散合约（Discrete Contract）和关系合约（Relational Contract），并且认为传统合同法制度所预设的合同基础或者调整对象是不特定主体之间的非经常性或者离散型合同关系，相关制度设计着眼于单个合同在缔结当时和未来履行所必需的条款完备性和可执行性，而关系合约比离散合同更加具有合约内容的复杂性和存续期间的持久性，因此，相关制度设计应赋予关系合约更多的灵活性和调适空间。〔3〕合同的真正含义在于交易发生时的双方关系，其次才是具体的交易、协议和交换行为，

〔1〕 参见生秀东：“订单农业契约风险的控制机制分析”，载《中州学刊》2007 年第 6 期，第 54~57 页。

〔2〕 参见陈灿：“农业龙头企业对合作农户的关系治理”，载《中国农村观察》2011 年第 6 期，第 46~57 页。

〔3〕 See Macneil, Ian R., “Contracts: Adjustment of Long-term Economic Relations under Classical, Neoclassical, and Relational Contract Law”, *Northwestern University Law Review*, Vol. 72, No. 6, 1978, pp. 854~905.

每一项交易活动都嵌入其所发生的社会关系之中，对交易活动的认知和有效执行需要认识和分析对交易产生重大影响的社会关系。[1]根据制度经济学者威廉姆森的观点，关系契约适用于解决由于专有性投资造成的签约后的机会主义行为。交易关系契约理论的提出对于组织管理学、经济学和法学研究都有相当的启示和参考意义。有学者提出，关系契约是确立契约双方合作关系的基本原则和目标，以及合作的最基本事项的框架性契约，具有关系嵌入性、关系长期性、自我执行性和协议开放性等主要特征。[2]

作为传统合同法预设基础的离散性合同，可以认为是不特定交易主体初次缔结并执行的合同形态，就合同双方的单笔交易孤立来看，符合法律关于离散性合同的一切预设，但是市场交易日复一日，频繁进行，离散合同通常会面临巨大交易成本和社会资源的浪费，因而其只能作为日常合约行为的样品化提炼和表达，并不是社会生活的常态。市场交易活动并非在某种理论预设或者真空状态下进行，而是嵌入合同双方的交易关系之中，关系契约才是现代经济社会条件下合约的常态形式。任何合约只是在纯粹的离散合约和纯粹的关系契约的中间状态，需要依其主导方面来对合约性质作出判别。关系契约是具有合同内容灵活性和适应性，主要依靠交易双方相互之间的信任、互惠和信息交流机制等关系认同机制维持和履行的长期性合约。在交易信息细节不确定或者不可能确定的情况下，交易主体之间形成的关系契约，可以激励主体进行专用性投资的行为，接受

〔1〕 See Ian R. MacNeil, "Relational Contract Theory: Challenges and Queries", *Northwestern University Law Review*, Vol. 94, No. 3, 2000, pp. 878~881.

〔2〕 参见孙元欣、于茂荐："关系契约理论研究述评"，载《学术交流》2010年第8期，第117~123页。

关系约束自动执行契约，从而克服机会主义风险，降低交易成本。

“公司+农户”经营组织特性及农业订单合约的不完全性，是理解其关系契约性质的关键所在。“公司+农户”经营形式既不同于企业与农户之间的一次性市场交易，也不同于以要素契约为特征的完全纵向一体化，而是以稳定的契约关系为利益联结纽带的中间型组织。组织间交易是典型的根植于社会关系的重复交易活动，关系契约及其治理能够促进对价值目标和过程行动一致性的认同。[1]公司和农户应当通过分工合作建立长期利益的互惠共赢机制。二者的利益协同机制不是一体化或者完全市场交易，而是长期性的农业订单。由于订单合同的不完全性和软约束性，企业和农户的合约具有关系契约的典型特征，其缔结和履行需要二者之间建立信任和互惠的合作共赢关系，以增强彼此的资产专用性和相互依赖程度。

（二）“公司+农户”经营组织的关系治理

关系契约的框架性和长期性决定了处于合约交易关系的双方共享并遵从某些具有实质约束力的行为标准。根据关系契约理论，合约约束力的来源不能仅限于缔约时双方意思的一致表示或者承诺，尤其是在长期性的关系合约场合，合同义务来源于关系规范（Relational Norms）。[2]关系规范是指合作伙伴之间共享的行为预期规则，其目标是提高“作为一个整体的利益关系”。“关系契约通过关系规范来实现治理效果。”[3]关系规范

---

〔1〕 See Laura Poppo, Todd Zenger, “Do formal contracts and relational governance function as substitutes or complements?”, *Strategic Management Journal*, Vol. 23, No. 8, 2002, p. 709.

〔2〕 See Paul J. Gudel, “Relational Contract Theory and the Concept of Exchange”, *Buffalo Law Review*, Vol. 46, No. 3, 1998, pp. 769~770.

〔3〕 王颖、王方华：“关系治理中关系规范的形成及治理机理研究”，载《软科学》2007年第2期。

可以克服正式合约适应性的局限，满足在组织间契约以及不完全合约情况下交易双方关系治理的需要。当交易涉及高度复杂性和不确定性时，以关系规范为核心的关系治理比正式合约治理能更有效地约束机会主义行为。[1]原因在于，法律制度对合约行为的规定有赖于当事人之间订立的明确的正式合约，否则无法推知当事人的真实意思，更无法判断违约行为和责任归属，难以对合约缔结和履行中的机会主义行为进行规制，而在关系契约场合，合约内容具有高度的不确定性和灵活性，合同双方对于关系规范的同意和执行要胜于对合同条款的执行，需要发挥关系规范的自我实施和灵活调适功能。[2]

关系治理是交易双方主体通过共有的关系规范准则来协调二者的行动或者管理合作行为。[3]关于这些关系规范的构成要素，学界认识不一。根据 Macneil 的经典分类，包括十种规范要素，[4]而 Poppo 等针对关系契约的不完全性特征，认为关系规范应当有利于促进合同双方通过信息交流和协商机制，就未来不可预见的事项采取共同调适行动，并且提出合约灵活性、关系团结性和信息交换三项主要标准。[5]我国也有学者提出，组

---

〔1〕 参见胡新艳："'公司+农户'：交易特性、治理机制与合作绩效"，载《农业经济问题》2013 年第 10 期。

〔2〕 See Peter Smith Ring, Andrew H. van de Ven, "A Structuring Cooperative Relationships between Organizations", *Strategies Management Journal*, Vol. 13, No. 7, Oct. 1992, pp. 483~498.

〔3〕 See Jan B. Heide , "Inter-organizational Governance in Marketing Channels", *Journal of Marketing*, Vol. 58, No. 1, Jan. 1994, pp. 71~85.

〔4〕 See Paul J. Gudel, "Relational Contract Theory and the Concept of Exchange", *Buffalo Law Review*, Vol. 46, No. 3, 1998, p. 777.

〔5〕 See Laura Poppo, Todd Zenger, "Do Formal Contracts and Relational Governance Function as Substitutes or Complements?", *Strategic Management Journal*, No23, May 2002, p. 710.

织间交易的关系治理包括信任、互惠和信息交换三个维度。[1]由此可知，合约双方的关系治理是关系合约的缔结、履行和长期有效的关键，当事人之间的关系规范在关系治理中处于核心地位，互惠和信任是关系契约得以自我实施的主要要素。

在"公司+农户"经营组织模式下，公司和农户各自保有相对独立的经营地位，二者交易互动的过程也是关系合约的生成过程，公司和农户利益契合的程度决定了关系契约的执行效率。从理论上来说，公司和农户处于相互依赖、合作共赢的关系，双方的关系治理除了依赖农业订单合同这一正式制度以外，还需要应对订单合约的不完全性，采取以关系规范为核心的非正式制度。公司和农户通过事先设定双方的事业目标、长期计划、权责利和收益分配预期，对关系规范的形成和巩固具有基础性的作用。在实践中，公司作为关系治理的主导方，通过保底价格收购、多元化服务、参与农村社区治理、提供社会福利等方式，改善农企关系和村企关系，促使企业和农户形成共享价值、关系规范和良性长期合作的预期。"公司+农户"经营模式的农村社区融入，使得涉农企业能够更好地利用传统的农村熟人社会关系规范和网络资源，形成互惠和信任的关系治理要素。

(三)"公司+农户"关系治理的制度内涵

制度是人类设计的制约人们相互作用的约束条件，制度限定了人的行为选择集合，制度可以分为强制性的正式制度和自律性的非正式制度及其实施机制，其中，非正式制度又包括行为规范、惯例和自我限定的行事规则。[2]合同作为当事人之间

---

〔1〕 参见胡新艳：《"公司+农户"交易特性、治理机制与合作绩效》，中国经济出版社2016年版，第153页。

〔2〕［美］道格拉斯·C. 诺思：《制度、制度变迁与经济绩效》，杭行译，格致出版社、上海三联书店、上海人民出版社2008年版，代译序，第4~5页。

的“法锁”，意思自治具有法律约束力，属于当事人之间的正式制度范畴。关系契约对以合意为中心的传统合同法理论提出了挑战：首先，关系契约内容具有开放性、灵活性和事后调适性，不具备正式合同条款的精确性；其次，关系契约的执行通常不依赖法院或者仲裁等正式制度装置，而是主要依赖于当事人在长期交易中形成的信任、互惠等关系规范；最后，二者对机会主义行为的制约机制不同，传统合同法建立在理性经济人利益最大化的人性假设基础上，强调博弈和合意的作用，而关系契约更加注重经济活动的社会关系嵌入性，合约双方为追求未来合作价值而建立互利和利他关系的长久作用。因此，在不完备的关系契约场合，自生自发的关系规范对于合约关系的维持和执行起着关键作用，应当着重研究具有非正式制度性质的关系规范的制度内涵及其与法律规则衔接的形式和途径。

首先，关系规范作为交易主体之间共享的行为模式或者行为准则，应当属于当事人自我限定的交易习惯的范畴。根据《民法典》“合同编”的规定，交易习惯具有对当事人在合同中约定不明事项的续造功能，交易习惯可以为不完备合同提供补全规则，履行规则和解释规则。[1]由此，交易习惯为关系治理纳入正式制度规则系统提供了通道，交易习惯中相对固定的规则也实现由非正式规则向正式规则的渐进式嬗变。因此，作为关系治理的核心内容，关系规范借助交易习惯之立法管道与正式合约规范有机衔接。其次，关系治理的有效性除了依赖关系规范的柔性约束和未来合作利益的引导，还需要发挥声誉机制的作用。声誉机制作为一种信息传导机制，可以影响重复博弈的市场主体对于交易对象的选择和交易行为的预测。

[1] 参见《民法典》第580条、第581条关于合同履行规则的规定。

“公司+农户”经营组织的关系治理，需要借助信任、互惠和信息交流等关系规范加以实现。公司和农户之间的关系规范是在双方利益联结的过程中自发生成的一种非正式制度，通常以交易习惯的形式纳入农业订单合同的补充性和解释性内容的范畴。根据农业经营地条件和的市场环境的不同，企业和农户之间的关系契约及其治理规范具有多样性、复杂性。关系治理规则安排的异质性是“公司+农户”经营组织和合作绩效存在差别的主要原因，我们可以从中抽象出有效的一般性制度规则，提出完善“公司+农户”组织关系治理及经营收益分配的制度路径。

三、“公司+农户”经营收益分配制度的完善路径

合同作为具有相对性的当事人之间的法律，满足了市场经济条件下不特定主体之间意思表示和交互行动的需要，与此同时，合约的缔结和执行在特定的人际互动和社会关系场域中展开，交易行为的经济性和社会性相互融合，正式制度（合同及合同法）与非正式制度（社会规范、交易习惯等）共同发挥作用。正式合约基础上的重复性博弈有利于降低机会主义行为的风险，增进主体间互动的连续性和信任关系，建立长期稳定的合作关系，而关系治理能够更加凝聚交易主体共识，形成交易双方共同遵守的行为准则。正式合约具有“强制性”，而关系治理侧重于“自律性”。因此，合约治理与关系治理呈现互补和竞争关系，两种治理机制相辅相成，相互促进，共同提升公司和农户的合作绩效，并且形成互惠的收益分配秩序。订单农业合同的约束力来自于正式有效合约的法律保护，同时也来自于合同履行过程中的关系治理制度[1]，应通过合同治理和关系治理

〔1〕王肃：“订单农业运行机制的法律分析”，华中农业大学2006年博士学位论文，第183页。

两方面的制度构造和完善，实现对“公司+农户”经营收益分配失衡的制度矫正。

(一)“公司+农户”收益分配合同治理的制度完善

适当的合同安排可以减少机会主义的活动空间，限制合作关系的道德风险。[1]“公司+农户”经营组织利益联结或者收益分配的基础是农业订单，对于农业订单合同治理的规范和完善，是增强公司和农户利益联结程度，促进二者达成适度分工、合作共赢关系的关键。

合同治理是公共规制的一种手段，旨在以合同方式表达和实现国家意志对于市场主体自主行为的适度干预，从而以引导性或者激励性规制的方式导入公共政策目标。相对于传统管制手段，契约治理更加柔性，更能得到市场主体的认同与遵从。合同示范文本作为国家机关制定的处理企业与农户交易关系的指导性文本，彰显了契约治理的基本理念，通过引导当事人的缔约行为，体现市场交易规律和国家干预意志的平衡。而且，订单农业合同示范文本可以克服契约不完备的问题，节约当事人的缔约成本，保证弱势当事人的利益。因此，在正式制度层面，农业订单合同治理需要通过完善相应的合同示范文本制度加以实现。

在“公司+农户”组织模式下，合同示范文本应当符合农业产业特性的要求，处理好合同内容的精确性和适应性之间的关系。由于农产品定购价格和质量条款的不完备性，订单合同中有关收益分配的规则设计应侧重于程序性和保障性，主要表现为价格条款、风险控制条款、弹性协商条款，以及关于农产品质量的过程性合作管理条款。

---

〔1〕 See Joseph P. Cannon, Ravi S. Achrol and Gregory T. Gundlach, “Contracts, Norms, and Plural Form Governance”, *Journal of the Academy of Marketing Science*, Vol. 28. No. 2, 2000, pp. 180~194.

订单农业合同中的价格条款宜采取选择性条款方式，企业和农户可以根据农产品生产和市场特性选择的价格确定方式包括：保底收购、随行就市的方式，保证价收购方式，市场保护价加返利方式等。其中，在保底收购价基础上，实行随行就市的价格或者保证合同价格高于市场价格的条款设计可以较好地消弭农户的潜在违约行为。订单农业合同中的风险控制条款，根据风险来源的不同，可以采取不同的风险防控条款，针对农业生产中的自然风险，可以约定由直接负责生产环节的农户投保，龙头企业资助订单农户参加农业保险，也可以由公司对农户的意外损失进行适当的补偿，这样可以加强“公司+农户”经营组织的风险防范能力和利益联结程度；针对农业订单履行中的市场风险，可以采取公司和农户各自缴纳一定比例的履约风险保障金〔1〕或者参加履约责任保险的形式。由于订单农业合同的不完全性，在合同中应当设置一定程度的重新谈判条款，应对交易环境改变的情况下双方都愿意做出调整的事项。

农产品的质量是订单农业模式中公司和农户关注的焦点问题，关系到订单合同的履行和双方收益的顺利实现。但是，由于农产品经验商品的特性及其质量信息的不可获得性，而且农产品质量受到多种因素影响，不能从产出控制的角度加以规范，而只能从生产行为过程管理中加以约束。因此，订单农业合同中的质量合作管理条款即成为关系收益分配的合同必要记载事项。质量合作管理条款是指企业针对农产品生产过程的关键节点的技术控制和质量督导的分阶段操作性条款，从产前的原料提供、产中的信息、技术和操作服务，到农产品收获后的储存、分类、包装等，都有相应的质量管理和生产要求，这种符合农

〔1〕《国务院关于支持农业产业化龙头企业发展的意见》提出：“支持龙头企业与农户建立风险保障机制。”

业专业化生产的行为控制条款是典型的“过程合约”，可以减少合同不完备带来的生产监督成本和质量度量成本，有利于控制农户的生产行为，同时，在生产和管理合作过程中建立的信息交换和沟通协调机制，可以增进公司和农户的相互信任关系和共享行为模式，为二者的良性关系治理奠定基础。

另外，“公司+农户”组织形式应更多地向“公司+合作社+农户”的组织深化方式演进，利用合作社组织农户，节约交易成本的优势及其在收益分配方面向按劳分配倾斜的制度优势，实现公司和农户的长期合作和分配公平。

（二）“公司+农户”收益分配关系治理的制度完善

关系治理代表了能够对组织间交换关系产生维系和控制作用的社会机制。[1]“公司+农户”经营模式的关系治理，需要借助信任、互惠和信息交流等关系规范加以实现。公司和农户之间的关系规范属于非正式制度的范畴，是从二者长期互动交往中自然生成的共享行为模式和互助协调机制。因此，需要从内部关系规范生发的角度出发，完善外部制度环境设计。在公司和农户的互动交往中，公司处于二者关系的主导者地位，相应制度的完善应以对公司行为的柔性规制为重点展开。

从公司和农户关系规范的基本维度来看，信任关系是基础，互惠是核心要素，信息交换机制是基本手段。信任机制能够增进合约双方的长期交互行为，降低监督成本和机会主义行为概率；互惠是合作关系得以可能的道德机制和基本原则，[2]公司

---

〔1〕 See Ferguson, R. J. Michele P. and Jasmin B., “Contractual Governance, Relational Governance and the Performance of Inter-firm Service Exchanges: The Influence of Boundary-Spanner Closeness”, *Journal of the Academy of Marketing Science*, No. 33, March 2005, pp. 217~234.

〔2〕 参见折晓叶：“合作与非对抗性抵制——弱者的‘韧武器’”，载《社会学研究》2008年第3期，第1~28页。

和农户互惠机制的关键是在价格合约条款不完备的情况下形成收益共享、风险共担的机制，公司应当更多地承担社会责任，通过合理的价格条款的设计主导互惠机制的形成；信息沟通和交流可以解决信息不对称问题，使公司和农户建立信息共享机制、动态调适机制和纠纷预防及化解机制。从关系规范的这三个方面对公司行为的外部规制要求来看，应当发挥声誉机制的作用，降低不完全合约的履约成本以及解决法律纠纷的成本，起到威慑和惩罚机会主义行为的作用。

声誉机制发生作用以当事人之间存在长期交易和反复博弈为前提，以信息生成和信息共享为前提。声誉机制和信息筛选、披露机制的联动作用，可以作为龙头企业实现带动农户增收和农业增效功能，承担社会责任的“软法”实现路径。[1]因此，为了推动“公司+农户”关系治理，需要完善龙头企业评级评价制度和信用信息公开制度。首先，优化龙头企业评价制度，实行逐级和分类晋升制度，并合理设计现行评价标准[2]的指标权重，并增加利益联结的累积持续时间和农户增收浮动比例作为参考性的评价标准，实行逐年按比例的累进式的财税优惠政策；其次，加强农业龙头企业的信用信息公开制度，同时加快农民专业合作社的规范化建设，发挥其联结企业和农户的信息优势。

第二节　农地企业直接经营收益分配的制度构造

在企业主导的农业全产业链纵向一体化过程中，企业还可

---

〔1〕参见钟颖、向超：“论企业社会责任的软法规制路径”，载《现代经济探讨》2015年第9期，第83~87页。

〔2〕根据相关政策文件，对农业龙头企业的现行评价指标主要包括企业带动农户的利益联结方式、带动农户数、带动农户增收数。

以采取“公司+基地+农户”的形式，或者农户自愿以承包地经营权等入股龙头企业，整合利用农户的土地资源，实现农地企业直接经营。农业投资者和农户通过生产资料股份化的形式组建公司，实现长期合作，既可以促进农民增收，使其以股东身份参与公司决策和内部治理，分享农业产业化经营增值收益，又可以提高企业和农户的利益联结程度，降低农户和企业的机会主义行为的风险，降低双方合作的交易成本。虽然具体的法律规则制度设计尚待完善，但是，在修改现行立法规定，推进承包地“三权分置”的政策背景下，农户以土地经营权入股的形式参与产业化经营，形成“公司+基地+农户”或者企业直接经营，已成为农地经营制度改革的重要实践形式，而且也基本上不存在政策上的障碍。需要重点厘清的是，企业纵向一体化经营组织的内部收益分配问题，即为了平衡企业直接经营农地过程中各相关主体的利益冲突，如何科学合理地对各方的收益分配权及其实现形式进行制度构造的问题。

一、农地企业直接经营收益分配的权利依据及制度价值

（一）农地企业直接经营收益分配的权利依据

农地企业经营以农户将土地经营权入股企业为前提，企业经营构成对农户经营的替代关系。从农地企业直接经营收益分配所涉及的权利基础来看，主要包括农户的收益权，企业的收益权，其他生产资料投入者的收益权。鉴于企业直接经营农地过程中，生产资源的配置通常采取股份化的形式，因此，又可以表述为企业收益权、农民股东的收益权及非农民股东的收益权。

1. 农民股东的收益权

农户参与企业经营收益分配的权利基础在于其对土地和自

身劳动力享有的支配权。在农户流转承包地经营权的场合，农地入股股金取代农户对农地的占有耕作，成为农户以收益权实现农地保障的方式，这是土地承包经营权物权化以及流转制度演进的必然结果。农地流转收益作为替代自耕保障的物质基础，对于农民的基本生存权具有重要的维系功能，同时也是确保企业持续取得农地经营权的基本前提，因此，家庭农户的农地经营收益分配权实现的安全价值和公平价值应得到充分彰显，而且应当在分配序位中处于优先地位，这需要在制度规范上进行特别的设计。在企业直接从事的农地经营活动中往往存在雇佣劳动的情形。农业劳动在价值创造中的特殊性，以及农业劳动者作为雇佣劳动者地位的弱势性，共同决定了劳动者收益分配权的倾斜保护地位，这些都决定了农业雇工参与企业收益分配的即时性和优先性。

2. 企业的收益权

企业的收益权可以从农地经营企业作为市场主体的自主经营权和企业债权人保护的双重视角得以证成。首先，从农地经营企业自身发展所需的必要资本积累出发，应当从企业经营收益所得利润中提取盈余资本公积金，用于转增为公司注册资本或者投入公司生产经营活动。这符合我国《公司法》关于公司财务会计制度的规定。其次，债权人利益保护也是农地经营组织体在处理内部收益分配问题时必须考虑的一个价值维度，这就要求农地经营组织必须从经营收益中优先提取一定比例的公共积累，以保持相对独立的自身利益和必要的偿债能力，这是平衡农地经营企业、农民与非农民股东和债权人利益的需要。企业的收益权是市场经济条件下农业经营企业参与竞争、信用维持和经营存续的基础，在利润分配的序位当中应处于优先地位。

3. 非农民股东的收益权

非农民股东通常是农业企业的领办主体，在现代农业经营体系中发挥要素整合和市场连接的重要作用，其介入农地经营活动的目标在于向企业投入资本、技术和企业家才能等现代化生产要素，通过提高农地经营规模和改善要素配置，获得加工和销售环节的经营增值收益，以及政府补贴等各种支农资源。非农民股东投资农业生产，参与收益分配首先是要保证投资的安全性，在此基础上追求营利性，因此，非农民股东在收益分配方式的选择上更加倾向于按股分红。

（二）农地企业直接经营收益分配的制度价值

农地企业经营收益分配主体的分配权利之间存在冲突，需要确立收益分配的制度价值和原则，以便对收益分配的权利构造、分配比例、分配顺序和分配程序等具体制度设计提供指导。相关政策文件提出，通过“引导农户自愿以土地经营权等入股龙头企业，采取‘保底收益+按股分红’等方式”，让农户分享加工销售环节收益。[1]由此可见，土地经营权入股企业产业化经营的政策目标主要包括两个方面：一是，使入股农户分享农业产业化的增值收益，促进农民增收；二是稳定企业对入股农户的土地利用关系。[2]农地经营收益分配制度的价值目标具有多元性，需要合理平衡安全、效率、平等和公平价值的关系。

安全是农地企业直接经营收益分配中具有优先性的价值目标。其中，农户生存保障安全、企业存续与经营安全、非农民

---

〔1〕 参见2016年中央“一号文件”；2017年5月31日中共中央办公厅、国务院办公厅《关于加快构建政策体系培育新型农业经营主体的意见》；2018年12月19日，农业农村部、发改委等六部门联合发布《关于开展土地经营权入股发展农业产业化经营试点的指导意见》。

〔2〕 参见吴义茂：“土地经营权入股产业化经营的几点思考”，载《农村经营管理》2017年第8期，第22~23页。

股东的投资安全处于安全价值的不同位阶。首先，农地流转收益作为替代自耕保障的物质基础，以及农业雇工劳动收入的取得，对于农民的基本生存权具有重要的维系功能，应当具有优先性。与此相对应的制度设计，一是，农户以承包地经营权入股的，应当采取“保底收益”的分配方式，这种实践中的通行做法符合保障农户生存安全的伦理观念，同时也是企业取得土地经营权的前提条件；二是，农户的承包地经营权不能纳入企业责任财产的范围，只能纳入企业经营管理财产的范围，而且在企业破产的情况下，要为农户取回承包地经营权作出特别的制度安排。其次，在企业经营关系存续期间，企业的正常经营活动是利润生成以及相关利益主体参与分配的前提，因此，在企业内部收益分配过程中，公积金的提取具有保障企业存续与经营安全的功能，应处于优先位序。最后，非农民股东的投资活动具有市场风险性，其投资安全价值应从属于效率价值，在股权设计中加以考量。

农地经营收益的生成是农地经营收益分配的前提和基础，这是影响“蛋糕”大小的问题，在没有利益可供分配的情况下，分配制度和分配公平无从谈起，无论分配原则或者规则怎样设计，都没有任何意义。因此，农地企业经营收益分配制度应当体现效率价值的要求。分配结果应当体现经济公平原则，反映生产要素在收益形成中的作用和贡献，按贡献分配是效率和公平价值的必然要求，也是收益分配参与主体最能接受的分配原则。效率价值和安全价值的关系在于，农户的农地入股收益和劳动收入的分配权应处于优先考虑的地位，应当优先于效率价值，而企业存续与经营安全、非农民股东的投资安全均有赖于农地企业经营的效率，二者应从属于效率价值的实现。

在农地企业经营收益分配过程中，应当秉持收益分配参与主体在分配程序性权利配置方面的平等价值，使各方主体都能就分配标准的制定事宜进行平等参与和民主协商。农户在农地流转中具有主体地位，企业流入土地经营权需要尊重农户的自主意愿，二者处于平等的合作博弈关系，土地入股实行“保底收益+分红”的分配方式，正是实践中企业和农户平等协商的最终结果。在企业经营收益分配过程中，通常以各种生产资料作价量化的股权作为决策和分配的依据，最终体现为资本多数决定原则，而相应的收益分配结果也体现为按股分红，分配决策和分配结果必然主要体现非农民股东的利益诉求，这符合按贡献分配的公平原则，但由此可能导致农户土地股权的虚置和弱化的结果，需要合理配置农民股东和非农民股东的股权。

二、农地企业直接经营收益分配的制度冲突与理论争议

（一）农地企业直接经营收益分配的制度冲突

农地企业直接经营收益分配涉及企业、农民股东、非农民股东和企业债权人等多方主体的利益分割。农户土地流转收益的保障性和分享企业经营成果的政策目标，共同决定了“保底收益+浮动分红”的分配方式，这引起农户与其他收益分配主体之间的利益冲突，也难以与公司法上的股东出资制度、利润分配制度、资本责任制度等基本制度构造相兼容，这反映了农地经营制度改革中政策目标取向和现行法律制度之间的冲突。

1. 承包地经营权“明股实租”与公司股东出资制度的冲突

从“保底收益”的分配方式来看，农户以承包地经营权入股，但实际上更近似于出租。实践中，农户获得的入股收益通常仅相当于租金，而并无按股分红之实，公司也很少对农地股份实行按股分红。因此，承包地经营权入股名不符实，“明股实租”。这种现象与公司法上股东出资制度的规定并不相符。首

先，根据《公司法》的规定，股东出资后不得抽回，否则要对其他股东承担违约责任，而且要因未出资或者出资不实而承担向公司补缴出资的责任，股东在尚未完成出资行为之前，其股东权利可以经股东会决议而受到限制。虽然我国公司资本制度改革之后实行认缴制，股东自治代替了法律判断，但是资本维持和资本充实原则仍然应当坚守。其次，承包地经营权“明股实租”，实际上等同于土地承包经营权的债权性流转，农户也未将承包地经营权交由公司所有，公司也并未取得承包地经营权，承包地经营权不计入公司的出资总额，只作为分享利润的依据，〔1〕这与股东入股财产属于公司法人财产权的公司法理相悖。再次，承包地经营权“明股实租”，意味着农户在入股期间也可以随时撤回股份即农地，这必然损及公司经营的稳定性，不利于公司和农户利益联结的紧密性和长期性。最后，既然在“明股实租”的情况下，承包地经营权不属于公司的法人财产，那么，公司也难以土地经营权融资。根据中共中央办公厅、国务院办公厅《关于完善农村土地所有权承包权经营权分置办法的意见》的表述，〔2〕土地经营权属于债权性质的权利，公司以土地经营权设定抵押需要经过农户的书面同意，这似乎印证了承包地经营权的“明股实租”，但政策如何与公司法协调，仍需进一步商榷。

2.“保底收益”与公司利润分配制度的冲突

“保底收益”与“无利润不得分红”的公司利润分配制度相冲突。根据公司法关于公司财务会计和利润分配的规定，公

---

〔1〕 参见高海：“土地承包经营权入股的法律性质探析”，载《法学论坛》2011年第3期，第99~105页。

〔2〕 中共中央办公厅、国务院办公厅《关于完善农村土地所有权承包权经营权分置办法的意见》提出“经营主体再流转土地经营权或依法依规设定抵押，须经承包农户或其委托代理人书面同意”。

司利润分配以公司经营获得可分配利润为前提，公司经营所得需要按照法律规定的顺序和比例来分配。承包地经营权入股，农民股东理应通过参与公司利润分配获得收益，分配顺序在公司弥补亏损（偿还债权人到期债权），缴税、提取公积金、公益金之后。实践中，公司为了获得纵向一体化经营条件，需要先行向农户支付承包地经营权对价，这构成公司经营的成本而不属于利润分配；在公司经营活动期间，由于自然风险、市场风险和经营管理风险的多重作用，不可能一直具备向股东分红的条件，而保底收益显然属于公司的固定支出范围，这与公司经营利润获得的风险性和或然性不符，即与“无利润不得分红”的公司利润分配基本规则相冲突；在不具备分红条件的情况下，公司通常动用公司资本或者由公司的非农民股东代垫资金，用于支付“保底收益”，前者可能导致公司资本不当减少，既不符合公司减资的法定条件和程序规定，又损害了债权人利益，使其变相地承担了对农民股东的保障责任；后者则不失为一种变通的方法，但是加大了非农民股东的义务，非但由于“保底收益”导致非农民股东的可分配收益减少甚至加剧不能实现按股分红的风险，而且，由非农民股东变相承担对农户的保障责任，缺乏正当性，不利于非农民股东的正常投资活动，也会扭曲承包地经营权入股的市场化资源配置本质。

3. 农地入股收益分配与公司资本责任制度的冲突

根据《农村土地承包经营权流转管理办法》（已失效，下同）的规定，土地承包经营权的入股是农户保留承包权，以土地经营权入股的行为，股份合作解散时入股土地应当退回原承包农户，即承包地经营权不能纳入公司对外承担责任的财产范围。当公司解散或者破产时，农户可以取回其承包地，这是法律制度为了保障农民的基本生存权而设置的“保底”措施。这种制度设计虽意在维护农户利益，但是，违反公司解散时股东的分配顺序劣后于公司债权人的公司法理，由于退回导致公司责任财产的不完整，对公司债权人利益造成损害。

（二）农地企业直接经营收益分配制度的理论争议

"保底收益"作为实践中农户以承包地经营权入股产业化经营的收益分配方式，与传统公司法制度存在冲突。然而，"保底收益"具有现实性和合理性，亦为我国农业产业化政策所认可和推崇。实践理性和公司法制度冲突的背后，是承包地经营权入股的法律性质以及其与现行法律制度如何衔接的问题，对此，学界仍存在不同理论观点的争议。

1. "保底收益"与承包地经营权入股法律性质之争议

"保底收益"源于承包地经营权及其入股形成之股权收益对农户基本生存的保障性，与公司股东出资形成的股东权之分红权判然有别，因此，学界通常以土地承包经营权入股属于债权性流转为由，对"保底收益"的实践正当性加以证成，其论证依据包括我国现行立法及政策规定，以及承包地对于农户的保障作用。根据《农村土地承包经营权流转管理办法》第 16 条、第 19 条之规定，土地承包经营权入股并不改变承包关系的主体，且股份合作解散时承包地自行退回承包户。这一现行法上的入股限于集体经济组织成员之间的股份合作，是债权性流转形式。在改革政策和地方实践中，农地入股存在土地股份合作社、社区土地股份合作社甚至公司等多种股份合作形式，且绝大多数都将入股界定为债权性流转形式。立法和政策的立足点无非在于保留承包地经营权对农户的保障功能。[1]但是，债权流转说却面临着法人财产独立、虚假或者抽逃出资等公司法理

〔1〕参见《浙江省实施〈中华人民共和国农村土地承包法〉办法》第 24 条、《重庆市实施〈中华人民共和国农村土地承包法〉办法》第 37 条之规定。

论的诘难,[1]而且与土地承包经营权的用益物权性质不符。

在“三权分置”政策的背景下,“保底收益”的理论证成仍需讨论土地经营权的法律性质问题。“三权分置”政策的初衷意在将土地承包经营权分置为土地（农户）承包权和土地经营权，从而在保障农户基本土地权利的同时，释放出一个权利更加有保障、可自由流转、可抵押融资的土地经营权，从而满足新型农地经营权利主体塑造的制度需要。[2]按照政策初步设想，土地经营权是一项物权，但这种“主导思想”并未完全贯穿于后续的相关政策文件之中，以可抵押和可转让两项基本要求为例，相应的实施性政策文件将土地经营权表述为是一种债权性质的权利。[3]从《农村土地承包法（修正案草案二次审议稿）》的内容来看，土地经营权应属于债权,[4]但对于流转期限在五年以上的土地经营权经过登记可以具有对抗第三人的效力；土地经营权的性质在学界也存在债权说，物权说和物债二元论等观点。[5]

土地经营权债权说与前述入股属于债权性流转的观点具有内在一致性，能够为“保底收益”的债权而非股权性质提供理

[1] 参见高海：“土地承包经营权入股的法律性质探析”，载《法学论坛》2011年第3期，第99~105页。

[2] 参见刘守英：“中共十八届三中全会后的土地制度改革及其实施”，载《法商研究》2014年第2期。

[3] 从《中共中央办公厅、国务院办公厅关于完善农村土地所有权承包权经营权分置办法的意见》来看，农户承包权就是《物权法》中的土地承包经营权，而土地经营权是经由土地承包经营权的流转而派生出的权利，从该政策文件对于土地经营权权能的规定来看，应当属于债权。

[4] 参见《农村土地承包法（修正案草案二次审议稿）》第2条、第24条、第26条、第29条、第30条之表述。

[5] 参见刘恒科：《承包地“三权分置”的权利结构和法律表达研究》，中国政法大学出版社2018年版，第209~219页。

论依据，但与公司法理不符；土地经营权物权说与前述入股属于物权性流转的观点一致，则难以支持“保底收益”，而据此得出按股分红之单一分配方式的必然结论。在认可“保底收益”的现实正当性的前提下，上述两种观点都尚需对其论证不足之处加以补证。物权性持论者通常认为，农民保障不能靠土地承包经营权，而应当通过加强社会保障制度建设加以解决，以承包地上负载的农户保障利益为由限制入股缺乏正当性，而且，在农户对土地保障依赖程度降低，增收需求大于生存压力的时代背景下，应当以健全社保作为农地入股之配套改革措施；[1]同时，物权性持论者也注意到承包地经营权入股与公司资本制度的协调问题，提出可以采取由农户（或者集体）回购或者农户以其他财产置换入股的承包地经营权的方式，[2]实现承包地退回农户和完善公司资本充实性的兼顾。债权性持论者则认为，考虑到我国社会保障体系不健全，土地承包经营权承载农民社会保障功能虽属无奈之举，但却是现实所需，而且有集体土地所有制这一深厚的制度基础，“保底收益”和农户退股权可以兼顾农民利益保护和股份合作经营，具有正当性；由于集体或者农户的资本实力有限，以回购或者置换方式协调农地入股和公司制度冲突的做法，基本不具备实际操作性。[3]

2. “保底收益”与公司制度冲突之解决路径争议

农户以承包地经营权入股获得“保底收益”，符合我国国情农情约束下保护农民基本利益的制度目标，具有现实正当性。

[1] 参见温世扬、张永兵：“土地承包经营权入股之法律性质辨析”，载《河南财经政法大学学报》2014年第1期，第94页。

[2] 参见文杰、李显冬：“土地承包经营权作价出资农民专业合作社的法律思考”，载《法学杂志》2010年第4期。

[3] 参见米新丽、姚梦：“农村土地承包经营权出资法律问题研究”，载《法学杂志》2010年第12期，第32~36页。

学界对于农地入股与公司法律制度冲突的纾解路径，存在不同的观点。

第一种观点认为，可以对现行公司法的规定做出适当修正和调适，从而弥合“保底收益”和公司制度的冲突。为了兼容“保底收益”，有学者根据公司股权设置的公司意志自由性，提出突破股权平等性的要求，采取类别股的股权结构设计，将农户的承包地经营权入股设置为优先股，认为优先股设计可以满足农户从公司经营收益中优先获得保障性收益的需要，还可以有效地激励非农民股东的投资，同时能够保障公司债权人的利益，从而实现农民股东与非农民股东、农民股东和公司债权人三者利益的平衡协调。〔1〕另有学者提出引入双重资本制度，即实行工商行政管理机关登记的公司注册资本和公司章程登记资本相分离的制度模式，公司仅以注册资本对外承担责任，公司章程登记资本作为公司内部管理以及公司分红的依据。据此，可以将农户的承包地经营权入股记载于公司章程，仅作为公司内部决策和分红的依据，具有内部效力，但不计入公司注册资本，也不纳入公司对外责任财产的范围。〔2〕这种办法可以有效解决物权说或者债权说各自面临的不足，既满足土地承包经营权入股使农民得到保障甚至增收的目的，又可以与公司资本制度衔接。

另外一种观点认为，“保底收益”与公司制度的冲突难以协

〔1〕 参见吴义茂、吴越：“土地承包经营权入股有限责任公司问题研究——以农民股东与非农民股东的利益冲突及其平衡为视角”，载《南京农业大学学报（社会科学版）》2012 年第 3 期，第 73~80 页；吴义茂：“农地入股中农民股东与债权人的利益冲突与平衡”，载《华中农业大学学报（社会科学版）》2013 年第 6 期，第 101~108 页。

〔2〕 参见冯曦：“家庭土地承包经营权入股公司的法律建构——基于公司双重资本制”，载《法学杂志》2013 年第 2 期，第 123~131 页。

调，存在承包地经营权入股对象是公司抑或是合作社的不同理论争议。有学者提出，土地承包经营权入股的“资本化”本质与合作社的“交易型”组织的法律特质存在难以兼容的内在冲突，主张农户承包地经营权入股的对象应为公司，〔1〕“股田制”代表了农地制度改革的方向，应当立法确认；〔2〕亦有学者提出“股田制”并不是农地制度变迁的方向，应对这种改革路径持谨慎态度。〔3〕以重庆市的改革试点为例，最初的政策文件允许承包地经营权入股公司，但相关政策文件一经推出，便遭受到众多争议。随后，重庆市农地承包经营权入股公司的改革试验被叫停，而改以农地入股合作社的方式。〔4〕

综上所述，承包地经营权入股政策是现实发展要求推动农地制度改革的产物，一方面，通过股权这一制度工具对公司和农户实现紧密型利益联结，使得农户能够获得公司经营增值，实现增收致富，同时公司能够持续保有对农地的控制利用，实现农业现代化和规模化发展；另一方面，承包地经营权入股公司面临法律障碍，学界所提出的纾解路径也存在诸多难以圆满解释的问题。如何协调农民生存利益保障和公司资本制度的关系，需要在厘清农地入股公司正当性与否的基础上，展开深入研究。

---

〔1〕 参见吴义茂：“土地承包经营权入股有限责任公司法律问题研究”，西南财经大学2012年博士学位论文，第137页。

〔2〕 参见王世录：“论中国农村土地改革——为‘股田制’立法”，载《农村经济》2007年第7期，第20~22页。

〔3〕 参见党国英：“股田制不是农村土地改革的方向”，载http://www.aisixiang.com/data/34963.html，2018年12月25日访问。

〔4〕 根据《重庆市农业委员会、重庆市工商局关于以农村土地承包经营权入股发展农民专业合作社注册登记有关问题的通知》第三部分规定，土地承包经营权入股对象只限于农民专业合作社，不支持入股组建公司、非公司企业法人、合伙企业等其他经济组织。

三、农地企业直接经营收益分配的路径选择与制度构想

政策的法制化，需要符合和反映农地经营及其收益分配方式演变的实践需求，又要在符合法律制定的体系化和逻辑性的基础上实现法律表达。农户以承包地经营权入股，不能完全套用公司法理论解释和制度适用，而是应当根据实践需要对相关理论进行重新解释，或者对相关法律制度进行调适和变通。农地企业直接经营收益分配的制度构造，应在优化制度路径选择的基础上，从收益分配规则和风险防控规则层面综合统一筹划。

（一）农地企业直接经营收益分配的实现进路

1. 农地入股公司路径之证伪

如前所述，农户入股“保底收益”分配形式与传统公司法制度存在冲突。为此，学界主要提出将承包地经营权股设置为优先股，或者双重资本制的公司资本制度构造路径，意欲实现二者的兼容，但这两种制度路径设计均存在不同程度的缺陷。

第一，优先股制度设计于农户参与收益分配而言，存在问题有二：一是，优先股股东的收益分配权只是优先于普通股股东，仍需遵守公司利润分配序位之规定，并不能满足“保底收益”优先支付的要求，即优先股设计亦无法容纳保底收益之存在，二者相互矛盾；二是，优先股设计未赋予农民股东表决权，农民股东在公司中丧失话语权和决策权，考虑到股东会对于公司利润分配的决策权，非农民股东可能做出不分红或者少分红的决议，使农民股东优先股的股息、分配权的行使条件等受到限制，反而有损害农民股东利益之虞。因此，持此论者所主张的农户获得保底收益，理应在表决权方面向非农民股东倾斜，以实现二者权益的实质公平的观点，也是值得商榷的。

第二，双重资本制度仍然会面临理论证成和实践操作两方面的难题。首先，双重资本制对于公司资本制度的变通可能构成对传统公司法资本理论的颠覆。公司资本制度的设计初衷在于股东对公司债务承担有限责任，公司对外承担无限责任，股东出资必须依法转移到公司，构成公司的原始资本，公司的财产独立、人格独立和责任独立才能实现，公司债权人利益才能得到保障，公司的经营活动才能正常开展。公司注册资本和公司章程登记资本权利和责任相分离的制度设想，显然对公司资本制度及其理论基础构成挑战。其次，双重资本制度构造欲将农民土地股份设置为内部分红依据，而将非农民股东的股份加总构成注册资本，作为公司责任财产的基础，这种做法其实并不能达到持论者所设想的平衡各方利益的目标。一是，虽然公司分红属于公司内部事项，但是公司分红以获得盈利为基础，否则就会损害债权人的利益，因此，以农民股份仅作为内部分红依据，保障农户持续性地获得红利，缺乏足够的理论支撑。假设姑且不论公司的持续盈利能力，农民股东参与分红本来就可以通过公司内部登记实缴出资，并以股东约定分红具体事项的方式解决，创设双重资本制度缺乏法理依据且没有必要。二是，将农民股东和非农民股东的股权做出不同的权利义务安排，对非农民股东施加了更多的义务，未能平衡农民股东和非农民股东的权利，也欠缺实践层面的可操作性。三是，从制度构造上来看，该观点仍着眼于农地入股获得公司分红，而如果定位为按股分红，则仍然没有解决“保底收益”的问题，难以实现农民利益保障的预设目标。最后，双重资本制在实定法上并无现实依据，因而难以与公司登记制度等诸多现行制度相协调，面临落地难的问题。对此，持论者提出可以在公司注册资本或者实收资本中附加说明性标注，[1]以表示出资性质和责任的区别。但是，这种说法存在自相矛盾之处，既然是作为注册资本登记，在公司法上即视为公司的责任财产的范围，对不同出资形式课以不同责任缺乏理论依据，且该条文因农地入股公司实践被叫停，而处于失效状态。

另外，农户以承包地经营权入股公司，按照公司资本制度的基本理论，应当以农户向公司转移土地经营权，使之成为公司的责任财产为必要。土地经营权只有被界定为用益物权，才能满足公司资本制度关于股东出资的要求。然而，土地经营权的性质界定仍然是一个悬而未决的理论命题，从农地改革政策和立法修改草案的相关表述来看，土地经营权似乎应当作为债权，而非物权，这也给农地入股公司的合法化带来挑战。

总之，承包地经营权入股公司面临理论阐释和立法表达的双重障碍，将土地经营权入股比照公司股东出资行为加以解释并进行制度塑造，必然需要符合公司资本制度，在收益分配层面必然体现为与股权性质相对应的按股分红，这与“保底收益”的实践相悖。

2. 农地入股土地股份合作社路径之证成

承包地经营权入股公司难以与农户获得“保底收益”的实践需要相互协调，原因在于入股作为出资的理论解释和制度塑造路径可能存在偏差。根据《农村土地承包经营权流转管理办

[1] 比如，《重庆市工商行政管理局办公室关于农村土地承包经营权入股设立公司注册登记有关问题的通知》规定，登记机关在核定公司注册资本时，应当在公司营业执照的注册资本和实收资本栏目加注农村土地承包经营权作价出资的情况及其作价金额。

法》以及其他政策文件，[1]入股应当理解为股份合作，是以股份的方式体现出的农户作为土地、劳动力权利主体与其他生产资料所有者的合作行为，不应仅限于以出资形式入股公司这种单一路径，而应以股份合作为实质目的，将入股范围扩展到包括土地股份合作社等在内的多元化主体范围。根据我国《农民专业合作社法》的规定，作为合作社成员的农户可以以其承包地的经营权出资，这为农地入股形成土地股份合作社提供了法律依据。在承包地经营权入股公司难以与“保底收益”兼容的情况下，土地股份合作社可以作为农地入股的可选路径。

第一，在土地股份合作社中，作为农户出资的土地经营权具有债权的权利属性，这与我国政策导向和立法趋势是相吻合的。承包地经营权入股是农户保留土地承包权，而以承包土地的经营权参与股份合作的一种形式。土地股份合作社使用土地的权利源于农户承包土地的土地经营权的流转，是一种债权而非物权，这样就避免了入股公司所需面临和克服的法律操作难题。

第二，土地股份合作社可以采取“保底收益+浮动分红”的收益分配方式，这在地方农地制度试验中已形成经验事实，而且适应改革政策的要求。我国《农民专业合作社法》虽然肯定了承包地经营权入股，但是并未应因改革实践需求和参照地方既有立法资源，对农民成员相应的“保底收益”分配权利做出配套的制度设计。《农民专业合作社法》坚持了按惠顾返还为主的合作社盈余分配原则，并延续了旧法中惠顾返还和按股分红的比例规定。土地股份合作社既然已纳入《农民专业合作社法》

---

[1] 参见《农村土地承包经营权流转管理办法》（已失效）第19条、《深化农村改革综合性实施方案》《中共中央办公厅、国务院办公厅关于完善农村土地所有权承包权经营权分置办法的意见》等政策法律文件的相关表述。

的调整范围，那么，“保底收益+浮动分红”的收益分配方式也应当比照适用惠顾返还和按股分红的规定。实际上，二者具有理论解释和制度构造上的契合性。按照《农村土地承包法》的规定，农户以土地经营权向合作社入股出资，可以分解为两个步骤，即从土地承包经营权中分置出债权性的土地经营权，再将债权性的土地经营权入股到土地股份合作社，承包地经营权的入股兼具租赁和出资两种行为属性。农户承包地的土地经营权之债权性流转可以视为农民成员与土地股份合作社之间的惠顾，类似租金的“保底收益”构成惠顾对价，而农民成员将土地经营权入股获得的浮动分红，可以视为惠顾返还。〔1〕传统农民专业合作社以成员和合作社之间的交易或者服务数量为惠顾返还的依据，但在农户离农离地，欠缺农户生产行为这一交易基础的情况下，完全可以将入股合作的承包地数量视为惠顾额，从而将农民专业合作社的一次让利和二次返利实践套用于土地股份合作社之“保底收益+浮动分红”，以适应农地权利制度和经营制度演进的需要。

第三，土地股份合作社具有极大的农地经营组织制度适应性，土地股份合作社既可以自主经营，也可以通过入股、委托租赁经营合同或者某种协议、安排，与农业龙头公司企业形成紧密型的利益联结机制。因此，土地股份合作并不排斥公司的纵向一体化经营，而是作为公司实现直接经营可以借助的组织资源，发挥集聚土地资源的作用。〔2〕土地股份合作社和公司可以通过合作协议的形式，确定“保底收益+浮动分红”的分配形

〔1〕 高海：“《农民专业合作社法》的改进与完善建议”，载《农业经济问题》2018年第5期，第43~52页。

〔2〕 土地股份合作社不从事实际经营，而只作为集聚农地资源，联结农户和公司的组织制度，在实践中比较普遍。参见孙中华、罗汉亚、赵鲲：“关于江苏省农村土地股份合作社发展情况的调研报告”，载《农业经济问题》2010年第8期。

式，以有效缓释公司内部按股分红刚性分配形式之不足。

（二）农地企业直接经营收益分配的制度构想

1. 收益分配规则构建

第一，关于农地企业直接经营组织形式的制度建构路径。承包地经营权入股公司面临理论阐释和立法表达的双重障碍，而且与“保底收益”的现实需求相悖。农地入股土地股份合作社与承包地经营权之债权性质，以及“保底收益+浮动分红”的收益分配实践具有契合性。因此，承包地经营权入股参与农业产业化经营不宜直接采取公司形式，而是可以采取土地股份合作社这一企业形式，或者在农业公司的主导下，借助土地股份合作社这一组织载体或制度装置，通过农户承包地入股土地股份合作社，土地股份合作社再以入股、委托经营合同或者某种协议安排，形成“公司+土地股份合作社+农户”的利益联结形式。

第二，虽然新修订的《农民专业合作社法》将土地股份合作社纳入其实际调整范围，但未对农地入股分配做出相应的特别规定，为此，可以借鉴地方立法的经验，[1]通过立法确认农户以承包地经营权入股采取“固定保底收入+浮动分红”的分配方式。保底收入和浮动分红的分配比例和序位可以比照《农民专业合作社法》关于按惠顾返还和按股分红的规定执行。

第三，在以农业经营公司为主导的“公司+土地股份合作社+农户”的利益联结形式下，土地股份合作社的经营方式主要是将土地统一对外租赁或者入股到公司，取得的收益按农户土地入股份额进行分配，土地股只是土地股份合作社内部分配的依据。此时，土地股份合作社和公司可以约定“固定保底收益+

[1] 参见《海南经济特区农民专业合作社条例》第27条之规定。

浮动分红”的特别条款，使得农户可以作为一个组织体共同参与分享公司经营的增值收益。此外，作为农业公司雇工的农户，还可以在农业企业打工或从事承包经营，得到农业经营收入和农业生产性工资，[1]这些雇工工资和经营收入应当遵循随时发生，随时支付的分配原则。

2. 风险防范制度构建

农地企业直接经营的风险包括生产风险、市场风险和经营管理风险等。[2]其中，生产风险可以在既有的农业保险制度框架内解决，需要重点关注企业因经营风险和市场风险而导致农户“保底收益”难以实现的问题。

农地经营的持续收益是实现农户入股收益和维持企业土地利用关系的重要保障，但是，经营收益的持续获得具有极大的不确定性，有必要建立完善土地流转风险防范机制。对此，改革政策明确要求建立完善风险保障金制度，即由土地经营权人按照流转面积规模和涉及农户数先行缴存一定比例的风险保障金，同时财政资金补贴，以防范农户流转利益受损。[3]笔者认为，把保障农户利益作为流转风险防范机制的出发点，毫无疑问是具有正当性的，但也有可能加重经营者的前期投入和资金负担，变相提高了农地经营的准入门槛，降低资金配置和使用效率。按照风险和收益相匹配的原则，农户享有流转收益，也应承担一定的风险；政府在制度变迁中负有社会保护和弱者扶助的政治义务，二者都应担负一定比例的风险保障金“出资义

---

〔1〕 参见焦必方、孙彬彬、叶明：“农户参与分享土地市场化收益的研究——兼论农地股份合作”，载《社会科学》2010年第6期，第53~60页。

〔2〕 参见朱强：《农地流转风险与防范研究》，北京师范大学出版社2013年版，第57~59页。

〔3〕 参见《关于引导农村土地经营权有序流转发展农业适度规模经营的意见》的相关表述。

务”。此外，土地流转风险保障金主要靠政府推动，欠缺市场化的长效运作机制和当事人的自觉履行激励机制。

作为一种制度探索，成都邛崃市将保险机制引入土地流转风险防控，创立了土地流转履约保证保险机制。[1]土地流转履约保险具有保证保险的法律属性，当土地经营者出现违约情形，不能按期支付农户流转租金时，则由保险公司先行向农户赔付租金，并获得事后向土地经营者追偿的权利。土地流转履约保证保险是充分运用保险机制，通过市场化手段防范和化解农地流转风险的成功尝试。保险制度对农户、经营者风险防范义务的履行形式和负担比例进行了科学合理的设计和分配，政府对保费的财政补贴，可以对农户和经营者参保投保形成激励效应，也有利于保险制度的顺利运行和推行普及。保险制度有效避免了以往规模经营失败后，“经营者跑路，农民受损，政府埋单”的不合理困局。而且，相比预付风险保障金制度，保险制度可以缓释经营者的资金压力，更有利于提高经营效率，降低违约风险。

本章小结

农地企业经营是在农业产业化经营过程中，以企业经营为主导，以企业和农户之间形成紧密型利益联结机制为核心，以提高农民组织化和农业现代化程度，促进农民增收和农业增效为目标的农地经营形式。农户和企业之间形成稳定和紧密的利益联结机制，是农地企业经营收益分配制度的关键。在实践中，企业和农户大多采取松散或者半紧密型的利益联结形式，企业和农户之间的合作博弈和收益分配不均衡成为常态。问题在于，

〔1〕韩清华、张丽：“土地流转保险的成都邛崃路径”，载《中国经济时报》2015年12月11日。

在企业作为农地经营利益的在位控制者和分配主体，且具有交易优势和分配主导地位的情况下，农户如何持续而且公平分享企业经营收益。为此，需要从可持续性和公平性两个维度，就“公司+农户”和土地经营权入股公司直接经营两个方面，讨论农地企业经营收益分配的制度构造问题。

“公司+农户”经营是企业和农户在农业生产前订立产销合同，约定双方的权利义务，农户根据合同生产，公司或其领办的合作社按照合同收购农产品的一种农业经营形式。“公司+农户”是以框架性的长期合约为利益联结纽带的，是介于企业和市场的中间型组织，兼有交易契约和关系契约的特征，相应的收益分配制度应当围绕经营活动的可持续性和利益的公平分享，从正式合约治理和非正式的关系治理展开设计。在正式制度层面，农业订单合同治理需要通过完善相应的合同示范文本制度加以实现。订单合同中有关收益分配的规则设计应侧重于程序性和保障性，主要表现为价格条款、风险控制条款、弹性协商条款，以及关于农产品质量的过程性合作管理条款。“公司+农户”经营模式的关系治理，需要借助信任、互惠和信息交流等关系规范加以实现，通过完善龙头企业评级评价制度和信用信息公开制度，发挥声誉机制的作用。

在承包地“三权分置”的政策背景下，农户以土地经营权入股的形式参与产业化经营，形成“公司+基地+农户”或者企业直接经营，已成为农地经营制度改革的重要实践形式。农户土地流转收益的保障性和分享企业经营成果的政策目标，共同决定了“保底收益+浮动分红”的分配方式。但是，承包地经营权入股公司面临理论阐释和立法表达的双重障碍，而且与“保底收益”的现实需求相悖。农地入股应理解为股份合作而非仅限于出资这一种解释路径。农地入股土地股份合作社与承包地经营权之债权性质，以及“保底收益+浮动分红”的收益分配实践具有契合性。因此，承包地经营权入股参与农业产业化经营不宜直接采取公司形式，而是可以采取土地股份合作社形式，或者采取“公司+土地股份合作社+农户”的利益联结形式。应当通过立法确认农户以承包地经营权入股采取“固定保底收入+浮动分红”的分配方式，土地股份合作社和公司可以约定“固定保底收益+浮动分红”的分配条款，使得农户可以作为一个组织体共同参与分享公司经营的增值收益。同时，应当建立和完善风险保障金、土地流转履约保证保险等制度，强化土地流转风险防范机制。

结　语

Conclusion

农地经营收益分配是在一定的农地产权制度和经营制度下，农地生产要素投入者就农业经营所得收益进行分配的经济活动。现阶段，我国农地产权结构处于“两权分离”和“三权分置”动态共存的状态，农地经营收益分配制度不仅要关注“两权分离”下的农民集体和承包农户之间的分配关系，而且需要重点关注的是，不同的农地经营组织形式下，小农户与新型农业经营主体的利益联结机制，即农民集体、承包农户和经营主体三者之间的利益衡平关系。

生产资料所有制对分配关系具有决定作用。无论农地经营生产要素如何组织和配置，农地经营收益分配制度都需要反映和协调农地所有者和农地利用者，以及其他农地经营收益分配参与主体的利益配给和权利实现关系。产权理论、地租理论、分配理论是构建科学合理的农地经营收益分配制度的理论基础。目前，我国农地权利制度处于“两权分离”和“三权分置”的并存状态，这构成农民集体、承包农户和经营主体参与农地经营收益分配的权利基础。农地经营收益分配的参与主体包括土地所有者和土地使用者，二者的分离为地租理论的适用创设了基本前提。市场机制和政府作用对于分配活动的调整并非体现为时序上的“初次分配—再分配”次第安排，而是基于待分配利益性质的评估和权衡。农地经营收益分配虽然是农地经营组织的内部经济活动，属于初次分配的范畴，但鉴于农业行业领域特殊性和农业经营者利益保护的需要，农地经营收益分配制度应当兼顾效率和公平，体现市场决定性作用和更好发挥政府作用的双重混合机制。

农地经营收益分配制度不仅涉及农民集体、承包农户和经营主体等分配参与主体之间利益分割和配给的权利义务安排，而且关系到农村土地权利制度改革的顺利推行和农业产业现代化目标的实现，涉及农民增收、农业增效、粮食安全等多重制度目标的统筹兼顾。从现行农地政策和法律规定来看，农民集体、承包农户和经营主体的权利保护处于同等重要的位置。但是，在农地经营收益分配实践中，相关主体的利益关系处于紧张博弈之中。多元化的制度目标必然导致法律原则和规则设计上的抵牾和顾此失彼，这要求确立农地经营收益分配制度的主导价值理念、逻辑主线和基本原则。农地经营收益分配制度应当符合正义的要求，这就需要以分配正义理念为指导，综合考虑各方收益分配主体的权利诉求及其相互关系，平衡公平、平等、效率与安全等多重价值目标之间的冲突。农地经营收益分配制度的价值目标具有多元性和层次性，可以从分配起点、分配过程和分配结果三个层面分析其正义价值理念。在农地资源的初始配置阶段，应当以成员权及集体成员对集体土地利益的平等分享为手段实现起点正义；在农地经营收益分配过程中，应保障收益分配参与主体平等享有和行使分配程序性权利；分配结果应当遵循按贡献分配的经济公平原则，体现农地经营的效率价值，同时也要符合国家对不同农地经营组织形式的干预政策，使分配结果差异既符合议定分配规则，又保持在合理限度范围之内，以保障安全价值的优先实现。从农地经营收益分配制度的既定价值目标出发，我们可以提炼出生产要素贡献分配原则、利益平衡原则和国家适度干预原则，作为农地经营收益分配制度的基本原则。

农地经营收益分配制度的设计，需要考虑收益分配主体之间的利益关系及其所追求的价值取向来加以确定。农地经营组织形式对于分配标准和分配程序制度的设定具有决定性作用。农地经营收益分配制度需要以农地经营组织形式的类型化区分为基础，遵循农地经营收益分配的问题导向意识，对家庭经营、集体经营、合作经营和企业经营这四种经营组织形式下的农地经营收益分配制度分别进行考察和研究。

现行政策法律关于承包农户享有完整的收益权，农民集体不得介入参与家庭承包经营收益分配的规定，是以维护农户土地利益和提升农地经营效率为目标的。但是，集体土地所有权的价值功能在于为集体成员提供平等的土地保障，这是集体成员平等地无偿享有土地承包经营权这一分享利益的权利基础和正当理由所在，承包关系的长久不变使得农户分享土地利益不均等，实际上是维护了部分农户而非全部集体成员的土地利益；而且，集体统一服务功能的弱化和承包农户对于公共服务的需求存在矛盾，一味地坚持集体不得向农户收取承包费的规定，很可能会进一步加剧集体统一经营层次的弱化和分户经营的低效率。为此，需要更新立法理念和制度设计，确认农民集体基于农户分享集体土地利益平等性而行使的农地利益调节权，以及基于农户共享集体公共服务利益而行使的必要收益权。

种粮大户和家庭农场这两种家庭经营形式对于解决好“谁来种地”的问题，构筑维护国家粮食安全的组织基础具有重要意义。种粮大户和家庭农场在农业生产环节对于承包农户具有替代作用，由其全部承担农地流转成本会产生“地租侵蚀利润”的风险，影响我国农业现代化和粮食安全目标的实现。土地成本可以理解为我国农地制度改革中发生的制度变迁成本，应当建立一种合理化和法制化的分担机制。在农地流转中，种粮大户和家庭农场需要先行承担土地成本，应以市场主导和农民自愿为原则，以赋予农户权能更加完整和更有保障的土地承包经营权为重点，完善土地成本初次承担的法律机制。政府应当运用公共财政手段，建立并完善农地流转和风险防范补贴制度，对种粮大户和家庭农场进行适当补偿，以实现土地成本的社会分摊。

农地集体经营是以坚持集体土地所有制为前提，以集体成员共同占有集体农地等生产资料为基础，通过集体经济组织对集体土地及其他生产资料的直接经营、管理和收益分配活动，实现集体成员利益的经营形式。农地集体经营可以经由集体土地权利折股量化到成员形成，也可以由农户以承包地经营权入股形成，集体经营在农地制度改革中都趋向于采取社区土地股份合作社的组织形式。集体经营收益分配存在的问题具有共通性，表现为集体自治组织和集体经济组织“政经不分”，以及社区土地股份合作社等集体经营组织的股权设置不规范。为此，在集体经济组织特别法人性质界定的基础上，应当进一步赋予其权利能力和行为能力，通过确认政经分离的改造路径，并且以社区土地股份合作社的形式改造集体经济组织，完成集体经营主体的法律塑造。同时，通过合理的股权配置，完善集体经营收益分配制度。在集体资产折股量化型社区土地股份合作社中，可以不设置集体股，而以提取公益金的方式实现集体收益，成员股以集体经济组织成员资格确定为前提，确权到户、静态管理。在承包地经营权入股型社区土地股份合作社中，可以设置优先股性质的集体股，成员股以土地股的形式存在，在承包权确权到户的基础上实行长久不变。在这两种社区土地股份合作社中，公益金的提取比例或者优先股股息都应当经过集体经济组织成员民主决策议定，集体和成员出资形成的资本股应作为普通股，如果吸收外来资本参与集体经营的，工商资本股均应设置为优先股。

农民专业合作社盈余分配制度的理想和现实之间，制度规范和实践运行之间存在巨大差异，其背后反映的是不同涉农主体的利益安排，以及我国农民专业合作社的未来发展原则、方向和路径等诸多根本性的问题。我国农民专业合作社立法应坚持农户目标导向，以提高小农户组织程度和利益保护为宗旨，农民专业合作社的盈余分配制度应当坚持合作社的本质规定性，遵循以惠顾返还为主的基本原则和逻辑主线，按股分红只能在不违背主线逻辑的前提下，作为兼容性和辅助性的分配规则。合作社收益分配制度的完善需要在盈余分配主体资格制度、分配决策制度、盈余分配具体规则、盈余分配权利救济规则等层面进行统一筹划和合理安排。

农户和企业之间形成稳定和紧密的利益联结机制，是农地企业经营收益分配制度的关键。在实践中，企业和农户大多采取松散或者半紧密型的利益联结形式，企业和农户之间的合作博弈和收益分配不均衡成为常态。为此，需要从可持续性和公平性两个维度，讨论农地企业经营收益分配的制度构造问题。"公司+农户"是以框架性的长期合约为利益联结纽带的，是介于企业和市场的中间型组织，兼有交易契约和关系契约的特征，相应的收益分配制度应当围绕经营活动的可持续性和利益的公平分享，从正式的合约治理和非正式的关系治理展开设计。在正式制度层面，农业订单合同治理需要通过完善相应的合同示范文本制度加以实现。在非正式的关系治理制度层面，需要通过完善龙头企业评级评价制度和信用信息公开制度，借助信任、互惠和信息交流等关系规范加以实现。承包地经营权入股参与农业产业化经营不宜直接采取公司形式，而是可以采取土地股份合作社形式，或者采取“公司+土地股份合作社+农户”的利益联结形式，应当通过立法确认农户以承包地经营权入股采取“固定保底收入+浮动分红”的分配方式。

鉴于我国农地权利制度和农地经营制度正处于变革和探索阶段，因而本书关于农地经营收益分配法律制度的研究也注定是不完整的，或者缺乏前瞻性的。另外，农地经营收益分配不仅是一个理论命题，而且具有很强的实践性，文章在写作过程中理论阐释有余，但可能在结合实践状况展开田野调查和实证研究方面显得比较单薄。故此，笔者将继续关注我国农村土地制度改革及相应的收益分配制度问题，并在夯实理论基础和回应现实关切两个层面深化研究。

参考文献

References

一、中文参考文献

(一) 著作类

[1] [美] 黄宗智:《中国的隐性农业革命》，法律出版社2010年版。

[2] [荷] 何·皮特:《谁是中国土地的拥有者? ——制度变迁、产权和社会冲突》，林韵然译，社会科学文献出版社2014年版。

[3]《马克思恩格斯全集》(第25卷)，人民出版社1974年版。

[4] [英] 亚当·斯密:《国民财富的性质和原因的研究》，郭大力、王亚南译，商务印书馆1972年版。

[5] [英] 大卫·李嘉图:《政治经济学及赋税原理》，周洁译，华夏出版社2013年版。

[6] [德] 马克思:《资本论》(第3卷)，人民出版社1975年版。

[7] [美] 罗纳德·科斯:《企业、市场与法律》，盛洪、陈郁译，格致出版社、上海三联出版社、上海人民出版社2014年版。

[8] [美] 罗纳德·H. 科斯等:《财产权利与制度变迁——产权学派与新制度学派译文集》，刘守英等译，格致出版社、上海三联书店、上海人民出版社2014年版。

[1] [美] 亨利·汉斯曼:《企业所有权论》，于静译，中国政法大学出版社2001年版。

[2] [美] 爱德华·威斯特:《论资本用于土地》，李宗正译，商务印书馆2015年版。

[3] [美] 罗斯科·庞德:《通过法律的社会控制》，沈宗灵译，商务印书

馆 1984 年版。

[4] [美] E. 博登海默:《法理学:法律哲学与法律方法》, 邓正来译, 中国政法大学出版社 2004 年版。

[5] [英] 彼得·斯坦、约翰·香德:《西方社会的法律价值》, 王献平译, 中国法制出版社 2004 年版。

[1] [英] 梅因:《古代法》, 沈景一译, 商务印书馆 1959 年版。

[2] [美] 罗纳德·德沃金:《至上的美德: 平等的理论与实践》, 冯克利译, 江苏人民出版社 2003 年版。

[3] [美] 丹尼尔·E. 布罗姆利:《经济利益与经济制度——公共政策的理论基础》, 陈郁等译, 上海三联书店、上海人民出版社 1996 年版。

[4] [法] 卢梭:《社会契约论》, 何兆武译, 商务印书馆 1980 年版。

[5] [日] 大须贺明:《生存权论》, 林浩译, 法律出版社 2001 年版。

[6] [日] 关谷俊作:《日本农地制度》, 金洪云译, 生活·读书·新知三联书店 2004 年版。

[7] [美] 约翰·罗尔斯:《正义论》, 何怀宏、何包钢、廖申白译, 中国社会科学出版社 1988 年版。

[8] [法] 弗雷德里克·巴斯夏:《财产·法律与政府——巴斯夏政治经济学文粹》, 秋风译, 贵州人民出版社 2002 年版。

[9] [英] 弗里德里希·冯·哈耶克:《自由秩序原理》(上卷), 邓正来译, 生活·读书·新知三联书店 1997 年版。

[10] [美] 塞缪尔·弗莱施哈克尔:《分配正义简史》, 吴万伟译, 译林出版社 2010 年版。

[11] [德] 康德:《法的形而上学原理——权利的科学》, 沈叔平译, 商务印书馆 1991 年版。

[12] [加] 威尔·金里卡:《当代政治哲学》, 刘莘译, 上海译文出版社 2011 年版。

[13] [印] 阿玛蒂亚·森:《以自由看待发展》, 任赜、于真译, 中国人民大学出版社 2013 年版。

[14] [美] 阿瑟·奥肯:《平等与效率——重大抉择》, 王奔洲译, 华夏出版社 2010 年版。

[15] [德] 黑格尔:《法哲学原理》，范扬、张企泰译，商务印书馆 1996 年版。

[16] [美] 麦考密克、魏因贝格尔:《制度法论》，周叶谦译，中国政法大学出版社 1994 年版。

[17] [英] 戴维·米勒:《社会正义原则》，应奇译，江苏人民出版社 2001 年版。

[18] [美] 迈克尔·沃尔泽:《正义诸领域：为多元主义与平等一辩》，褚松燕译，译林出版社 2002 年版。

[19] [英] 波兰尼:《大转型：我们时代的政治与经济起源》，冯刚、刘阳译，浙江人民出版社 2007 年版。

[20] [俄] 恰亚诺夫:《农民经济组织》，萧正洪译，中央编译出版社 1996 年版。

[21] [美] 道格拉斯·C. 诺思:《制度、制度变迁与经济绩效》，杭行译，格致出版社、上海三联书店、上海人民出版社 2008 年版。

[22] [美] 约翰·罗尔斯:《作为公平的正义——正义新论》，姚大志译，上海三联书店 2002 年版。

[23] [美] 安东尼·吉登斯:《社会的构成——结构化理论大纲》，李康译，生活·读书·新知三联书店 1998 年版。

[24] [美] 克利福德·格尔茨:《地方知识》，杨德睿译，商务印书馆 2016 年版。

[25] 孙亚范:《农民专业合作社的利益机制及其运行绩效研究：基于成员行为的分析》，中国社会科学出版社 2015 年版。

[26] 王伟等:《中国农民专业合作社研究》，山东人民出版社 2015 年版。

[27] 浦徐进:《我国“公司+农户”型农产品供应链理论模型和运作研究》，中国社会科学出版社 2014 年版。

[28] 万俊毅:《“公司+农户”模式：社会资本、关系治理与联盟绩效》，中国农业出版社 2014 年版。

[29] 朱强:《农地流转风险与防范研究》，北京师范大学出版社 2013 年版。

[30] 曾宪明:《城市化进程中的农地制度变迁：国际比较研究》，武汉大

学出版社 2016 年版。

[31] 张路雄：《耕者有其田——中国耕地制度的现实与逻辑》，中国政法大学出版社 2013 年版。

[32] 国务院发展研究中心农村经济研究部：《集体所有制下的产权重构》，中国发展出版社 2015 年版。

[33] 刘恒科：《承包地"三权分置"的权利结构和法律表达研究》，中国政法大学出版社 2018 年版。

[34] 贺雪峰：《地权的逻辑——中国农村土地制度向何处去》，中国政法大学出版社 2010 年版。

[35] 王景新：《农村改革与长江三角洲村域经济转型》，中国社会科学出版社 2009 年版。

[36] 陈小君等：《我国农村集体经济有效实现的法律制度研究：省域观察与实证解析》，法律出版社 2016 年版。

[37] 祝之舟：《农村集体土地统一经营法律制度研究》，中国政法大学出版社 2014 年版。

[38] 周其仁：《产权与制度变迁：中国改革的经验研究》，社会科学文献出版社 2002 年版。

[39] 汪军民：《土地权利配置论》，中国社会科学出版社 2008 年版。

[40] 杜润生：《当代中国的农业合作制（上）》，当代中国出版社 2002 年版。

[41] 高飞：《集体土地所有权主体制度研究》，法律出版社 2012 年版。

[42] 韩松：《集体所有制、集体所有权及其实现的企业形式》，法律出版社 2009 年版。

[43] 温铁军：《三农问题与世纪反思》，生活·读书·新知三联书店 2005 年版。

[44] 李昌麒主编：《经济法学》，中国政法大学出版社 2002 年版。

[45] 蔡继明：《从按劳分配到按生产要素贡献分配》，人民出版社 2008 年版。

[46] 卓泽渊：《法的价值论》，法律出版社 2006 年版。

[47] 张文显：《法哲学范畴研究》，中国政法大学出版社 2001 年版。

[48] 强以华:《经济伦理学》，湖北人民出版社 2001 年版。
[49] 杜帮云:《分配公平论》，人民出版社 2013 年版。
[50] 单飞跃:《经济法理念与范畴的解析》，中国检察出版社 2002 年版。
[51] 李昌麒主编:《经济法理念研究》，法律出版社 2009 年版。
[52] 李昌麒主编:《中国改革发展成果分享法律机制研究》，人民出版社 2011 年版。
[53] 刘凤歧:《国民经济中的利益分配》，中国社会科学出版社 2006 年版。
[54] 朱信凯等:《未来谁来经营农业：中国现代农业经营主体研究》，中国人民大学出版社 2015 年版。
[55] 罗必良主编:《农业产业组织：演进、比较与创新——基于分工维度的制度经济学研究》，中国经济出版社 2002 年版。
[56] 徐旭初:《中国农民专业合作经济组织的制度分析》，经济科学出版社 2005 年版。
[57] 孙宪忠编著:《物权法》，社会科学文献出版社 2011 年版。
[58] 陈小君等:《农村土地法律制度研究——田野调查解读》，中国政法大学出版社 2004 年版。
[59] 李昌平:《大气候：李昌平直言“三农”》，陕西人民出版社 2009 年版。
[60] 罗必良等:《中国农业经营制度——理论框架、变迁逻辑及案例解读》，中国农业出版社 2014 年版。
[61] 刘文勇:《关于中国农地流转的一个制度分析：范式、实证与反思》，中国人民大学出版社 2013 年版。
[62] 唐宗焜:《合作社真谛》，知识产权出版社 2012 年版。
[63] 李锡勋:《合作社法论》，三民书局 1982 年版。
[64] 马俊驹:《现代企业法律制度研究》，法律出版社 2000 年版。
[65] 管爱国、符春华:《现代世界合作社经济》，中国农业出版社 2000 年版。
[66] 陈岷:《合作社法律制度研究》，法律出版社 2013 年版。
[67] 张德峰:《合作社社员权论》，法律出版社 2016 年版。

[68] 丁为民:《西方合作社的制度分析》，经济管理出版社 1998 年版。
[69] 臧得顺:《“谋地型乡村精英”的生成——巨变中的农地产权制度研究》，社会科学文献出版社 2011 年版。
[70] 孔祥智、史冰清、钟真:《中国农民专业合作社运行机制与社会效应研究——百社千户调查》，中国农业出版社 2012 年版。
[71] 屈茂辉等:《合作社法律制度研究》，中国工商出版社 2007 年版。
[72] 张文显:《二十世纪西方法哲学思潮研究》，法律出版社 2006 年版。
[73] 张晓山、苑鹏:《合作经济理论与中国农民合作社的实践》，首都经济贸易大学出版社 2009 年版。
[74] 杜吟堂主编:《合作社：农业中的现代企业制度》，江西人民出版社 2002 年版。
[75] 刘雅静:《农民专业合作社的发展与创新研究》，山东大学出版社 2012 年版。
[76] 陈锡文、韩俊主编:《中国特色“三农”发展道路研究》，清华大学出版社 2014 年版。
[77] 朱岩、高圣平、陈鑫:《中国物权法评注》，北京大学出版社 2007 年版。
[78] 陈小君等:《我国农村集体经济有效实现的法律制度研究：理论奠基与制度建构》，法律出版社 2016 年版。
[79] 董景山:《农村集体土地所有权行使模式研究》，法律出版社 2012 年版。
[80] 陈锡文等:《中国农村制度变迁 60 年》，人民出版社 2009 年版。
[81] 徐勇主编:《东平崛起：土地股份合作中的现代集体经济成长》，中国社会科学出版社 2017 年版。
[82] 张广荣:《我国农村集体土地民事立法研究论纲——从保护农民个体土地权利的视角》，中国法制出版社 2007 年版。
[83] 管洪彦:《农民集体成员权研究》，中国政法大学出版社 2013 年版。
[84] 张笑寒:《农村土地股份合作制的制度解析与实证研究》，上海世纪出版集团 2010 年版。
[85] 胡新艳:《“公司+农户”交易特性、治理机制与合作绩效》，中国经

济出版社 2016 年版。

(二) 论文类

[86] 唐忠:“土地改革要在保护农民利益和农业效率之间求平衡”,载《农村工作通讯》2016 年第 6 期。

[87] 罗必良、胡新艳:“农业经营方式转型:已有试验及努力方向”,载《农村经济》2016 年第 6 期。

[88] 张东:“分配正义与收益公正分配”,载《法学论坛》2012 年第 1 期。

[89] 周雪光:“‘关系产权’:产权制度的一个社会学解释”,载《社会学研究》2005 年第 2 期。

[90] 田先红、陈玲:“地租怎样确定?——土地流转价格形成机制的社会学分析”,载《中国农村观察》2013 年第 6 期。

[91] 张旭鹏、卢新海、韩璟:“农地‘三权分置’改革的制度背景、政策解读、理论争鸣与体系构建:一个文献评述”,载《中国土地科学》2017 年第 8 期。

[92] 张力、郑志峰:“推进农村土地承包权与经营权再分离的法制构造研究”,载《农业经济问题》2015 年第 1 期。

[93] 宋志红:“农村土地‘三权分置’改革:风险防范与法治保障”,载《经济研究参考》2015 年第 24 期。

[94] 李长健、杨莲芳:“三权分置、农地流转及其风险防范”,载《西北农林科技大学学报(社会科学版)》2016 年第 4 期。

[95] 杨继瑞、汪锐、马永坤:“农村承包地产权收益的经济学解析”,载《中国农村经济》2014 年第 12 期。

[96] 翟研宁:“农村土地承包经营权流转价格问题研究”,载《农业经济问题》2013 年第 11 期。

[97] 邓大才:“农地流转的交易成本与价格研究——农地流转价格的决定因素分析”,载《财经问题研究》2007 年第 9 期。

[98] 黄艳敏、赵娟霞:“农地规模化经营收益估值及其分配模式研究”,载《价格理论与实践》2014 年第 3 期。

[99] 邓大才:“制度安排、交易成本与农地流转价格”,载《中州学刊》

2009 年第 3 期。
[100] 刘俊："土地承包经营权性质探讨"，载《现代法学》2007 年第 2 期。
[101] 韩松："农地社保功能与农村社保制度的配套建设"，载《法学》2010 年第 6 期。
[102] 蒋永甫、徐蕾："农户农地流转意愿：一种农地价值的视角"，载《学习论坛》2015 年第 6 期。
[103] 潘俊："农村土地'三权分置'：权利内容与风险防范"，载《中州学刊》2014 年第 11 期。
[104] 党国英："农业成本关乎中国中长期的发展"，载《农村工作通讯》2016 年第 6 期。
[105] 刘恒科："农地适度规模经营土地成本分担的法律制度探析"，载《农村经济》2018 年第 4 期。
[106] 蔡瑞林、陈万明、朱雪春："成本收益：耕地流转非粮化的内因与破解关键"，载《农村经济》2015 年第 7 期。
[107] 郜永昌："农地收益分配体制变革的法学分析"，载《山西大学学报（哲学社会科学版）》2006 年第 1 期。
[108] 黄延廷、张媞："日本农地规模化的经验及其借鉴研究"，载《经济体制改革》2016 年第 2 期。
[109] 邓衡山、王文烂："合作社的本质规定与现实检视——中国到底有没有真正的农民合作社？"，载《中国农村经济》2014 年第 3 期。
[110] 潘劲："中国农民专业合作社：数据背后的解读"，载《中国农村观察》2011 年第 6 期。
[111] 本刊编辑部："八成农合社被指'空壳'农业部设槛推示范社"，载《中国合作经济学会会刊》2010 年第 6 期。
[112] 黄胜忠："利益相关者集体选择视角的农民合作社形成逻辑、边界与本质分析"，载《中国农村观察》2014 年第 2 期。
[113] 熊万胜："合作社：作为制度化进程的意外后果"，载《社会学研究》2009 年第 5 期。
[114] 任大鹏、于欣慧："论合作社惠顾返还原则的价值——对'一次让

利'替代二次返利的质疑"，载《农业经济问题》2013 年第 2 期。

[115] 秦愚："中国实用主义合作社理论是创新还是臆想"，载《农业经济问题》2017 年第 7 期。

[116] 孔祥智："合作社不规范问题必须抓紧解决"，载《中国合作经济》2014 年第 5 期。

[117] 刘老石："合作社实践与本土评价标准"，载《开放时代》2010 年第 6 期。

[118] 李琳琳："我国本土合作社的现实图景——对合作社'制度变异说'的反思与讨论"，载《农业经济问题》2017 年第 7 期。

[119] 苑鹏："中国特色的农民合作社制度的变异现象研究"，载《中国农村观察》2013 年第 3 期。

[120] 米新丽："论农民专业合作社的盈余分配制度——兼评我国《农民专业合作社法》相关规定"，载《法律科学（西北政法大学学报）》2008 年第 6 期。

[121] 高海："《农民专业合作社法》修改的思路与制度设计"，载《农业经济问题》2017 年第 3 期。

[122] 黄胜忠、伏红勇："成员异质性、风险负担与农民专业合作社的盈余分配"，载《农业经济问题》2014 年第 8 期。

[123] 张德峰："论我国合作社社员附加表决权的法律规制"，载《现代法学》2016 年第 2 期。

[124] 陈小君等："后农业税时代农地权利体系与运行机理研究论纲——以对我国十省农地问题立法调查为基础"，载《法律科学（西北政法大学学报）》2010 年第 1 期。

[125] 陆剑："'二轮'承包背景下土地承包经营权制度的异化及其回归"，载《法学》2014 年第 3 期。

[126] 桂华："从经营制度向财产制度异化——集体农地制度改革的回顾、反思与展望"，载《政治经济学评论》2016 年第 5 期。

[127] 杨青贵："集体土地收益权实现的现实困境与制度促进"，载《重庆大学学报（社会科学版）》2016 年第 5 期。

[128] 陈小君、商艳冬："集体经济有效实现的地租制度研究"，载《西北

大学学报（哲学社会科学版）》2013 年第 5 期。
[129] 耿卓："农民土地财产权保护的观念转变及其立法回应——以农村集体经济有效实现为视角"，载《法学研究》2014 年第 5 期。
[130] 韩松："坚持农村土地集体所有权"，载《法学家》2014 年第 2 期。
[131] 叶兴庆："集体所有制下农用地的产权重构"，载《毛泽东邓小平理论研究》2015 年第 2 期。
[132] 赵俊臣："村集体不应分享农地流转收益"，载《国土资源导刊》2011 年第 5 期。
[133] 孙宪忠："推进农地三权分置经营模式的立法研究"，载《中国社会科学》2016 年第 7 期。
[134] 王景新等："集体经济村庄"，载《开放时代》2015 年第 1 期。
[135] 韩松："论农民集体土地所有权的集体成员受益权能"，载《当代法学》2014 年第 1 期。
[136] 韩松："论成员集体与集体成员——集体所有权的主体"，载《法学》2005 年第 8 期。
[137] 高海、杨永磊："社区股份合作社集体股改造：存废二元路径"，载《南京农业大学学报（社会科学版）》2016 年第 1 期。
[138] 高海："农地入股中设置优先股的法律透析"，载《现代法学》2012 年第 5 期。
[139] 陈义媛："资本下乡：农业中的隐蔽雇佣关系与资本积累"，载《开放时代》2016 年第 5 期。
[140] 黄宗智："小农户与大商业资本的不平等交易：中国现代农业的特色"，载《开放时代》2012 年第 3 期。
[141] 焦长权、周飞舟："'资本下乡'与村庄的再造"，载《中国社会科学》2016 年第 1 期。
[142] 刘凤芹："不完全合约与履约障碍——以订单农业为例"，载《经济研究》2003 年第 4 期。
[143] 刘凤芹："'公司+农户'模式的性质及治理关系探究"，载《社会科学战线》2009 年第 5 期。
[144] 陆文荣、卢汉龙："部门下乡、资本下乡与农户再合作——基于村

社自主性的视角”，载《中国农村观察》2013 年第 2 期。
[145] 陈学法、王传彬：“论企业与农户间利益联结机制的变迁”，载《理论探讨》2010 年第 1 期。
[146] 陈晓华：“大力培育新型农业经营主体——在中国农业经济学会年会上的致辞”，载《农业经济问题》2014 年第 1 期。
[147] 陈小君：“我国农村土地法律制度变革的思路与框架——十八届三中全会《决定》相关内容解读”，载《法学研究》2014 年第 4 期。
[148] 张晓山：“关于农村集体产权制度改革的几个理论与政策问题”，载徐小青等主编：《2013-2014 中国城郊经济年鉴》，宁夏人民出版社 2015 年版。
[149] 刘恒科：“农地‘三权分置’的理论阐释与法律表达”，载《南京农业大学学报（社会科学版）》2018 年第 4 期。
[150] 陶自祥：“农业经营主体分化：价值取向及其效益分析”，载《南京农业大学学报（社会科学版）》2016 年第 4 期。
[151] [美] 黄宗智：“中国农业发展三大模式：行政、放任与合作的利与弊”，载《开放时代》2017 年第 1 期。
[152] 许明月：“论社会分配综合法律调整体系的构建——基于综合法律调节视角的思考”，载《现代法学》2012 年 6 期。
[153] 刘连泰：“‘土地属于集体所有’的规范属性”，载《中国法学》2016 年第 3 期。
[154] 朱广新：“土地承包权与经营权分离的政策意蕴与法制完善”，载《法学》2015 年第 11 期。
[155] 刘恒科：“‘三权分置’下集体土地所有权的功能转向与权能重构”，载《南京农业大学学报（社会科学版）》2017 年第 2 期。
[156] 韩松：“农村集体经济法律制度的价值目标和功能定位”，载《西北农林科技大学学报（社会科学版）》2014 年第 3 期。
[157] 高富平：“土地使用权的物权法定位——《物权法》规定之评析”，载《北方法学》2010 年第 4 期。
[158] 刘恒科：“农地适度规模经营的土地成本研究：一个文献综述”，载《社会科学动态》2018 年第 6 期。

[159] 杨沛英："马克思级差地租理论与当前中国的农地流转"，载《陕西师范大学学报（哲学社会科学版）》2007 年第 4 期。

[160] 徐清飞："我国初次分配法律制度改革的顶层设计"，载《法商研究》2012 年第 5 期。

[161] 岳彩申、袁林："经济法利益分配功能之解释"，载《社会科学研究》2002 年第 3 期。

[162] 周耀东："利益集团理论"，载《安徽大学学报（社会科学版）》2004 年第 4 期。

[163] 易小明："分配正义的两个基本原则"，载《中国社会科学》2015 年第 3 期。

[164] 徐梦秋："公平的类别与公平中的比例"，载《中国社会科学》2001 年第 1 期。

[165] 江帆："经济法的价值理念和基本原则"，载《现代法学》2005 年第 5 期。

[166] 张怡："论非均衡经济制度下税法的公平与效率"，载《现代法学》2007 年第 4 期。

[167] 孔祥智："'三权分置'的重点是强化经营权"，载《中国特色社会主义研究》2017 年第 3 期。

[168] 张怡："税收法定化：从税收衡平到税收实质公平的演进"，载《现代法学》2015 年第 3 期。

[169] 高兆明："分配正义的两个考察维度"，载《南京师大学报（社会科学版）》2010 年第 1 期。

[170] 许明月："回顾与展望：农村土地法律制度演进与规范表达改革开放 40 年我国农地制度的变迁与展望"，载《东方法学》2018 年第 5 期。

[171] 蔡继明："按生产要素贡献分配理论：争论和发展"，载《山东大学学报（哲学社会科学版）》2009 年第 6 期。

[172] 洪银兴："非劳动生产要素参与收入分配的理论辨析"，载《经济学家》2015 年第 4 期。

[173] 邱卫东："完善生产要素按贡献参与分配的哲学反思"，载《吉首大

学学报（社会科学版）》2014 年第 2 期。
[174] 梁上上："制度利益衡量的逻辑"，载《中国法学》2012 年第 4 期。
[175] 赵学清："论我国收入初次分配中市场和政府的作用"，载《河南社会科学》2015 年第 1 期。
[176] 刘大洪、段宏磊："谦抑性视野中经济法理论体系的重构"，载《法商研究》2014 年第 6 期。
[177] 刘大洪："论经济法上的市场优先原则：内涵与适用"，载《法商研究》2017 年第 2 期。
[178] 张守文："政府与市场关系的法律调整"，载《中国法学》2014 年第 5 期。
[179] 许明月、吴茂见："农业基础地位面临挑战的法律对策"，载《甘肃政法学院学报》2007 年第 2 期。
[180] 秦小红："政府干预农业市场制度创新的法律机制"，载《现代法学》2016 年第 1 期。
[181] 李昌麒等："农村法治建设若干基本问题的思考"，载《现代法学》2001 年第 1 期。
[182] 蒋大兴："公司法中的合同空间——从契约法到组织法的逻辑"，载《法学》2017 年第 4 期。
[183] 关付新："中国现代农业企业组织的形式及演进"，载《农业现代化研究》2009 年第 1 期。
[184] 周应恒："新型农业经营体系：制度与路径"，载《人民论坛·学术前沿》2016 年第 18 期。
[185] 周游："企业组织形式变迁的理性逻辑"，载《政法论坛》2014 年第 1 期。
[186] 秦小红："政府引导农地制度创新的法制回应"，载《法商研究》2016 年第 4 期。
[187] 叶兴庆："从'两权分离'到'三权分离'——我国农地产权制度的过去与未来"，载《中国党政干部论坛》2014 年第 6 期。
[188] 刘恒科："家庭承包经营收益分配制度的反思与重构"，载《商业研究》2020 年第 4 期。

[189] 陈柏峰："地方性共识与农地承包的法律实践"，载《中外法学》2008年第2期。

[190] 桂华："论地权制度安排与土地集体所有制实现——兼评'三权分置'改革与《农村土地承包法》修订"，载《马克思主义研究》2017年第6期。

[191] 马俊驹、丁晓强："农村集体土地所有权的分解与保留——论农地'三权分置'的法律构造"，载《法律科学（西北政法大学学报）》2017年第3期。

[192] 戴威、陈小君："论农村集体经济组织成员权利的实现——基于法律的角度"，载《人民论坛·学术前沿》2012年第21期。

[193] 韩松："论对农民集体所有权客体制度的完善"，载《江海学刊》2012年第1期。

[194] 张力："地权变动视角下户籍制度改革的法律规制"，载《法学》2012年第9期。

[195] 袁震："论农村土地承包经营权的相当所有权属性"，载《河南大学学报（社会科学版）》2016年第5期。

[196] 郎秀云："确权确地之下的新人地矛盾——兼与于建嵘、贺雪峰教授商榷"，载《探索与争鸣》2015年9期。

[197] 郑志浩、高杨："中央'不得调地'政策：农民的态度与村庄的土地调整决策——基于对黑龙江、安徽、山东、四川、陕西5省农户的调查"，载《中国农村观察》2017年第4期。

[198] 陈柏峰："地方性规范与农地违法调整"，载《古今农业》2008年第3期。

[199] 刘恒科："宅基地'三权分置'的理论阐释与法律构造"，载《华中科技大学学报（社会科学版）》2020年第4期。

[200] 李俊："农村土地调整的实践逻辑与法律回应"，载《华中科技大学学报（社会科学版）》2017年第6期。

[201] 韩松："关于土地承包经营权调整的立法完善"，载《法学杂志》2010年第12期。

[202] 高飞："农村集体经济有效实现的法律制度运行研究——以湖北省

田野调查为基础”，载《农村经济》2012 年第 1 期。
[203] 许莉等：“村级公共产品供给的‘一事一议’制度困境与重构”，载《现代经济探讨》2009 年第 11 期。
[204] 周飞舟：“财政资金的专项化及其问题——兼论‘项目治国’”，载《社会》2012 年第 1 期。
[205] 徐双敏、陈尉：“取消农业税费后农村公共产品供给问题探析”，载《西北农林科技大学学报（社会科学版）》2014 年第 5 期。
[206] 钱文荣、应一道：“农户参与农村公共基础，设施供给的意愿及其影响因素分析”，载《中国农村经济》2014 年第 11 期。
[207] 韩松：“农民集体土地所有权的管理权能”，载《中国法学》2016 年第 3 期。
[208] 叶兴庆：“演进轨迹、困境摆脱与转变我国农业发展方式的政策选择”，载《改革》2016 年第 6 期。
[209] 李长健、张伟：“农民土地权益的利益结构与利益机制研究——基于农村社区的发展”，载《华中农业大学学报（社会科学版）》2016 年第 1 期。
[210] 张曙光：“论制度均衡和制度变革”，载盛洪主编：《现代制度经济学（下卷）》，中国发展出版社 2009 年版。
[211] 高兆明：“‘分配正义’三题”，载《社会科学》2010 年第 1 期。
[212] 李汉林、魏钦恭、张彦：“社会变迁中的结构紧张”，载《中国社会科学》2010 年第 2 期。
[213] 陈锡文：“农村土地流转与改革试验”，载《农村工作通讯》2009 年第 9 期。
[214] 蔡继明：“关于当前土地制度改革的争论”，载《河北经贸大学学报》2015 年第 2 期。
[215] 罗必良：“农业供给侧改革的关键、难点与方向”，载《农村经济》2017 年第 1 期。
[216] 罗必良：“合约短期化与空合约假说——基于农地租约的经验证据”，载《财经问题研究》2017 年第 1 期。
[217] 高海：“农地流转中财政政策的反思与重构”，载《湖北警官学院学

报》2014 年第 2 期。

[218] 苑鹏:“农民专业合作社的多元化发展模式”，载《中国国情国力》2014 年第 2 期。

[219] 郑丹:“农民专业合作社盈余分配状况探究”，载《中国农村经济》2011 年第 4 期。

[220] 邓军蓉、祁春节、汪发元:“农民专业合作社利益分配问题调查研究”，载《经济纵横》2014 年第 3 期。

[221] 廖小静等:“收入效应与利益分配：农民合作效果研究”，载《中国软科学》2016 年第 5 期。

[222] 应瑞瑶:“合作社的异化与异化的合作社——兼论中国农业合作社的定位”，载《江海学刊》2002 年第 6 期。

[223] 应瑞瑶、何军:“中国农业合作社立法若干理论问题研究”，载《农业经济问题》2002 年第 7 期。

[224] 应瑞瑶、刘营军:“农业合作社经济的基本原则探析”，载《马克思主义与现实》2003 年第 3 期。

[225] 应瑞瑶等:“成员异质性、合作博弈与利益分配——一个对农民专业合作社盈余分配机制安排的经济解释”，载《财贸研究》2016 年第 3 期。

[226] 张晓山:“理想与现实的碰撞:《农民专业合作社法》修订引发的思考”，载《求索》2017 年第 8 期。

[227] 张晓山:“农民专业合作社规范化发展及其路径”，载《湖南农业大学学报（社会科学版）》2013 年第 4 期。

[228] 仝志辉、温铁军:“资本和部门下乡与小农户经济的组织化道路——兼对专业合作社道路提出质疑”，载《开放时代》2009 年第 4 期。

[229] 秦愚、苗彤彤:“合作社的本质规定性”，载《农业经济问题》2017 年第 4 期。

[230] 秦愚:“农业合作社的资本问题——基于相关理论与实践的思考”，载《农业经济问题》2015 年第 7 期。

[231] 孔祥智、周振:“分配理论与农民专业合作社盈余分配原则——兼

谈《中华人民共和国农民专业合作社法》的修改”，载《东岳论丛》2014年第4期。

[232] 周振、孔祥智：“盈余分配方式对农民合作社经营绩效的影响——以黑龙江省克山县仁发农机合作社为例”，载《中国农村观察》2015年第5期。

[233] 韩俊、曹杰：“将农民受益作为评判农村制度建设的关键”，载《中国合作经济》2009年第12期。

[234] 傅晨：“合作经济制度的传统与变迁”，载《中国合作经济》2004年第11期。

[235] 傅晨：“‘新一代合作社’：合作社制度创新的源泉”，载《中国农村经济》2003年第6期。

[236] 郭富青：“西方国家合作社公司化趋向与我国农民专业合作社法的回应”，载《农业经济问题》2007年第6期。

[237] 管洪彦、孔祥智：“农民专业合作社法人财产权：规范解释与修法思路”，载《农业经济问题》2017年第5期。

[238] 黄祖辉、邵科：“合作社的本质规定性及其漂移”，载《浙江大学学报（人文社会科学版）》2009年第7期。

[239] 黄祖辉、吴彬、徐旭初：“合作社的‘理想类型’及其实践逻辑”，载《农业经济问题》2014年第10期。

[240] 黄祖辉、徐旭初：“中国的农民专业合作社与制度安排”，载《山东农业大学学报（社会科学版）》2005年第4期。

[241] 黄祖辉、徐旭初：“基于能力和关系的合作治理——对浙江省农民专业合作社治理结构的解释”，载《浙江社会科学》2006年第1期。

[242] 邓衡山、徐志刚：“《农民专业合作社法》需要大改吗？——兼论名实之辩的意义与是否需要发展中国特色合作社理论”，载《农业经济问题》2016年第11期。

[243] 孙亚范：“农民专业合作经济组织利益机制及影响因素分析——基于江苏省的实证研究”，载《农业经济问题》2008年第9期。

[244] 马彦丽、孟彩英：“我国农民专业合作社的双重委托—代理关系”，

载《农业经济问题》2008 年第 5 期。

[245] 徐旭初："新形势下我国农民专业合作社的制度安排"，载《农村经营管理》2008 年第 12 期。

[246] 徐旭初："农民专业合作社发展辨析：一个基于国内文献的讨论"，载《中国农村观察》2012 年第 5 期。

[247] 任大鹏、郭海霞："多主体干预下的合作社发展态势"，载《农村经营管理》2009 年第 3 期。

[248] 任大鹏："《农民专业合作社法》的基本理论问题反思——兼议《农民专业合作社法》的修改"，载《东岳论丛》2017 年第 1 期。

[249] 何安华、邵锋、孔祥智："资源禀赋差异与合作利益分配——辽宁省 HS 农民专业合作社案例分析"，载《江淮论坛》2012 年第 1 期。

[250] 邵科、徐旭初："合作社社员参与：概念、角色与行为特征"，载《经济学家》2013 年第 1 期。

[251] 崔宝玉、谢煜："农民专业合作社：'双重控制'机制及其治理效应"，载《农业经济问题》2014 年第 6 期。

[252] 崔宝玉："政府规制，政府俘获与合作社发展"，载《南京农业大学学报（社会科学版）》2014 年第 5 期。

[253] 崔宝玉、陈强："资本控制必然导致农民专业合作社功能弱化吗?"，载《农业经济问题》2011 年第 2 期。

[254] 符平："'嵌入性'：两种取向及其分歧"，载《社会学研究》2009 年第 5 期。

[255] 温铁军："农民专业合作社发展的困境与出路"，载《湖南农业大学学报（社会科学版）》2013 年第 4 期。

[256] 冯小："农民专业合作社制度异化的乡土逻辑——以'合作社包装下乡资本'为例"，载《中国农村观察》2014 年第 2 期。

[257] 马岭："利益不是权利——从我国《宪法》第 51 条说起"，载《法律科学（西北政法大学学报）》2009 年第 5 期。

[258] 林坚、黄胜忠："成员异质性与农民专业合作社的所有权分析"，载《农业经济问题》2007 年第 10 期。

[259] 缪因知："汉斯曼的企业所有权理论"，载《中外法学》2009 年第

2 期。
[260] 杜吟堂、潘劲:“我国新型农民合作社的雏形——京郊专业合作组织案例调查及理论探讨”, 载《管理世界》2000 年第 1 期。
[261] 韩长赋:“关于深化农村改革的几个问题”, 载《农村工作通讯》2014 年第 22 期。
[262] 谭贵华:“农村集体经济组织的研究回顾与前瞻”, 载《重庆大学学报（社会科学版）》2013 年第 1 期。
[263] 陈小君、高飞、耿卓:“我国农村集体经济有效实现法律制度的实证考察——来自 12 个省的调研报告”, 载《法商研究》2012 年第 6 期。
[264] 贺雪峰:“论农村土地集体所有制的优势”, 载《南京农业大学学报（社会科学版）》2017 年第 3 期。
[265] 韩松:“论农民集体成员对集体土地资产的股份权”, 载《法商研究》2014 年第 2 期。
[266] 刘恒科:“宅基地流转的实践路径、权利结构与制度回应”, 载《农业经济问题》2020 年第 7 期。
[267] 祝之舟:“论农村集体土地统一经营的制度实践与立法完善”, 载《南京农业大学学报（社会科学版）》2012 年第 4 期。
[268] 刘守英:“新一轮农村改革样本: 黔省三地例证”, 载《改革》2017 年第 8 期。
[269] 韩保江:“‘三变’是农村经济体制又一次‘革命’”, 载《改革》2017 年第 8 期。
[270] 黄胜忠:“以地入股农民专业合作社的运行机制及产权分析”, 载《中国农村观察》2013 年第 3 期。
[271] 何安华:“土地股份合作机制与合作稳定性——苏州合作农场与土地股份合作社的比较分析”, 载《中国农村观察》2015 年第 5 期。
[272] 杨嬛、陈涛:“生产要素整合视角下资本下乡的路径转变——基于山东东平县土地股份合作社的实证研究”, 载《中州学刊》2015 年第 2 期。
[273] 崔红志:“农村‘三变’改革的影响因素及政策选择”, 载《中国

发展观察》2017 年第 22 期。

[274] 张志强、高丹桂："农村集体经济组织及其成员权和农村社区组织及其成员权混同的法经济学分析"，载《农业经济问题》2008 年第 10 期。

[275] 王权典："社区集体经济组织改制目标定位与职能重构之法律研析"，载《法学论坛》2009 年第 4 期。

[276] 戴威："农村集体经济组织成员资格制度研究"，载《法商研究》2016 年第 6 期。

[277] 姜爱林、陈海秋："农村土地股份合作制研究述评——主要做法、成效、问题与不足"，载《社会科学研究》2007 年第 3 期。

[278] 孔祥智："农村社区股份合作社的股权设置与权能研究"，载《理论探索》2017 年第 3 期。

[279] 张兰君、赵建武："农村土地股份合作制模式研究"，载《农村经济》2013 年第 6 期。

[280] 夏柱智："虚拟确权：农地流转制度创新"，载《南京农业大学学报（社会科学版）》2014 年第 6 期。

[281] 陈靖："村社理性：资本下乡与村庄发展——基于皖北 T 镇两个村庄的对比"，载《中国农业大学学报（社会科学版）》2013 年第 3 期。

[282] 姜红利、宋宗宇："集体土地所有权归属主体的实践样态与规范解释"，载《中国农村观察》2017 年第 6 期。

[283] 谭启平、应建均："'特别法人'问题追问"，载《社会科学》2017 年第 3 期。

[284] 杨一介："我们需要什么样的农村集体经济组织?"，载《中国农村观察》2015 年第 5 期。

[285] 于建嵘："农地制度改革路径与思考　主持人的话"，载《东南学术》2007 年第 3 期。

[286] 罗猛："村民委员会与集体经济组织的性质定位与职能重构"，载《学术交流》2005 年第 5 期。

[287] 徐增阳、杨翠萍："合并抑或分离：村委会和村集体经济组织的关

系”，载《当代世界与社会主义》2010 年第 3 期。

[288] 屈茂辉：“农村集体经济组织法人制度研究”，载《政法论坛》2018 年第 2 期。

[289] 陈亚辉：“政经分离与农村基层治理转型研究”，载《求实》2016 年第 5 期。

[290] 管洪彦：“农民集体的现实困惑与改革路径”，载《政法论丛》2015 年第 5 期。

[291] 管洪彦：“农村集体经济组织法人立法的现实基础与未来进路”，载《甘肃政法学院学报》2018 年第 1 期。

[292] 童列春：“中国农地集体所有权制度理论解惑与重述”，载《南京农业大学学报（社会科学版）》2018 年第 2 期。

[293] 沈开举、程雪阳：“论中国集体土地所有制改革的底线”，载《公民与法（法学版）》2014 年第 6 期。

[294] 徐旭初：“对农村社区股份合作制改革的几点思考”，载《农村经营管理》2007 年第 10 期。

[295] 高飞：“论集体土地所有权主体之民法构造”，载《法商研究》2009 年第 4 期。

[296] 许中缘、崔雪炜：“‘三权分置’视域下的农村集体经济组织法人”，载《当代法学》2018 年第 1 期。

[297] 高富平：“农地‘三权分置’改革的法理解析及制度意义”，载《社会科学辑刊》2016 年第 5 期。

[298] 陈甦：“土地承包经营权继承机制及其阐释辩证”，载《清华法学》2016 年第 3 期。

[299] 刘恒科：“农民专业合作社盈余分配的理论辩证与制度完善”，载《山西农业大学学报（社会科学版）》2020 年第 6 期。

[300] 闫玉科：“农业龙头企业与农户利益联结机制调查与分析——以广东省为例”，载《农业经济问题》2006 年第 9 期。

[301] 孙太清：“农合组织利益联结机制应多种类型共同发展”，载《合作经济与科技》2009 年第 1 期。

[302] 唐润芝：“龙头企业与农户的联结模式及利益实现”，载《重庆社会

科学》2011 年第 12 期。
[303] 郝朝晖："农业产业化龙头企业与农户的利益机制问题探析"，载《农村经济》2004 年第 7 期。
[304] 本刊编辑部："我国农业产业化经营利益联结的基本模式"，载《中国农民合作社》2018 年第 6 期。
[305] 郭红东："浙江省农业龙头企业与农户的利益机制完善与创新研究"，载《浙江社会科学》2002 年第 5 期。
[306] 刘恒科："'公司+农户'利益联结制度的优化路径探析"，载《社会科学动态》2020 年第 7 期。
[307] 邵科、于占海、李世武："农业产业化利益联结机制解析——一个利益视角的分析框架"，载《农村工作通讯》2013 年第 11 期。
[308] 武广汉："'中间商+农民'模式与农民的半无产化"，载《开放时代》2012 年第 3 期。
[309] 万俊毅、欧晓明："产业链整合、专用性投资与合作剩余分配：来自温氏模式的例证"，载《中国农村经济》2010 年第 5 期。
[310] 郭斌："农业企业'公司+农户'的生产经营模式创新"，载《西北农林科技大学学报（社会科学版）》2014 年第 6 期。
[311] 李世杰、刘琼、高健："关系嵌入、利益联盟与'公司+农户'的组织制度变迁"，载《中国农村经济》2018 年第 2 期。
[312] 温铁军："中国小农经济拥有西方无法替代的优越性"，载《中国乡村发现》2016 年第 2 期。
[313] 生秀东："订单农业契约风险的控制机制分析"，载《中州学刊》2007 年第 6 期。
[314] 陈灿、罗必良："农业龙头企业对合作农户的关系治理"，载《中国农村观察》2011 年第 6 期。
[315] 孙元欣、于茂荐："关系契约理论研究述评"，载《学术交流》2010 年第 8 期。
[316] 折晓叶："合作与非对抗性抵制——弱者的'韧武器'"，载《社会学研究》2008 年第 3 期。
[317] 吴义茂："土地经营权入股产业化经营的几点思考"，载《农村经营

管理》2017 年第 8 期。

[318] 赵万一："资本三原则的功能更新与价值定位"，载《法学评论》2017 年第 1 期。

[319] 高海："土地承包经营权入股的法律性质探析"，载《法学论坛》2011 年第 3 期。

[320] 温世扬、张永兵："土地承包经营权入股之法律性质辨析"，载《河南财经政法大学学报》2014 年第 1 期。

[321] 文杰、李显冬："土地承包经营权作价出资农民专业合作社的法律思考"，载《法学杂志》2010 年第 4 期。

[322] 米新丽、姚梦："农村土地承包经营权出资法律问题研究"，载《法学杂志》2010 年第 12 期。

[323] 冯曦："家庭土地承包经营权入股公司的法律建构——基于公司双重资本制"，载《法学杂志》2013 年第 2 期。

[324] 高海："《农民专业合作社法》的改进与完善建议"，载《农业经济问题》2018 年第 5 期。

[325] 孙中华、罗汉亚、赵鲲："关于江苏省农村土地股份合作社发展情况的调研报告"，载《农业经济问题》2010 年第 8 期。

[326] 焦必方、孙彬彬，叶明："农户参与分享土地市场化收益的研究—兼论农地股份合作"，载《社会科学》2010 年第 6 期。

(三) 其他类

[327] 王平："我国农业已进入生产高成本时代"，载《东方城乡报》2014 年 3 月 27 日。

[328] 高云才、冯华："'三权分置'改革是重大制度创新"，载《人民日报》2014 年 12 月 22 日。

[329] 韩清华、张丽："土地流转保险的成都邛崃路径"，载《中国经济时报》2015 年 12 月 11 日。

[330] 陆晓华："新建社区股份合作社取消'集体股'"，载《苏州日报》2015 年 4 月 8 日。

[331] 周跃辉："按权能分配农村集体土地增值收益论"，中共中央党校 2014 年博士学位论文。

[332] 程雪阳："中国土地制度的反思与变革——基于公法的视角"，郑州大学 2011 年博士学位论文。

[333] 冯小："去小农化：国家主导发展下的农业转型"，中国农业大学 2015 年博士学位论文。

[334] 高雅："我国农村土地增值收益分配问题研究"，西南财经大学 2008 年博士学位论文。

[335] 孟庆瑜："分配关系的法律调整——基于经济法的研究视野"，西南政法大学 2004 年博士学位论文。

[336] 李志江："罗尔斯分配正义理论研究"，复旦大学 2004 年博士学位论文。

[337] 杨青贵："集体土地所有权实现法律机制研究"，西南政法大学 2015 年博士学位论文。

[338] 李琳琳："模糊的边界——农民专业合作社成员边界的研究"，中国农业大学 2014 年博士学位论文。

[339] 冯蕾："中国农村集体经济实现形式研究"，吉林大学 2014 年博士学位论文。

[340] 吴义茂："土地承包经营权入股有限责任公司法律问题研究"，西南财经大学 2012 年博士学位论文。

[341] 高菁："调股不调地：破解农民土地权益固化的有益探索"，载 http://www.zgxcfx.com/sannonglunjian/201708/102018.html，2017 年 8 月 14 日访问。

[342] 李松："万亩'粮王'破产：土地流转风险有多大?"，载 http://www.banyuetan.org/chcontent/jrt/201529/125110.shtml，2015 年 2 月 10 日访问。

二、外文参考文献

[343] Lin, Justin Y. & Dennis T. Yang, "On the Causes of China's Agricultural Crisis and the Great Leap Famine", *China Economic Review*, *Vol.* 9, *No.* 2, 1998, pp. 125~140.

[344] Alchian A. A. "Some Economics of Property Rights", *IL Politico*,

Vol. 30, *No*. 4, 1965, pp. 816~829.

[345] Robyn M. Dawes and Richard H. Thaler, "Anomalies: Cooperation", *The Journal of Economic Perspective*, *vol*. 2, *no*. 3, summer 1988, pp. 187~197.

[346] GFOrtmann& RP King. "Agricultural Cooperatives: History, Theory and Problems", *Agrekon*, *Vol* 46, *No* 1, 2007, pp. 40~69.

[347] Andrea Harris, BrendaStefanson, and Mwray Fulton. "New Generation Cooperatives and Cooperative Theory", *Journal of Cooperatives*, vol. 11, 1996, pp. 15~29.

[348] MichelleSchank, Joan Fulton. "New Generation Cooperatives: What, Why, Where, and How", *Purdue Extension · Knowledge to Go*, *No*. 2, *Nov*. 2015, pp. 1~4.

[349] DavidColtrain, David Barton, Michael Boland. "Differences between New Generation Cooperatives and Traditional Cooperatives", Presented at Risk and Profit 2000 Conference Holiday Inn, Manhattan, Kansas August 17-18, 2000. http://www. uwcc. wisc. edu/info/newgen/cbb. pdf.

[350] Tortia, E. C., Valentinov, V., Iliopoulos, C. "Agricultural cooperatives", *The Journal of Entrepreneurial and Organizational Diversity*, vol. 2, no. 1, *May*. 2013, pp. 23~36.

[351] Randall E. Torgerson, Bruce J. Reynolds, and Thomas w. Gray. "Evolution of Cooperative Thought, Theory and Purpose", *Journal of Cooperatives*, vol. 13, 1998, pp. 1~20.

[352] Fulton andGibbings, *Response and Adoption: Canadian Agricultural Cooperatives in the 21st Century*, *Centre for the Study of Cooperatives*, University of Saskatchewan, 2000, Canada.

[353] M. Granovetter. "Economic Action and Social Structure: The Problem of Embeddedness", *American Journal of Sociology*, vol. 95, no. 3, Nov. 1985, pp. 481~510.

[354] Fabio R. Chaddad and Michael L. Cook. "Understanding New Cooperative Models: An Ownership-Control Rights Typology", *Review of Agricultural*

Economics, vol. 26, no. 3, 2004, pp. 348~360.

[355] Bijman J. ; Hanisch M. and Van Der Sangen G. "Shifting control? The changes of internal governance in agricultural cooperatives in the EU", *Annals of Public and Cooperative Economics*, vol. 85, no. 4. 2014, pp. 641~661.

[356] Chaddad F. R. and Iliopoulos C. "Control rights, Governance, and the costs of ownership in agricultural cooperatives", *Agribusiness*, vol. 29, 2013, pp. 3~22.

[357] Jacobides M. J. "The Architecture and Design of Organizational Abilities", *Industrial and Corporate Change*, Vo. 115. No. 1, 2006, pp. 151~171.

[358] Qian ForrestZHANG, John Andrew Donaldson. "From Peasants to Farmers: Peasant Differentiation, Labor Regimes, and Land Rights Institutions in China's Agrarian Transition", *Politics & Society*, Vol. 38, No. 4, 2010, pp. 458~489.

[359] Fryxell G. E. Dooley R. S. and Vryza M. "After the Ink Dries: The Interaction of Trust and Control in US-based International Joint Ventures" . Journal of Management Studies, Vol. 39, No. 6, 2002, pp. 65~86.

[350] Beckmann, Volker andBoger, Silke: "Courts and Contract Enforcement in Transition Agriculture: Theory and Evidence from Poland", *Agricultural Economics*, Vol. 31, No. 2, 2004, pp. 251~263.

[351] Macneil, Ian R. : "Contracts: Adjustment of Long-term Economic Relations under Classical, Neoclassical, and Relational Contract Law", *Northwestern University Law Review*, Vol. 72, No. 6, 1978, pp. 854~905.

[352] Ian R. MacNeil, "Relational Contract Theory: Challenges and Queries", *Northwestern University Law Review*, Vol. 94, No. 3, 2000, pp. 878~881.

[353] LauraPoppo, Todd Zenger, "Do formal contracts and relational governance function as substitutes or complements?", *Strategic Management Journal*, Vol. 23, No. 8, 2002, pp. 707~725.

[354] Paul J. Gudel, "Relational Contract Theory and the Concept of Ex-

change", *Buffalo Law Review*, Vol. 46, No. 3, 1998, pp. 769-770.

[355] Peter Smith Ring, Andrew H. van deVen, "A Structuring Cooperative Relationships between Organizations", *Strategies Management Journal*, Vol. 13, No. 7, Oct. 1992, pp. 483~498.

[356] Jan B. Heide. "Inter-organizational Governance in Marketing Channels", *Journal of Marketing*, Vol. 58, No. 1, Jan. 1994, pp. 71~85.

[357] Joseph P. Cannon, Ravi S. Achrol and Gregory T. Gundlach. "Contracts, Norms, and Plural Form Governance", *Journal of the Academy of Marketing Science*, Vol. 28. No. 2, 2000, pp. 180~194.

[358] Ferguson, R. J. Michele P. and Jasmin B. "Contractual Governance, Relational Governance and the Performance of Inter-firm Service Exchanges: The Influence of Boundary-Spanner Closeness", *Journal of the Academy of Marketing Science*, No. 33, March 2005, pp. 217 ~234.

后记

Postscript

拙作是我主持的山西省软科学一般项目“乡村振兴战略背景下山西省闲置宅基地盘活利用法律问题研究”（2019041021-3）、山西省高等学校哲学社会研究项目“乡村振兴战略背景下小农户与新型农业经营主体利益联结法律制度研究”（2020W129）的阶段性成果。

当前我国农业经营模式正处于渐进式的转型阶段，农地制度改革过程中相关主体的利益协调问题值得关注，正值党的十九大报告提出乡村振兴战略，提出了“实现小农户和现代农业发展有机衔接”的命题，我便从农地经营收益分配法律制度这一视角，确定乡村振兴战略背景下小农户与新型农业经营主体利益联结法律制度这一研究课题。本书对农地制度改革背景下农地经营收益分配制度的总体理论和法律完善进行了较为系统的研究，分为两大部分内容：一是对农地经营收益分配制度的基本理论、价值理念和基本原则的讨论；二是对不同的农地经营组织形式下，小农户和新型农业经营主体之间的利益协调和收益分配制度的研究。

在拙作出版暨课题完成之际，特向一直关心支持我的师友致以最诚挚的谢意。最应该感谢的是我博士研究生阶段的导师许明月教授。感谢恩师收留学生，让学生忝列门墙，能够有机会继续求学之路。在您指点下，选择农村土地及农地经营法律制度作为博士阶段的研究课题。恩师平和谦逊、认真严谨的治学态度，深邃的学术洞见和细密的思维能力时刻感染着我，更以高尚的人格魅力，对学术的坚守和执着教导我如何对待学术和人生道路。感谢我硕士研究生阶段的导师董玉明教授，您严谨认真的风格一直影响着学生。没有您一贯的支持、鼓励和帮助，学生不可能探索这么多未知的领域，也不可能取得今天的成绩。

特别要感谢西南政法大学经济法学院的卢代富教授、岳彩申教授、刘俊教授、张怡教授等各位导师对我的教诲和帮助。感谢安徽财经大学高海教授、山东政法学院管洪彦教授、南京师范大学法学院姜红利博士、中国人民大学吴昭军博士后、吉林大学姜楠博士后等学界友人；感谢我的师兄郜永昌副教授、杨青贵副教授、刘乃梁副教授、刘志伟博士、尹亚军博士后以及同窗好友房建恩博士、周骁然博士、何兆飞博士、向超博士、陈鸣博士、徐超博士、廖呈钱博士给予我的帮助。感谢我所在工作单位太原师范学院法律系的全体同事对我的帮助和支持；感谢山西大学商务学院法律系赵肖筠教授、马爱萍教授、郭英杰副教授对我的关心和照顾。

最后，要感谢我的家人，尤其是我的爱人郑莹，她在我写作期间承担起全部家务，尽量留给我充分的学习时间，虽然我们所学专业不同，但她经常能在我写作思绪陷入困顿时给予分析和解释，使我深受启发，继续前行，甚至不由得击节赞叹，感谢爱人的相伴、相知和相助；感谢我的父母、岳父母，他们经常嘘寒问暖，嘱咐我不要太过劳累，要注意休息，适当运动，朴实无华的话语，反复叮咛的唠叨，寄托着他们深深的慈爱！

刘恒科

2020年11月于重庆